혁신의 정석

하버드
비즈니스 스쿨
전통의 명강의

혁신의 정석

CREATIVE CONSTRUCTION

게리 피사노 | 김하늘 옮김

이와우

차례

3부 혁신 문화 구축

8장 혁신 문화의 역설

9장 리더는 문화 창조자가 되어야 한다

10장 창조적이고 건설적인 리더

서문

지난 수십 년 동안 많은 전문가가 저서와 미디어, 강의 등을 통해 기업의 규모가 커지면 혁신은 불가능한 것처럼 말해왔다. 실제로 많은 기업이 성장할수록 점점 자신만의 기업 문화를 잃어버리고 이른바 '대기업병'에 걸리면서 화려했던 과거의 성공이라는 그림자에 갇혀버린다. 그리고 '기업가 정신'으로 똘똘 뭉친 새로운 경쟁기업의 파괴적 혁신 앞에 무기력하게 무너진다. 우리가 흔히 보고 접하는 현실이다.

그러나 반드시 그래야만 하는 것은 아니고, 모든 기업이 그러는 것도 아니다.

이 책에서 나는 기업이 성장함에 따라 필연적으로 혁신 역량을 잃게 된다는 주장에 반박해보려 한다.

나는 30여 년간 아주 작은 신생 기업에서부터 세계적인 거대 기업에 이르기까지 수많은 기업과 일해 왔다. 그 과정에서 관성과 관료주의에 젖어 자신들만의 문화를 잃어버린 많은 기업이 이를 극복하고 혁신적으로 변화하는 사례들을 지켜봤다. 물론 실패하는 경우 역시 많이 보았다. 나는 이런 경험들을 통해 기업 혁신의 성공 여부가 반드시 기업의 크기에 따라 결정되는 것은 아님을 확신할 수 있었다. 나아가 혁신의 실패 또한 기업의 크기가 아니라 혁신 과정의 현실적인 문제 그리고 리더십과 더욱 관련이 깊음을 깨달았다. 물론 조직 규모가 혁신을 더욱 복잡하게 만들기도 한다. 그러나 확신컨대 규모는 혁신을 가로막는 장애물이라기보다는 오히려 혁신을 가능하게 하는 장점에 더 가깝다.

나는 또한 혁신의 원동력에 관한 수십 년의 연구들을 바탕으로, 기업의 성장과 규모 때문에 조직 혁신을 섣불리 포기할 필요가 없다는 결론에 다다랐다. 혁신적인 성과는 전략, 조직 시스템 및 문화와의 결합에 뿌리를 두고 있기 때문이다. 물론 이 모든 것은 리더십을 기반으로 한다.

이 책에서 나는 성장하고 있는 기업과 일정 규모 이상의 기업 지도자들이 지속적인 혁신 성과를 얻기 위해서는 어떻게 전략을 개발하고 사내 시스템을 설계해야 하는지, 그에 필요한 문화는 어떻게 구축해야 하는지 설명할 것이다.

많은 경영 서적의 저자들이 복잡한 문제를 풀 수 있는 간단한 해결책이 있는 것처럼 말한다. 하지만 불행히도 혁신에 관해서는 그런 해결법이나 공식이 존재하지 않는다. 혁신적인 기업을 만드는 마술과 같은 비법도, 또 이를 해결할 단 하나의 최적 모델 같은 것도 없다. 기업마다 혁신에 대한 접근 방식이 달라야 하기 때문이다.

그렇기에 나는 혁신 성공을 위한 간단한 청사진 같은 것은 제공하지 않는다. 대신 그 길을 찾는 기초로써의 튼튼한 원리와 뼈대가 되어줄 이야기들을 해줄 것이다.

나는 공동 창업자로서 나아가 여러 기업의 이사로서 일해 오면서, 하버드 경영대학원Harvard Business School 학자이자 컨설턴트로서 탐구한 문제들이 현실과 어떻게 연결되는지를 직접 체험해 볼 수 있었다. 이 두 세계가 이 책을 통해 연결되기를 바라는 마음이다. 그래서 혁신에 대한 학술적 연구를 바탕으로 하되 현실적으로 접근 가능한 글을 쓰려고 노력했다.

조직의 혁신 역량을 구축하는 데는 세 가지 필수적인 리더십—혁신 전략 수립, 혁신 시스템 설계 그리고 혁신 문화 구축—이 필요하다. 그리고 이 세 가지가 바로 내가 책에서 말하고자 하는 중요한 이야기다.

혁신은 언제나 어려운 일이고 그러한 혁신을 해낼 수 있는 조직을 만드는 것은 더욱 어려운 여정이다. 독자들이 그 어려운 여정에 당당히 맞서는 데 이 책이 작은 도움이나마 되기를 바란다.

감사의 글

이 책은 많은 이의 도움과 지원 덕분에 나올 수 있었다. 우선 하버드 경영대학원은 재정적 지원과 함께 이 책의 토대가 되는 연구와 많은 사례를 담는 데 큰 도움을 주었다.

이 연구는 학술적 조사 외에도 전자제품, 통신, 제약, 생명과학, 특수화학, 의료기기, 금융 서비스 등 다양한 글로벌 기업을 컨설팅한 경험이 있었기에 가능했다. 이런 컨설팅 사례들은 각 기업과 개인의 허가를 받아 가능한 한 실명을 밝혔다. 존슨앤존슨Johnson & Johnson, 제넨텍Genentech, 코닝Corning Corporation, 벡톤 디킨슨Becton Dickinson, 글락소스미스클라인GlaxoSmithKline, 마이크로소프트Microsoft, 테라다인Teradyne, 플래그십 피오니어링Flagship Pioneering 등이 그 기업들이다.

하버드 경영대학원 동료들에게도 깊은 감사를 전한다. 나의 멘토인 켄트 보언Kent Bowen, 킴 클라크Kim Clark, 밥 헤이스Bob Hayes,

스티브 휠라이트Steve Wheelwright의 도움이 책 곳곳에 담겨 있다. 에이미 에드먼슨Amy Edmondson과 윌리 시Willy Shih, 비키 사토Vicki Sato, 니틴 노리아Nitin Nohria와의 협력도 빼놓을 수 없다. 안드레아 케이츠Andrea Kates, 빌 코지Bill Kozy와의 깊은 대화로 책의 밑그림을 그릴 수 있었다. 1980년대 초 첫 만남 이래 끊임없이 영감을 주는 친구인 MIT의 에렉 폰 히펠Eric von Hippel 교수, 좋은 친구이자 동료 프랜체스카 지노Francesca Gino와의 대화 역시 큰 도움이 됐다.

야셰트 출판그룹Hachette Book Group의 편집자 존 마하니John Mahane, 처음부터 이 프로젝트를 아낌없이 지원해준 에이전트 대니 스턴Danny Stern과 그의 팀에도 감사를 전한다. 나의 오랜 협력자 샤론 픽Sharon Pick은 초안을 읽고 많은 조언을 해주었다. 제시 슐먼Jesse Shulman과 소피 빅Sophie Bick이 자료조사에 힘을 써주지 않았다면 책은 나오지 못했을 것이다. 다시 한번 이들에게 감사를 전한다.

마지막으로, 나의 아내 앨리스. 아내의 부단한 희생이 있었기에 나올 수 있었던 이 책은 내 작품인 동시에 아내의 작품이기도 하다. 그녀와 함께한다는 것이 내게는 너무도 큰 행운이다. 이 책을 사랑하는 아내에게 바친다.

— 콩코드, 매사추세츠

들어가며

혁신의 모순

조지프 헬러Joseph Heller의 『캐치-22』(Catch 22. 허망한 논리에 빠져서 헤어나지 못하는 인간을 풍자한 전쟁소설이자 포스트모더니즘의 걸작-역자 주)에서는 잊을 수 없는 장면이 많은데, 그중 하나가 바로 이 모순된 장면이다.

> "오르Orr가 미쳤다면 죽음을 무릅쓰고 더 많은 출격 비행을 수행할 것이고, 미치지 않았다면 죽음을 피해 출격 비행을 피할 것이다. 그런데 만약 그가 미치지 않았다면 그는 더 많은 출격 비행에 나서게 된다. 그러나 그가 그렇게 더 많은 출격 비행을 수행한다면 그는 분명 미친 게 맞다. 하지만 미쳤다면 출격 비행을 할 필요가 없다. 그런데 만약 그가 출격 비행을 원치 않는다면, 그건 그가 정상이란 이야기이고 그는 출격을 해야 한다."

모순의 벽이다. 혁신과 성장에서도 이런 모순의 벽이 나타난다. 혁신은 성장으로, 성장은 다시 규모 확대로 이어지지만, 규모 확대는 역설적으로 혁신을 어렵게 만든다. 또한 역동적인 외부 경쟁 때문에 혁신에 대한 요구는 더욱 거세진다. 신구 경쟁자들은 결국 내가 가진 것들을 모방하거나 이를 발판으로 더 나은 것을 만들어낸다. 혁신에 성공할수록 혁신을 지속해야 하지만 매우 어려운 문제다. 이는 마치 스트레스 테스트와 비슷하다. 테스트 진행자는 내가 러닝머신의 속도에 적응할 때쯤이면 속도를 올린다. '테스트 진행자가 나를 죽이려는 게 아닌가' 하는 생각이 들 수도 있다. 다행히도 진행자는 심장마비가 오기 전에 테스트를 중단한다. 그러나 우리가 마주한 경쟁은 다르다. 아무도 속도를 낮추지도, 테스트를 중단하지도 않는다. 경쟁자들은 정말로 나를 죽이려 한다.

기업은 성장하기 위해 혁신한다. 지난 100년 동안 많은 기업이 혁신을 통해 성공했다. 듀퐁, 알씨에이RCA, 포드, 제너럴 일렉트릭GE, 디즈니, 존슨앤존슨, 맥도날드, 아이비엠, 월마트, 코닥, 인텔, 마이크로소프트, 애플, 구글, 아마존, 페이스북……. 모두 비즈니스 모델은 물론 기술까지 혁신하며 성장한 기업들이다. 이들의 성공은 곧 혁신의 증거이자 2017년 미국 기업들이 연구개발R&D에만 3,650억 달러(약 446조7,600억 원), 전 세계적으로는 무려 7,000억 달러(약 856조8,000억 원)가 넘는 돈을 투자한 이유다. 벤처 캐피탈리스트가 2017년에 1,550억 달러(약 189조7,2000억 원)를 투자한 이유이자 모든 기업 CEO들과 비즈니스 스쿨 프로그램에서 과할 정도로 혁신을 강조하는 이유이기도 하다.

성공한 혁신가들이 스스로를 파괴하는 씨앗을 뿌린다는 생각은 70여 년 전에 제기됐다. 오스트리아의 경제학자 조지프 슘페터Joseph Schumpeter는 기존의 경제구조가 새로운 기술 혁신이나 조직 혁신에 의해 파괴되어 가는 '창조적 파괴Creative Destruction'의 과정을 설명했다. 그는 특히 이미 성공한 기업들이 창조적 파괴에 취약하다는 사실을 강조했다.

> "대부분의 기업은 확실한 목적과 아이디어를 가지고 시작한다. 그 아이디어 또는 목적은 달성되거나 쓸모없게 되거나 더 이상 새롭게 느껴지지 않게 되면 그들에게서 사라진다. 이것이 기업이 영원히 존재할 수 없는 근본적인 이유다. (…중략…) 사람들이 나이가 들어 죽는 것처럼 많은 기업이 '자연스러운' 죽음에 이른다. 그리고 이 '자연스러움'의 원인은 그들이 활력이 넘쳤던 시기에 스스로를 혁신했던 것과 같은 속도의 혁신을 유지할 수 없기 때문이다."

1980년대부터 한때 성공한 혁신 기업들이 어째서 창조적인 파괴 과정에서 사라지는지가 많은 학술 연구를 통해 밝혀졌다. 제록스Xerox, 알씨에이, 폴라로이드Polaroid, 코닥Kodak, 왕Wang, 디이씨DEC, 노키아Nokia, 림RIM-Research In Motion, 선 마이크로시스템즈Sun Microsystems, 에이티앤티AT&T, 야후 등이 바로 연구 대상이었다. 이들은 어떤 형태의 혁신도 주도할 능력이 없었을 뿐 아니라 신규 진입자의 공격에도 대응하지 못했다. 관성화 및 관료화되고 그 어떤 위험에도 도전하지 않았다. 자신들의 시장을 지키기 바빴고 연구개발에 뒤처졌다. 기존 기술 및 자산에만 의존했고 기존 비즈니스 모델에 대한 순응이 거의 종교적이었다. 기존의 재무구조에 과도하게 의존했고 리더들은 근시적인 의사결정만 했다. 이 외에도 많은 증상이 있어, 이들은 마치 치명적인 병들로 고통받는 환자 같았다.

이렇듯 '성공한 기업은 혁신에 성공할 수 없다'는 주장은 더 이상 의문의 여지가 없는 진실처럼 많은 사람에 의해 반복 재생산됐다. 뿐만 아니라 이러한 주장은 학술적으로도, 경영 현장에서도 중요한 영향을 미쳤다. 많은 기업의 리더들은 이런 '사실'에 항복해 혁신을 통한 성장보다는 외부 기업을 인수하는 방법으로 혁신을 시도했다. 투자자들과 분석가들도 모두 이를 믿는 듯했다. 이들은 많은 기업에 주식 매입과 배당을 위한 현금을 확보하라고, 나아가 이를 위해 위험을 줄이고 장기적인 프로젝트도 줄이라고 압력을 가했다. 예를 들어 투자은행인 모건 스탠리Morgan Stanley는 2010년 1월 모 제약기업에 '내부연구를 위한 비용을 줄이고 대신 외부에서 개발된 의약품을 사다 팔 것'을 권고하는 보고서를 작성했다. 그들은 보고서에서 업계의 R&D 생산성이 좋지 않으니 외부에서 혁신적인 기술로 생산된 제품을 구입해 유통하는 편이 투자자본수익률ROI에 더 좋을 것이라고 썼다. 여기에는 '큰 기업일수록 본질적으로 소규모 기업보다 혁신 능력이 떨어진다'는 암묵적인 가정이 깔려 있다.

일부 기업 내부에서는 변혁적 혁신을 시도하는 것이 주주에게 손실을 끼치는 일로 간주되기까지 한다. 주주에게 가능한 한 많은 돈을 돌려주고 이 돈을 다시 주주가 벤처 캐피털리스트에 투자해 그 돈이 신생 기업에 흘러들어갈 수 있게 하는 것이 최상인 것처럼 여기는 사람이 많다. 벤처 캐피털에서 일하고 있는 나의 오랜 친구들에게 기업 혁신, 특히 일정 규모 이상의 기업 혁신에 관련된 책을 쓰고 있다고 했더니 그들은 알 수 없는 미소 지으며 이렇게 말했다. "책 분량도 안 나올 것 같은데? 왜냐고? 그들은 혁신할 수 없을 테니까!"

"혁신을 위한 'DNA'가 부족하다"는 말은 '대기업이 혁신할 수 없는 이유'에 대한 변명 중 가장 흔히 쓰이는 표현이다. 이 말은 힘이 매우 강하다. 인간과 같은 자연적인 종은 능력의 뿌리를 DNA에 두고 있기 때문이다. 치타가 코끼리보다 빨리 달릴 수 있는 이유도 DNA로 간단히 설명할 수 있는 것처럼 자연

종에게 DNA는 본질적으로 불변에 가깝다.

매사추세츠주 웨스트우드에서 자라면서 나는 우리 지역 농구팀인 보스턴 셀틱스Boston Celtics에서 뛰는 꿈을 꿨다. 하지만 불행하게도 나의 DNA(더 정확하게는 내 부모로부터 물려받은 DNA)는 내 키를 크게 하거나 뛰어난 운동 능력을 갖게 하는 것과는 거리가 멀었다. 그리고 연습은 내 마음대로 할 수 있어도 DNA를 바꾸기 위해서는 내가 할 수 있는 일이 없었다.

그러나 이런 불변성은 '조직적 DNA'에는 해당하지 않는다. 유전학과 관련된 자연법칙은 자연 현상만을 지배할 뿐이고, 조직은 당연히 자연적인 현상이 아니다. 기업을 만들고 운영하는 것은 인간이다. 그리고 인간과 다르게 기업은 자신의 DNA를 만들고 바꿀 수 있다. 체계적으로 혁신 전략을 수립하고 혁신 시스템을 설계하며 혁신 문화를 구축함으로써 기업의 크기와 관계없이 혁신 역량을 개발하고 혁신할 수 있다. 만약 어떤 기업이 혁신할 수 없는 것처럼 보인다면 그것은 애초에 그 기업을 혁신 불가능하게 설계하고 운영하고 있기 때문이다.

작고 아름다운 것 vs. 크고 매력 없는 것

나는 많은 기업의 연구원 및 고문으로 일하면서 끝없는 회의와 미궁으로 빠져드는 조직 내의 절차 및 정책, 수직적이고 복잡한 조직구조와 의사결정 과정을 체험했다. 신생 기업이 매우 빠른 대신 안정성이 떨어지고 때로는 매우 위험하기도 한 '포뮬러 원 레이스 자동차'가 되기를 원하는 반면 기존의 많은 기업은 느리고 예측 가능한 '화물열차'를 모방하는 것처럼 보인다.

성장한 기업과 신생기업 모두에서 일해 본 사람이라면 앞서 말한 것과 비슷한 상황을 경험했을지도 모른다. 나는 포뮬러 원 경주용 자동차에서 화물열차로 변화하는 많은 기업을 봐왔다. 민첩하고 언제나 배고픈 신생 기업이었던 그들이 몇 년 후 연 매출 10억 달러 기업이 된 후에는 경주용 자동차에서 화물열차가 되고 만다.

여기서 몇 가지 질문이 생긴다. 이런 변화는 필연적인 걸까? 큰 조직이 혁신에 역행하는 것은 규모가 큰 조직의 일반적인 특징일까 아니면 특정 리더들의 의식적 또는 무의식적인 선택의 산물일까? 신생 기업이 성공 후 느려터진 화물열차가 되는 것은 숙명일까? 크다는 것은 혁신의 관점에서는 매력 없는 단점에 불과할까?

그러나 기업 규모와 혁신에 관한 연관성을 조사한 통계를 보면 작고 아름다운 것과 크고 매력 없는 것에 대한 일반적인 인식과 다소 다르다. 결론부터 말해 '큰 것'이 꼭 '매력 없는 것'은 아니다. 규모가 혁신을 저해하는 것은 아니란 말이다. 이 주제에 대한 나의 연구 결과는 1984년부터 2004까지 생명공학기업부터 대형 제약기업에 이르기까지 다양한 기업의 R&D생산성을 비교 연구한 내용이 뒷받침한다. 내가 연구를 수행할 당시 업계의 많은 사람은 앞서 모건 스탠리의 분석 보고서와 유사한 논리로 소규모 생명공학기업보다 대형 제약기업의 R&D생산성이 낮을 것으로 생각했다. 그러나 20년간 20개 제약기업과 250개 이상 생명공학기업의 승인된 약들을 살펴보면 이는 그저 추측에 불과했음을 깨닫게 된다.

여전히 나의 주장과 연구결과에 동의할 수 없다고 말하는 사람도 있다. 그렇다면 '창조적 파괴'의 물결을 몰고 전 산업을 격변의 장으로 이끈 변혁적 혁신 사례들은 어떤가? 예를 들어 인텔은 마이크로 프로세스를 발명하고 상용화함으로써 반도체 산업에 혁명을 가져 왔다. 그러나 마이크로 프로세스를 발명하고 상용화했을 때, 인텔은 신규 진입자가 아닌 이미 성공한 반도체 기업이었다. 신생 기업과 신규 진입자 사이에는 큰 차이가 있다. 이미 설립된 기업은 한 산업에서 다른 산업으로 산업군을 다양화할 수 있고, 이 과정에서 새로운 '진입자'가 될 수 있다. 이처럼 큰 규모라는 사실이 기업의 혁신성을 저해하는 것만은 아니다. 창조적 파괴의 물결은 다양한 규모의 기업에서 모두 가능한 것이다.

사례를 몇 가지 더 살펴보자.

1964년 4월, IBM은 '360시리즈'의 메인 프레임 컴퓨터를 출시했다. 그 이전에는 모든 컴퓨터에 고유한 소프트웨어와 하드웨어가 있었다. 따라서 새로운 컴퓨터마다 새로운 운영체제와 새로운 하드웨어를 개발해야 했다. 동일한 기업이 만든 기계라도 기계 간의 '호환성'이 거의 없었다. 이 때문에 모든 것을 처음부터 개발해야 했고, 당연히 신제품은 가격이 비쌌다. 또한 유지와 보수에도 어려움이 있었다. 그런데 IBM은 여러 기기에서 호환이 가능한 부품과 운영시스템을 만들어 이러한 문제들을 혁신한 것이다. 오늘날 우리는 이런 상호호환성을 당연하게 여기지만 1964년 이전에는 전례가 없었던, 컴퓨터 업계에서는 완전히 혁명적인 사건이었다.

이 시점 이후로 메인 프레임에 대한 수요가 폭발적으로 증가했고 주변 장치와 소프트웨어 개발을 위한 새로운 시장이 생겨났다. 그러나 1964년 당시 IBM은 컴퓨터 산업에 새롭게 진입한 신생 기업이 아니라 이미 세계에서 가장 큰 컴퓨터 기업이었고, 그해 「포춘FORTUNE」 선정 500대 기업에서 18위를 차지한 기업이었다. 이는 대부분의 혁신 이론에서 절대 일어나지 않는다고 말하는 '이미 업계에서 지배적인 기업이 경쟁자는 물론 동종 산업 전체를 혼란에 빠트린' 일이 실제로 일어난 대표적인 사례다.

물론 다른 예도 있다. 1982년, 몇몇 과학자로 이루어진 한 조직이 오늘날 유전자 변형 작물GMOs의 기초가 된 식물 세포의 유전학을 수정했다. 이 혁신이 오늘날 경제적으로 얼마나 중요한 결과로 이어졌는지는 두말할 필요도 없다. GMO는 미국에서 생산되는 대두, 옥수수, 면화의 대부분을 차지하고 있고, 농업 종자 산업 전체를 변화시켰으니까.

그러나 이 혁신의 주인공 역시 신생 기업이 아니다. 당시 업력이 81년이나 됐던 몬산토 코퍼레이션Monsanto Corporation에서 일하던 과학자들이 이룬 혁신이다. 당시 몬산토는 종자 사업을 하지 않았지만 오늘날 세계에서 가장 큰 종자 기업이 됐다. 이것은 대기업이 스스로 혁신을 통해 변신한 사례이자 산업 자체를 변형시킨 예이기도 하다.

이 외에도 혁신에 성공한 대기업의 사례는 역사적으로 수없이 많다. 광섬유 케이블을 발명하고 오늘날의 컴퓨터와 TV 및 전화 디스플레이에 사용되는 유리 공정을 개발한 코닝. 트랜지스터, 마이크로파, 셀룰러 통신, 레이저, 위성 통신, 디지털 전송, 태양 전지 및 유닉스 운영 시스템과 같은 일련의 발명을 통해 거의 독보적으로 20세기 변화를 이끌어 온 벨 연구소. 이 기업들의 규모는 실로 거대했지만 그게 그들의 혁신 역량을 저해하지는 않았다.

물론 이런 반론이 나올지도 모른다.

"좋은 사례들이지만 시대가 변했다. 대형 연구실의 시대는 끝났다. 우리는 기업가의 시대에 살고 있다."

정말 그런가? 그렇게 생각한다면 오늘날의 사례를 보자. 애플을 모르는 사람이 있을까? 아이폰을 모르는 사람이 있을까? 애플이 어떻게 '모바일 전화기'에서 '모바일 커뮤니케이션'으로 휴대전화 시장을 완전히 뒤바꿨는지 모르는 사람이 있을까? 이는 한때 휴대전화 시장의 절대강자였던 노키아, 모토로라, 림과 같은 '경쟁자들을 파괴하고 창의적으로 새로운 시장을 창조한' 사례다. 그러나 아이폰을 출시한 2007년, 애플은 결코 풋내기가 아니었다. 이미 30년의 역사를 가진 기업이었고, 「포춘」 선정 500대 기업에서 123위에 오른 큰 기업이었다.

아마존amazon.com 역시 다른 산업으로 변화에 성공한 거대 기업의 현대적인 예시 중 하나다. 아마존에는 두 가지 이야기가 있다. 첫 번째는 전통적인 스타트업의 이야기, 즉 아마존닷컴이 온라인 쇼핑의 세계로 우리를 어떻게 이끌었는지에 대한 이야기다. 두 번째 이야기는 여전히 젊지만 제법 규모가 큰 기업이자 지속적인 혁신을 계속 이어가고 있는 또 다른 아마존의 이야기다.

2004년 아마존은 최초의 클라우드Cloud 기반 컴퓨팅 서비스 중 하나를 도입해 클라우드 컴퓨팅 혁명을 일으켰다. 이것은 그들이 해오던 온라인 판매업과는 완전히 다른 일이었으나 결국 아마존의 대표적인 사업 모델 혁신 사례가 됐다. 그해 아마존의 매출액은 52억 달러(약 6조4,000억 원)였고 「포춘」 선정 500대 기업 중 342위였다. 어떤 기준으로도 결코 작은 기업은 아니었다. 현재 아마존은 1,780억 달러(약 219조2,960억 원) 규모의 기업이 되어 비디오 스트리밍, 콘텐츠 제작, 무인 항공운송, 식료품점 및 건강관리와 같은 새로운 비즈니스를 지속적으로 혁신하고 실험하고 있다.

우리는 오늘날에도 혁신을 실행하는 많은 기업을 알고 있다. 구글은 매출 900억 달러(약 110조8,800억 달러) 규모의 기업이다. 그들은 인터넷 광고의 지배자이기도 하지만, 자율주행자동차의 개척자이기도 하다. 거대한 자동차 기업인 혼다Honda는 항공택시air taxi를 효율적으로 운행할 수 있는 저가의 경량제트기를 개발함으로써 기업용 제트기 시장을 변화시키려 하고 있다. 물론 그 사업들이 성공할 것이라 예견하기에는 너무 이를지도 모르지만, 이들이 노력하고 있다는 사실은 변하지 않는다.

규모가 혁신을 방해하는 절대적인 변수가 아님을 이미 생각보다 훨씬 많은 사례가 '증명'하고 있다. 물론 '가능하다'는 말이 결코 '쉽다'는 말은 아니다. 큰 기업에서의 혁신에는 일반적으로 작은 기업을 성공으로 이끄는 열정적인 노력이나 전략과는 다른 것들이 필요하다.

혁신의 발목을 잡는 것들

처음부터 혁신적인 벤처 기업을 만들기란 어렵다. 시간과 돈에 쫓기기도 하고 생각지도 않았던 작은 실수로 인해 기업 전체에 재앙 같은 문제가 발생하기도 한다. 그만큼 바닥에서부터 혁신적인 기업을 만들어내기란 어렵다. 그리고 기존 조직이 혁신 역량을 유지하는 일은 이보다 더 어려울 수도 있다. 창업정신이 새 집을 짓는 것과 같다면, 창의적인 혁신은 살고 있는 집을 개조하는 것과 같기 때문이다. 기존에 있는 것에 새로운 무엇인가를 추가하는 데는 창의력이 필요하다. 창의적인 혁신은 조직 내 혁신 역량을 끊임없이 새롭게 하고 재건하는 리더가 있어야 가능하다. 이들은 현재의 상태가 어떻든 자신들의 조직이 변화할 수 있다고 믿으며, 자신이 속한 기업이 슘페터의 "노인은 그저 늙어 죽는다"는 말처럼 사라져가는 것을 거부한다.

창의적인 혁신을 위해서는 기존 자원과 기능을 균형 있게 사용할 수 있어야 한다. 존슨앤존슨은 기업의 규모, 도전, 기회의 상관관계를 통해 창의적 혁신이 어째서 어려운지 보여주는 좋은 예다. 존슨앤존슨은 매출액이 750억 달러(약 92조1,000억 원)에 이르는 세계적인 기업이다. 전 세계 60여 나라에서 13만 4,000여 명의 임직원이 일하고 있다. 미국, 유럽, 아시아 전역에 걸쳐 12개가 넘는 R&D 연구소와 100개 이상의 외부 파트너십을 통해 해마다 R&D에 105억 달러(약 12조8,890억 원)를 투자하고 있다. 의료 분야에는 크게 의약품, 의료기기, 소비자 건강제품에 진출해 있고, 260개 이상의 자기업을 운영 중이다. 수천 가지의 제품을 판매하고 있고, 매년 100가지 이상의 새로운 제품을 출시한다.

존슨앤존슨이 이 성장세를 유지하려면 해마다 약 3억~4억 달러(약 3,680억~4,910억 원)의 신규 매출이 발생해야 한다. 기업의 기존 매출 중 일부가 감소할 경우 신규 매출은 더욱 커져야 한다. 연간 매출액이 10억 달러(약 1조2280억 원)를 초과하는 기업이 전 세계에 5,000개도 되지 않는다는 사실을 감안하면 이게 얼마나 어려운 도전인지를 알 수 있다. 또한 이러한 수치는 존슨앤존슨이 직면한 성장의 한계성과 함께 끊임없는 혁신의 필요성을 보여주기도 한다.

물론 존슨앤존슨은 맨땅에서 시작해야 하는 기업은 아니다. 그들에게는 수익을 내고 있는 사업이 있고, 이 수익은 기업이 새로운 기회를 끊임없이 추구하고 도전하는 에너지가 된다. 그렇다고 이러한 규모가 반드시 이점이 되는 것만은 아니다. 존슨앤존슨과 같은 기업의 조직이 구조적으로 복잡하다는 점을 고려하면 특히 그렇다.

조직이 복잡할수록 혁신에는 불리하다. 이러한 복잡성은 서로 다른 비즈니스 단위, 기능, 지역, 프로세스, 기술 등에 따라 시시때때로 변화하는데 존슨앤존슨 정도의 규모라면 매우 유동적인 변수가 된다. 혁신은 변화를 내포하기 때문에 복잡성은 혁신을 더욱 어렵게 만든다. 이런 조직에서는 한 부분을 혁신하는 데에도 다양한 비즈니스 단위, 기능 및 지리적 시장에 걸친 통합적인 변화가 필요할 수도 있기 때문이다. 조직의 모든 구성원이 혁신의 과정과 결과를 긍정적으로 받아들이지 않는다는 현실적인 문제도 있다. 내부적 시스템들이 충돌하고 그런 충돌은 심각한 조직 내 갈등을 유발하며 갈등은 기동성을 저해하고 이는 혁신력 저하로 이어진다.

존슨앤존슨의 사례를 통해 혁신에 있어 규모가 갖는 잠재적인 이점을 알 수 있다. 존슨앤존슨과 같은 대기업은 새로운 기회를 모색할 수 있는 막대한 재정적 자원을 가지고 있다. 신생기업이라면 꿈도 꿀 수 없는 다양한 일들을 다양한 방법으로 실험해볼 수 있다. 그들은 필요한 기술을 배우기 위해 외부 공동 작업자 네트워크를 활용할 수 있고, 혁신적인 제품의 시장 출시에 중요한 기술 인력과 운영 기술을 보유하고 있다. 세계적인 유통망과 강력한 브랜드, 전 세계 수백만 고객에게 신제품을 거의 즉시 알릴 수 있는 인프라와 노하우, 프로세스를 갖추고 있다. 또한 정책 및 행정가들과 수십 년간 쌓아온 네트워크도 있다. 이러한 역량은 당연히 성공적인 혁신에 매우 중요하다. 훌륭한 기술이 있어도 이런 부분이 부족해 성공하지 못한 스타트업 사례가 수도 없이 많다.

존슨앤존슨의 사례는 혁신과 관련해 규모가 때로는 막대한 힘이 되지만 또 때로는 막대한 장애물이 되는 딜레마를 함께 보여준다. 2015년, 제프 베조스Jeff Bezos는 아마존 주주들에게 보낸 편지에 "이미 쌓여 있는 규모 덕택에 상상하기도 힘든 서비스를 구축할 수 있다. 그러나 이러한 규모가 또한 우리의 발목을 잡고 우리의 창의력을 약화시킬 것이다"라고 썼다.

그렇다고 이런 딜레마가 존슨앤존슨이나 아마존 정도의 거대한 기업에서만 발생하는 것은 아니다. 규모에 따르는 도전은 조직의 수명 주기 내내 빠르게 진행된다. 첫 번째 주요 제품을 성공적으로 출시하고 빠르게 성장 중인 기업이라면 이후 기존 성공한 제품과 새로운 제품 사이에서 현재의 자원을 어떻게 분배해 투자해야 할지 선택의 기로에 서게 된다. 우리는 어떻게 스스로의 발목을 잡지 않으면서 기존의 역량을 활용할 수 있을지, 더 크고 더 복잡한 조직이 되면서도 '포퓰러 원' 문화를 지켜갈 수 있을지 고민해야 한다. 규모의 딜레마를 극복하며 혁신에 도전한다는 것은 이런 발생 가능한 위험성을 낮추거나 제거할 방법을 찾아가면서 아울러 자신들의 진정한 강점을 활용하는 것이다.

왜 대부분의 혁신은 실패할까?

직장생활을 해봤다면 '혁신 계획'이란 말에 익숙할 것이다. 혁신 계획이나 방법에는 다양한 형태가 있지만, 일반적으로는 기업 구조와 절차, 문화를 복합적으로 아우른다. 기업의 성장이

둔화되면 나타나는 전형적인 모습 중 하나는 고위 리더들이 '혁신만이 현 상황을 돌파할 길'이라고 생각하는 것이다.

그러나 새로운 혁신은 자전거를 타는 것과는 다르다. 쇠약해진 혁신 근육을 훈련으로 강화시키는 것은 불가능하다. 혁신 근육은 원점에서부터 다시 새롭게 창조해야 한다. 완전히 새로운 조직 시스템을 만들고 새로운 문화를 구축해야 한다. 이런 과정에서는 당연히 해결해야 할 일이 많다. 새로운 아이디어를 어떻게 찾을 것인가? 어떻게 창의적인 사고를 자극할 것인가? 어떤 아이디어를 채택하고 또 어떤 아이디어를 포기할 것인가? 어떻게 사람들을 동기부여 할 것인가? 혁신과 관련된 수많은 불확실성을 어떻게 사람들에게 설득시킬 것인가?

어느 것 하나 쉬운 일은 없다. 특히 이러한 일들을 기존 시스템과 프로세스, 구조, 깊이 배어든 문화 내에서 실행해야 한다는 것이 가장 큰 문제다. 혁신 계획이 반드시 조직 내에서 많은 지지를 얻는 것은 아니다. 때로는 갈등이 불가피하다. 기존 비즈니스를 경쟁력 있게 유지하고 재무를 건전하게 유지하면서도 조직의 큰 변화를 수행할 수 있어야 한다.

그간 지켜본 수많은 혁신 기업 중 다수가 익숙한 패턴을 반복했다. 큰 열정으로 혁신을 시작했고, 리더들은 자신들의 미래에 혁신이 얼마나 중요한지 역설力說한다. 혁신이 기업의 주요 화두가 된다. 앞으로 다가올 큰 변화에 대한 다양한 공약이 선

포된다. 실패에 대해서는 더 관대해지고, 조직은 덜 수직적이고 틀에서 벗어난 사고를 강조하는 문화가 될 것이라고 지속적으로 말한다. 혁신적인 아이디어에 대한 보상이 증가하고 관리자들은 모범적인 혁신 사례를 참고하면서 기업을 '실리콘밸리와 같은' 방식으로 만드는 방법에 대해 끊임없이 고민한다. 이런 노력들을 실행하기 위한 별도의 혁신 조직이 설치되고, 최고혁신책임자CIO, Chief Innovation Officer가 임명된다. 기업에는 혁신에 대한 낙관적인 기대가 생겨난다.

그러나 1~2년만 지나면 문제가 발생한다. 사람들은 실제로는 변한 것이 없음을 인식하기 시작한다. 노력은 했는데 눈에 보이는 혁신의 결과물은 거의 없다. 소수가 제안한 혁신 제안들은 많은 사람의 동의를 얻는 데 어려움을 겪는다. 일부 혁신안은 이미 실패했다. 재무이사는 혁신 프로그램에 투자한 돈의 수익을 따져 묻기 시작한다. 사업부 리더들은 기존의 제품 라인을 업그레이드하고 경쟁력을 강화하는 데 필요한 핵심 자원이 부족하다는 불평을 늘어놓는다. 예산이 빡빡해지고, 내부적으로 이런저런 요구사항이 증가한다. 매출에 대한 압박을 느끼기 시작하고, 혁신안을 지지했던 이사회는 큰 변화가 없는 혁신안을 걱정스럽게 보기 시작한다. 경영진은 혁신의 결과물을 보여줘야 한다는 압박감에 쫓기기 시작한다. 반면 조직 전체에는 오래된 관습이 그대로 있다. 결국 위험을 감수하기 힘들어진 경영진은 더 이상 실패에 관대하기 힘들어진다. 기업의 수직성이 혁신을 방해하고 있다는 불만이 여기저기서 터져 나온다. 혁신에 대한 내부소통은 점점 줄어들고 혁신 계획에 기꺼이 동참했던 리더들은 새로운 혁신 임무 제기에 부정적인 반응을 보이기 시작한다. 시간이 지나면서 관리자들은 '이 또한 지나가리라'라는 태도를 취한다.

왜 많은 혁신 계획이 이런 우울한 결말에 이르는 걸까? 우선 조직을 변화시키는 일은 극도로 어렵다. 조직 혁신의 약 70%가 실패한다는 보고서도 있다. 고위 경영진의 헌신 부족, 중간관리자의 저항, 실제 집행 과정에서의 무능함 등이 실패의 일반적인 이유가 된다. 그러나 실제 문제는 훨씬 더 다양하고 복합적일 수 있다. 그동안의 경험을 통해 보면 경영진이 헌신적이고 중간관리자들이 열정적인데도 혁신에 실패한 사례는 무수히 많다.

그렇다면 실패의 진짜 이유는 뭘까?

혁신 역량을 구축하기 위해서는 몇 가지 구체적인 장애물을 극복해야 한다. 첫 번째는 시간이다. 혁신 역량을 구축하는 일은 다년간의 항해와 같다. 혁신은 '올해의 목표'가 되어서는 안 된다. 역량이 구축됐다 하더라도 그 결과를 보기까지는 적어도 하나의 제품 개발주기가 필요하다. 업계에 따라서는 10년 이상이 될 수도 있다. 특히 이 기간 동안 착오와 문제가 발생할 수 있음을 고려하면 더욱 그렇다.

두 번째는 혁신 추구 시 발생할 수밖에 없는 문제들이다. 이것들을 인정해야 한다. 기존에 수익성 있는 사업 라인이 있는 기업이라면 근본적인 딜레마에 빠진다. 기존 사업과 새로운 사업에 대한 투자의 비율을 어떻게 가져갈 것인가? 새로운 사업 모델에 투자하는 것보다 기존 사업의 제품과 서비스를 점진적으로 개선하는 데 얼마만큼 더 투자해야 할까? 새로운 사업에 투자하는 돈은 곧 기존 사업 투자 축소를 의미한다. 기존 사업에 투자하는 것은 근시안적인 행동이니 새롭고 '파격적인' 혁신에 투자하는 것이 옳다는 일종의 편견에 사로잡혀 있는 사람이 많다. 그러나 이런 생각은 문제를 지나치게 단순화한 것일 수도 있다. 선택에 있어 단순한 '정답'은 없다. 선택이란 매우 복잡한 덧셈과 뺄셈 작업을 요한다.

'조율'은 혁신 과정에 내재되어 있을 수밖에 없는 상황으로, 이러한 상황을 정확히 이해하지 못하는 것이 혁신에 실패하는 중요한 이유가 되기도 한다. 혁신 계획을 세운다고 했을 때, 기업을 개방적인 조직으로 개편하고, 제품의 디자인을 혁신하며, 독보적인 제품들로 발 빠르게 시장을 선점하고, 자율성을 강조하는 조직 문화를 만드는 등 혁신의 '우수 사례'를 찾아서 따르려는 경향이 있다. 그게 본질적으로 문제가 있는 것은 아니지만, 강조하건대 흔히 말하는 '최고의' 혁신 방법이라는 것은 없다. 마법의 물약은 없다는 말이다. 모든 혁신 과정에는 나름의 장단점이 있다. 그렇기 때문에 혁신 역량을 구축하기 위해서는 각 조직에 맞는 혁신 프로세스를 선택하는 것이 무엇보다 중요하다.

마지막으로, 혁신 역량을 구축하려면 심오한 문화적 변화가 필요하다. 신뢰성, 예측성, 실행력 등 기업이 기존 제품과 서비스 라인의 성공을 유지하는 데 필요한 행동 규범은 위험감수, 창조적 탐구, 신속한 학습 및 실행 등 혁신을 촉진하는 데 필요한 행동들과 상당부분 충돌한다. 유명 조직 이론가인 제임스 마치James March는 "기존 사업에 안주하려는 경향이 있는 조직은 새로운 사업을 개척하는 데 어려움을 겪는 경향이 있다"고 말했다. 이는 부분적으로 조직 시스템과 프로세스 때문일 수도 있지만, 대부분은 '안주'와 '개척' 사이의 문화적 차이 때문이다. 현재 돈을 벌어다주는 오늘의 문화와 단절하자고 주장하는 것은 결코 쉽지 않다. 새로운 문화는 결국 기존 비즈니스를 가능케 하는 문화를 지지하면서 만들어가야 한다. 이런 충돌이 발생할 수밖에 없기에 혁신은 더욱 어렵다.

황금 알을 낳는 거위를 죽이는 이유

이쯤 되면 왜 많은 사람이 그리도 어려운 도전을 하는지 궁금해 할 수도 있다. 왜 나는 리더로서 그렇게 위험한 변화를 시도해야만 하는가? 확률은 결코 내 편처럼 보이지 않는다. 어쩌면 다른 많은 사람의 조언처럼 내부 혁신을 포기하고 대신 작은 기업을 사버리는 편이 나을 수도 있다. 그게 쉽고 빠르며 위험부담 역시 상대적으로 적은 선택일지도 모른다.

그러나 여기에는 전략적인 문제가 있다. 혁신이 쉽다면 누구나 할 수 있을 테니 혁신은 더 이상 경쟁력의 원천이 될 수 없는 것이다. 경쟁우위는 독특하고 모방하기 힘든 기술과 역량에서 나온다. 애플이 성공한 이유는 애플과 같은 기업이 없기 때문이다. 혁신 능력은 육성하고 유지하기가 어렵기 때문에 그 자체가 강력한 경쟁우위의 원천이 되는 것이다.

이는 기업 하나를 인수하는 것이 결코 혁신의 지름길이 될 수 없는 이유이기도 하다. 당신이 무언가를 살 수 있다면 경쟁자도 그렇게 할 수 있다. 기업 자산 시장은 매우 효율적이다. 일반적으로 지불한 만큼 얻을 수 있다. 모든 사람이 사고 싶어 하는 혁신적인 기업을 사려면 그만큼 값을 치러야 한다. 결국 한 기업의 주주 재산 일부를 인수한 기업의 주주에게 이전하는 것에 불과할지도 모른다. 이 과정에서 일반적으로 새로운 가치가 생성되기는커녕 오히려 인수한 기업이 인수된 기업의 가치를 파괴하는 경우도 많다.

물론 많은 사람이 자신은 평균보다 더 똑똑하다고 믿기 때문에 자신은 예외일 것이라 생각한다. 그러나 이런 논리의 오류를 깨닫는 데는 그리 오랜 시간이 걸리지 않는다.

또한 혁신적인 기업을 인수했다면, 혁신적인 조직을 그대로 또는 그 이상으로 유지하는 데 많은 노력과 비용이 필요하다. 그러나 혁신적이지 않은 기업들이 혁신적인 조직을 관리하는 것은 자신들이 혁신할 때 겪었던 문제를 해결하는 것 이상으로 어렵다. 혁신적인 기업을 사는 것만으로 앞서 언급했던 모든 문제가 사라지지는 않는다. 인수된 기업의 혁신적인 시스템 및 문화가 자신들의 기업 내부에 스며들어야 하지만 일반적으로는 인수한 기업이 인수된 기업의 독창적인 혁신 문화를 파괴한다. 물론 예외는 있다. 일부 기업은 새로운 환경에서도 슬기롭게 자신들의 프로세스와 문화를 혁신적으로 보호하고 지속해간다. 그러나 이런 사례는 극히 드물다. 인수한 기업이 황금 알을 낳는 거위를 죽이는 것이 일반적이다. 물론 M&A가 혁신을 위한 하나의 전술이 될 수는 있다—이에 관련된 내용은 책의 뒷부분에서 더 자세히 다룰 예정이다—. 그러나 M&A 자체가 혁신 전략이 될 수는 없다.

이 책에서 나는 기업의 규모가 혁신을 가로막는 장애물이라는 편견을 깨려한다. 혁신 역량을 구축하고 유지하는 데는 많은 어려움이 따른다. 혁신을 향한 여정에는 함정이 가득하다. 리더라면 전략, 실행 및 조직 문화에 탁월해야 한다. 혁신 과정에서 조직 내의 큰 저항이 따를 수도 있다. 내가 책에서 제공할 다양한 틀과 원칙, 예제들이 조직을 혁신하는 데 도움이 되기를 바란다. 물론 혁신의 여정은 결코 쉽지 않을 것이다. 최고의 장비, 최상의 가이드와 교육 및 최고의 전략으로도 에베레스트 정상에 오르는 일은 결코 쉽지 않은 것과 같다. 그러나 이와 같은 도움이 없다면 에베레스트를 오르는 일은 시도조차 하기 힘들다. 혁신 능력은 사는 것이 아니며 만들어가는 것이다. 물론 정말 어렵고 위험할 수도 있다. 이 책이 많은 이에게 그 어려운 모험을 시도하게끔 돕는 동기부여가 되기를 희망한다.

1부

혁신 전략 수립

Creating an Innovation Strategy

혁신 전략은 혁신 기회의 우선순위를 선정하고 혁신을 통해 어떻게 가치를 창출해낼 것인가를 정하는 일이다. 훌륭한 혁신 전략은 두 가지 중요한 목적에 도움이 된다. 첫째, 기존 시장에서 단기적으로 개발해야 할 일과 새로운 기회에 있어서 장기적으로 투자해야 할 일 사이에서 고려해야 하는 기회비용을 명확히 하는 것. 대부분의 기업은 전략이 명확하지 않을 경우 단기적 성과에 초점을 맞추는 경우가 많기 때문에 이 부분이 중요하다. 완전히 새로운 것에 투자하기보다는 기존 제품 라인을 개선하는 편이 쉽고 더 수익성 있는 것처럼 보이기 때문이다. 기회비용이 명확해지면 혁신전략을 통해 효율적인 실행 단계들을 설계할 수 있다. 둘째, 훌륭한 혁신 전략은 우선순위를 중심으로 조직의 다양한 이해관계를 조정하는 데 도움이 된다. 특히 복잡한 조직에서는 더욱 그렇다. 우선순위의 원칙을 통해 큰 조직을 보다 덜 복잡한 상황으로 이끌 수 있다.

1부에서는 효과적인 혁신 전략을 수립하는 데 필요한 프레임워크와 원칙을 제공하고자 한다. 기업이 추구할 수 있는 여러 유형의 혁신, 이해당사자간의 조정, 기업의 전반적인 혁신 전략의 일환으로 다양한 유형의 혁신(비즈니스 모델 혁신 포함) 사용법 등을 검토할 것이다. 또한 기업을 위협할 수 있는 잠재적이고 새로운 신기술에 대응하는 방법도 이야기하겠다.

1장

여행의 시작

혁신의 여정에서 길을 잃다

경력을 막 쌓기 시작했을 무렵, 콘택트렌즈 시장에서 한때 최강자였던 기업을 컨설팅하게 됐다. 이 기업은 세계 최초로 일회용 콘택트렌즈를 개발한 경쟁사에게 뒤처지기 시작했다. 일회용 렌즈의 편리성은 가히 획기적이라 렌즈 판매뿐 아니라 렌즈 관리 시장까지 수익성이 높고 매력적이었다. CEO와 임원진들은 기업이 제품 포트폴리오를 변경해야 할 시기가 왔음을 인식했다. 이 기업은 근 10년간 혁신적이지 않았다. 렌즈에 대한 기본 기술은 20년 이상 됐고, 일회용 렌즈는 생산할 수 없었다. 앞선 몇 년간 자신들의 기존 렌즈 라인업을 확장하고 디자인을 변화하는 정도의 혁신에 그쳤다. 경쟁력을 갖추려면 혁신을 해야 했고, 혁신을 하려면 스스로 변화해야만 했다. 그리고 정확히 이 지점에서 길을 잃었다.

기업은 여러 가지 복잡한 선택의 기로에 서 있었는데 그중 하나가 자신들의 자원 중 얼마만큼을 일회용 렌즈 개발에 투자해야 할지였다. 일부는 자신들의 제품과 기술력이 여전히 시장에서 경쟁력이 있다고 생각했다. 마케팅 책임자는 자사의 유럽 R&D 센터에서 개발 중인 신제품을 발판으로 새로운 도약을 준비하자고 주장했다. 이보다는 적극적으로 R&D를 강화하자고 주장하는 이들 사이에서도 기존 제품을 폐지할 것인지 또는 기존 제품을 보다 다양한 방법으로 강화시킬 것인지에 대해서는 이견이 있었다. 또한 렌즈 관리 사업에도 문제가 있었다. 물론 시장이 감소하고 있긴 해도 여전히 수익성이 괜찮고 또 기업 이익의 대부분을 차지하는 사업이기도 했다. 일부는 기업의 기술력이 여전히 기존 렌즈 시장의 쇠퇴를 막을 수 있을 만큼 경쟁력이 있다고 주장했다.

물론 이런 문제에 '정답'은 없다. 현 제품 라인에 더 많은 투자가 필요하다는 것도, 현재의 렌즈 소재를 더 개발하자는 것도, 렌즈 관리 서비스 사업에 돈을 더 투자하자는 것도 각자의 입장에서는 정답일 수 있었다. 그러나 기업의 자원은 한정되어 있다. 정확히 투자하고 집중할 곳을 찾아야 한다.

어떤 주장이 채택되든 연쇄적으로 조직에 더 큰 영향을 가져올 수 있는 상황이었다. 예를 들어 현 제품의 렌즈 기술을 한층 더 개발하기로 한다면 기업의 R&D 조직은 거의 새롭게 개편되어야 했다. 이 결정은 기업의 렌즈 관리 서비스 사업과 마케팅 전략에도 영향을 미친다. 기업이 획기적인 신기술을 도입한 후에도 현재 제품 라인의 경쟁력을 함께 도모할 수 있어야 했다.

그러나 불행히도 현실은 기업이 '혁신적으로 변해야 한다'는 모호한 개념 외에는 조직원들 사이에 '어떻게'에 대한 동의가 전무한 상황이었다. 사람들은 각자의 견해를 가지고 있었다. 이런 현실은 스위스에서 열린 고위 경영진 회의에서 명백하게 드러났다. 회의는 CEO가 혁신의 중요성에 대해 연설하고 기업이 다시 한번 업계 최고의 기업이 되어야 한다는 주문으로 시작됐다. 그는 회사가 큰 위험을 무릅쓰고라도 현재 상황을 벗어나야 할 필요성에 대해 분명하게 이야기했다. 이어서 R&D 임원의 현재 R&D 프로젝트 포트폴리오 설명이 뒤따랐다. 나는 당연히 CEO 연설 뒤에 이어질 R&D 임원의 발표에서 뭔가 그럴듯한 투자개발 계획을 기대했다. 그러나 불행히도 발표는 그저 현 상황에 대한 기나긴 나열에 불과했다. 거의 모든 프로젝트가 현행 프로세스를 점진적으로 향상시킬 수 있는 방법과 현재의 기술적인 문제점에 대한 해결안, 현재 제품 라인 확장 및 다양한 시장에서의 규제 문제 등에 관한 내용뿐이었다. 물론 그의 발표는 현재의 수익적인 관점에서는 정당화될 수 있고 각 사업부가 요구하는 사항들이 제각기 다를 수 있다. 하지만 당시의 문제는 단순한 예산 문제가 아니었다. CEO와 R&D 부서장 사이의 '혁신'에 대한 관점 차이는 냉혹한 현실이었다.

넓은 들판에서 길을 잃는 것처럼 혁신의 과정에서는 길을 잃기 쉽다. 혁신 역량을 구축한다는 것은 복잡하고 어려운 다양한 선택 과정에 직면한다는 의미다. 다양한 선택이 모두 매력적으로 보일 수 있지만, 각각 다른 어려움이 따른다. 물론 이 선택 과정에서 완벽한 정보란 없다. 특히 이러한 상황에서는 조직원 모두가 같은 방향을 향해 걷고 있는지가 무엇보다 중요하다. 그래서 험난한 길일수록 치밀한 혁신 전략이 필요하다. 특히 조직의 몸집이 크면 클수록 더욱 그렇다.

왜 하나의 전략이 필요한가?

전략은 특정한 목표를 달성하기 위한 일관적이며 상호보완적인 정책이나 행동에 대한 약속이다. 우리 모두는 전략을 개발하고 사용한다. "제인의 약점인 백핸드 쪽으로 공을 치고 네트로 대쉬해 그녀를 압박하라." 토요일 아침 테니스 게임에서 당신이 사용할 수 있는 전략의 한 예다. 이는 물론 당신이 모든 스트로크를 제인의 백핸드 쪽으로 치고 네트로 압박해야 한다는 의미는 아니다. 그저 당신이 제인의 비교적 약한 부분인 백핸드를 공략하면 게임에서 이길 수 있는 기회(목표)를 얻을 수 있다고 믿기 때문에 가능한 한 그 기회를 엿본다는 의미다. 마찬가지로 "더 많은 야채를 섭취하고 더 많이 운동하라"는 전략 역시 채식주의자가 되고 매일 운동선수처럼 운동해야 한다는 의미가 아니다. 단지 식단에서 채소에 우선순위를 두고 섭취하며 계획대로 운동을 하라는 말이다.

이처럼 전략이란 생각보다 복잡하지 않다. 즉, 전략은 행동패턴과 우선순위를 뜻한다.

기업 전략 역시 절대로 복잡해서는 안 된다. 지난 40여 년 동안 가장 성공적인 항공사였던 사우스웨스트 에어라인Southwest Airlines의 전략은 아주 간단하다. 타 항공사가 제공하지 않았던 '중소규모 도시 간 경유 없는 편리한 저가 서비스를 제공한다'는 것이다. 이 전략은 기업이 결정해야 했던 많은 후속 결정(예를 들어 어떤 비행기를 사용할지, 어떻게 직원을 배치할지 등)에 영향을 미쳤다.

전략은 간단하고 명확해야 한다. 좋은 전략은 조직 내 다양한 그룹 간의 이견을 조정하고, 목표와 우선순위를 명확히 하며, 조직원들이 해당 내용에 집중하도록 돕는다. 본질적으로 지도나 나침반과 같다. 가야 할 방향을 제시하고 의사결정 속도를 높인다. 전략이 없다면 모든 결정에 앞서 토론이 필요하다. 이번 달에 더 많은 광고를 해야 할까? 맨해튼 중심가에 새로운 상점을 열어야 할까? 새로운 파트너십을 맺어야 할까? 신제품을 출시해야 할까?

전략은 이런 상황에서 선택해서는 안 되는 것들과 반드시 선택해야 할 것들의 방향을 명확히 설정하는 가이드가 되어야 한다. 기업은 일반적으로 주요 고객, 차별화하는 방식과 핵심 가치 등에 대한 경영 전략을 수립한다. 또한 R&D, 마케팅, 인사 및 회계와 같은 다양한 기능에 대한 경영 전략도 수립한다.

그러나 놀랍게도 경영자 대부분은 자신들의 경영 전략이 기업 혁신과 어떻게 조율될 수 있는지에 대해서는 분명히 말하지 않는다. 앞서 콘택트렌즈 기업 사례와 마찬가지로 경영자들은 새로운 혁신 역량을 구축하는 여정을 시작할 때 자신들의 막연한 감에 기댄다. "우리가 혁신해야 하는 구체적인 이유는 무엇인가?"라는 근본적인 질문에 답하기 위해 씨름하지 않고 "성장을 위해 혁신을 해야 합니다" 또는 "경쟁자보다 앞서가기 위해 혁신해야 합니다"와 같은 일반적인 이유로 혁신을 시작하려 하는데 이는 전략적인 접근 방법이 아니다.

강력한 혁신 전략은 기업이 추구하는 중요한 혁신의 종류를 결정한다. 혁신을 통해 어떻게 잠재적 고객을 위한 가치를 창출할 수 있을지가 명확해야 한다. 1990년대 의료기기 생산업체 벡톤 디킨슨Becton Dickinson의 전략이 좋은 사례가 될 수 있다. 벡톤 디킨슨은 주사기와 관련된 제품부터 혈액 샘플 수집 영역까지 다양한 의료기기 생산 및 의료 서비스를 다루는 기업이었다. 이 모든 영역에는 공통적으로 환자의 피부를 뚫을 수 있는 날카로운 캐뉼라(몸속에 삽입하는 튜브로, 액체나 공기를 통하게 하기 위한 의료기구-역자 주)가 사용됐는데, 이 제품의 부적절한 처리나 사고로 인해 노동자들이 에이즈AIDS나 간염 등의 질병에 노출됐다. 안전이 진정한 가치창출의 원천임을 인식한 기업은 자동 개폐식 바늘이 있는 주사기 같은, 제품의 안전장치를 설계하는 데 집중하기 시작했다. 물론 일회적인 노력이 아니었다. 수년간의 집중적인 투자가 필요했고, 다양한 사업부에 투자가 필요했으며, 제품 전체의 포트폴리오를 재설계해야 했다. 기업은 이 과정에서 일관성을 유지했다. 이후 벡톤 디킨슨의 안전 중심 혁신 전략은 절대적인 경쟁력과 수익을 동시에 유지하는 중요한 원천이 됐다.

혁신 전략이 일관성 있는 가치 제안에 초점을 맞춘 기업의 사례는 이외에도 많다. 지난 수십 년 동안 애플은 애플2, 아이팟, 아이튠즈, 아이폰, 아이패드, 애플스토어 등에서 다양한 혁신을 실행했는데 이 다양한 혁신에는 공통된 가치가 있었다. 직관적인 인터페이스, 하드웨어 및 소프트웨어 디자인의 통일성 그리고 디지털 라이프(음악, 사진, 통신, 쇼핑 등)의 다양한 측면을 끊임없이 통합함으로써 사용자들이 쉽고 즐겁게 사용할 수 있게 한다. 소비자들에게 최대한 편리하면서도 안전한 경험을 제공하고자 했던 아마존의 시도 역시 원클릭 체크아웃과 사용자 후기부터 아마존 프라임, 킨들에 이르기까지 다양한 성과로 나타났다.

분명한 혁신 전략이 없으면 아무도 실제로 어떤 종류의 혁신이 조직에 중요한지 알지 못한다. 무엇이든 가능할 때는 모든 것이 중요해지고, 모든 것이 중요해지면 아이러니하게도 특별히 중요한 것은 사라진다. 특별히 중요한 것이 없다면 아무것도 이뤄지지 않을 수 있다. 좋은 전략이 곧 좋은 실행의 토대가 되는 이유다.

혁신을 통해 어떻게 가치를 창출할 수 있을지 명확히 질문하지 않는다면, 조직 내 여러 부서는 서로 상충하는 우선순위 속에서 무엇을 해야 할지 허둥댈 것이다. 영업 담당자는 매일 고객의 긴급한 요구사항을 듣는다. 마케팅 담당자는 대안 상품을 통해 현 브랜드를 보완할 기회를 찾고 새로운 유통 채널을 통해 시장 점유율을 확대할 기회를 모색한다. 재무부서 책임자는 손익 수치에 중점을 둔다. R&D 책임자는 새로운 기술에 대한 시장 기회에 중점을 두려 한다. 신규 사업 팀장은 새로운 비즈니스 모델을 가진 유망 기업에 투자를 검토할지도 모른다.

모두가 필요한 생각들이다. 성공적인 혁신을 위해서는 관점의 다양성 역시 중요하다. 그러나 공통의 우선순위를 중심으로 이러한 관점을 통합하는 전략이 없다면 다양성의 힘은 무뎌지고 심지어 조직을 약화시킬 수도 있다.

먹기만 하면 되는 샐러드

무엇인가를 잘하기 위해서는 그 '무엇인가'에 대한 정의를 정확히 내려야 한다. 혁신도 마찬가지다. 많은 조직이 '혁신을 잘 수행하고 싶다'는 마음으로 혁신의 여정을 시작한다. 그러나 그 여정이 정확히 무엇을 의미하는가? '혁신'은 매우 광범위한 용어다. 일반적으로 매우 긍정적인 '무엇'이긴 하지만 구체적인 의미는 분명치 않다. '혁신'은 무슨 의미든 될 수 있지만, 이는 다시 말해 아무런 의미가 없다는 뜻이기도 하다. 그래서 이런 혁신을 보다 유용하게 만들 수 있는 정교한 방법이 필요하다.

누가 봐도 분명 혁신적인 것들이 있다. 에디슨의 전구, 헨리 포드의 자동차 생산 라인, 최초의 반도체, 최초의 텔레비전, 최초의 유전자 조작 약물, 인텔의 마이크로프로세서, 넷스케이프

브라우저, 애플의 아이패드 같은 획기적인 제품들은 논란의 여지가 없는 혁신의 성과물들이다. 기존 산업뿐 아니라 경제의 근간을 바꾸어 놓은 혁명적 제품들이었다. 그러나 이러한 제품만을 '혁신'으로 생각한다면 실제 혁신 사례의 99%는 사라질지도 모른다.

대부분의 혁신은 앞서 언급한 사례들보다 훨씬 덜 분명하다. 언론에 거론조차 되지 않을 때도 많고, 전혀 새롭게 느껴지지 않을 수도 있다. 실제로 이런 혁신의 결과물들을 접할 때면 "정말 뭐가 새로운 건가요?"라고 묻고 싶은 유혹을 느끼게 된다.

1984년에 캘리포니아의 어느 작은 상추 생산자가 처음 소개한, 세척과 손질이 되어 있어 '먹기만 하면 되는 샐러드'를 생각해보자. 그저 양상추 잎을 좀 잘 자를 수 있는 기계적인 혁신, 식품의 안전과 관련된 일부 세척 공정 정도만이 새로웠을 뿐 제품의 핵심이라 할 수 있는 상추 자체나 이를 담는 포장 등은 결코 새롭지 않았다. 그러나 씻거나 손질할 필요 없이 '먹기만 하면 되는 농산물' 시장은 미국 내 샐러드용 채소 시장의 절반 가까이를 차지할 정도로 성장했다. 혁신 전문가들은 포장이나 제조 공정, 기능의 일부만이 개선되는 혁신을 그저 '단순한 개선' 정도라 여기고 무시하지만, 그들은 정확히 요점을 놓친 것이다. 혁신을 판단하는 방법은 사회적 주목을 끌었느냐가 아니라 가치를 창출했는지 여부라는 것. '단순한 개선'을 통한 혁신이 때로는 상상할 수 없는 엄청난 경제적 가치를 창출한다.

많은 혁신이 실제로 기술과는 전혀 관련이 없는 경우가 많다. 세계적인 가구기업이 된 이케아IKEA를 떠올려보라. 그들은 어떻게 그런 성공을 거둘 수 있었는가? '저렴하지만 매력적인 가구'라는, 상대적으로 독보적인 가치를 제안한 덕이었다. 이케아 쇼핑은 전통적인 가구점에서의 쇼핑과는 완전히 다르다. 본질적으로 선택과 포장을 포함해 모든 것을 스스로 해야 한다. 이케아의 혁신은 그들이 창조해낸 공간에서 소비자들이 쇼핑을 경험하며 느끼는 새로운 가치와 이런 운영을 가능하게 한 운영체제에 있다. 물론 그들이 재고와 판매를 추적하는 과정에서 기술을 사용하긴 하지만 이는 다른 기업에서도 흔히 사용한다. 중요한 것은 이케아의 혁신은 결국 '비즈니스 모델'에 있다는 것이다.

실리콘밸리의 새로운 기업도 반드시 기술혁신을 통해서만 혁신을 이뤄내는 것은 아니다. 우편을 통해 DVD를 보내는 사업으로 처음 시작했던 넷플릭스Netflix를 생각해보라. 고객 선호도를 추적하고 그에 맞는 영화를 제시하는 새로운 소프트웨어가 있긴 했지만, 넷플릭스의 대부분은 결코 새로운 것이 아니었다. 그들은 DVD를 담아 봉투를 일일이 풀로 붙여 우체국을 통해 고객에게 발송했다. 새로운 기술이 없다시피 했지만 비디오 대여 사업 시장에서는 완전히 새로운 비즈니스 모델이었다. 더 이상 DVD 대여점에 갈 필요가 없어졌을 뿐만 아니라 수없이 많은 영화 중 하나를 찾아야 한다는 괴로움에서 벗어나게 해준 새로운 가치 제안 그리고 고정회비와 연체료 지불이라는 새로운 가격 구조는 혁신이었다.

비즈니스 모델 혁신을 통해 산업을 변화시킨 기업의 사례는 이외에도 많다. 항공업계의 라이언에어Ryanair, 수제맥주 기업인 보스톤비어Boston Beer Company, 승용차 공유 서비스 우버Uber 등이다. 그들도 물론 기술을 사용하고 있지만 참신함은 결국 비즈니스 모델에 있었다.

"우리는 선도적인 혁신가가 되고 싶다"와 같은 문구가 왜 기업 혁신에는 도움이 되지 않는지 이제 알 수 있을 것이다. 구성원들이 혁신에 대해 각자 다른 정의를 가지고 있다면 기업의 혁신 역시 각자 다른 방향으로 진행될 가능성이 높다. 그리고 그 결과는 뻔하다. 결국 혁신 전략의 핵심은 '어떤 유형의 혁신이 가장 중요한가'를 결정하는 것이다. 어떤 유형의 혁신이 고객과 또 기업에 가장 큰 가치를 창출할 수 있을 것인가? 이 질문을 통해 조직은 가장 중요한 혁신 방법에 조직의 역량을 집중시킬 수 있다.

혁신을 나누는 두 가지 축

선택의 기로에 직면했을 때마다 사용할 수 있도록 선택사항들을 분류하고 이에 따른 적절한 해결책들을 제공하는 매뉴얼(프레임워크)을 갖는 것은 중요하다. 지난 30년 동안 다양한 혁신 중 경제적·전략적으로 의미 있는 차이를 식별한 학술적 연구들이 많았다. 이런 연구를 통해 많은 차이점이 발견됐다. 그리고 다양한 시기나 산업을 아우를 수 있는 두 가지 혁신 변수가 밝혀졌다. 첫째가 기술이고 다른 하나는 비즈니스 모델이다. 이 두 가지 혁신 변수를 사용하여 기업의 혁신 기회를 구분해 볼 수 있다.

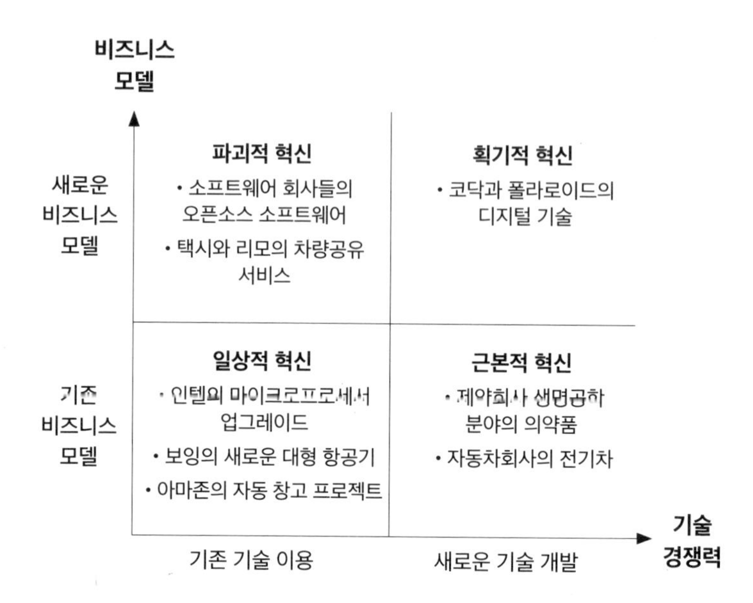

일상적 혁신Routine innovation

기업의 기존 기술 역량과 기존 비즈니스 모델을 지속적으로 활용하는 데 적합하다. 인텔이라면 더욱 강력한 마이크로프로세서를 출시하는 것이다. 인텔은 마이크로프로세서의 설계 및 제조 분야에서의 월등한 기술적 전문성과 수십 년간 성장을 지속해온 비즈니스 모델이 있다. 보잉의 새로운 대형 항공기, 애플의 차세대 아이폰, 아마존의 자동 창고 프로젝트, 픽사Pixar Animation Studios의 새로운 애니메이션 영화 등이 일상적 혁신의 좋은 예다.

파괴적 혁신 Disruptive innovation

나의 하버드 경영대학원 동료 클레이 크리스텐슨Clay Christensen 이 명명한 파괴적 혁신은 새로운 비즈니스 모델이 필요하지만 반드시 기술적인 혁신이 필요하지는 않을 때 적합하다. 따라서 기존 경쟁자의 비즈니스 모델에 도전할 때 주로 사용된다. 예를 들어 구글의 모바일 안드로이드 운영체제는 큰 기술적인 차이라기보다는 비즈니스 모델의 차이로 경쟁사인 애플이나 마이크로소프트에 경쟁력을 가질 수 있었다. 안드로이드는 무료였지만 애플과 마이크로소프트의 운영체제는 그렇지 않았던 것이다.

근본적 혁신 Radical innovation

파괴적 혁신의 반대 개념으로 순수한 기술적 도전이다. 1970년대와 1980년대, 의약품 개발에 있어 유전공학과 생명공학이 본격적으로 출현한 것이 좋은 예다. 화학 합성 약품에 바탕을 두고 있던 제약 기업들은 분자생물학 분야에서 새로운 역량을 구축하는 데 어려움을 겪었다. 그러나 고수익 제품들을 생산해냈던 기존의 비즈니스 모델을 발판으로 새로운 기술 투자를 통해 생명공학 분야의 의약품들을 탄생시킬 수 있었다.

중요한 기술 및 비즈니스 모델 혁신을 요구한다. 디지털 사진이 좋은 예다. 코닥이나 폴라로이드 같은 경우 디지털 세계에 진입하기 위해 반도체 전자기술, 카메라 디자인, 소프트웨어 및 디스플레이 기술 분야 등에서 완전히 새로운 역량을 갖춰야 했다. 또한 소모품(필름, 종이, 가공 화학 물질 및 서비스 등)보다는 카메라 자체로 수익을 올릴 수 있는 방법을 찾아야 했다. 획기적 혁신은 기업에게 요구되는 가장 어려운 혁신이다.

다른 매트릭스와 마찬가지로 여기에는 몇 가지 '주의 사항'과 '사용 지침'이 있다. 첫째, 같은 범주에 있다고 해서 차이가 없는 것은 아니다. 같은 '일상적 혁신'에 속한다고 해서 모든 일상적 혁신이 동일한 것은 아니다. 다른 범주에서도 마찬가지다. 둘째, 매트릭스에 위치하고 있는 특정 혁신은 혁신의 고유한 특징과 기업의 선택에 따라 결과가 달라질 수 있다. 즉, 혁신 유형은 '신이 주신 것'이 아니라 '확고한 결정과 전략에 의해 결정될 수 있는 것'이다.

앞의 매트릭스는 혁신을 추구하기 위한 다양한 전략과 가능성을 보여준다. 자율주행자동차를 떠올려보자. 구글을 비롯한 많은 기업이 자율주행자동차를 연구 및 개발하고 있다. 그렇다면 자율주행차량은 위 매트릭스의 어디에 속할까? 기술적으로 자율주행자동차는 매우 새롭다. 아직 누구도 상업적으로 완전히 운영 가능할 정도로 실현하지 못했다. 센서나 인공지능과 같은 다양한 기술을 사용하는 완전히 새로운 기술의 제품이다. 그럼 '근본적 혁신'에 속할까? 결과는 전적으로 이 기술을 어떻게 상업화하는가에 따라 달라질 수 있다. 만약 포드가 자율주행자동차 기술을 완벽히 개발해 이 차를 자신들의 영업점을 통해 4만 달러(약 5,000만 원)에 판매하기로 결정했다고 해보자. 소비자는 이를 살 수도 있고 장기 리스를 할 수도 있다. 또 정기적으로 점검 서비스를 받기 위해 대리점을 방문할 수도 있다. 고객은 스스로 운전할 필요가 없다는 점 외에는 사실상 지금 타고 있는 차와 동일한 방법으로 이 차를 구매하고 사용할 것이다. 그렇다면 이는 '근본적 혁신'이 맞다. 신기술을 통한 혁신적 제품이지만 과거부터 현재까지의 전통적인 자동차 산업의 비즈니스 모델을 통해 소비자들이 이용하기 때문이다.

그런데 만약 포드가 소비자에게 차를 팔지 않는다면 어떨까? 대신 소비자가 사용 시간에 따라 비용을 내는 공유 방식을 선택한다면? 소비자는 자동차가 필요할 때마다 휴대전화의 앱을 통해 예약을 하고, 그러면 3분 이내에 차량이 도착한다. 만약 포드가 이러한 사업 방식을 택한다면 이는 '획기적 혁신'에 해당할 것이다. 새로운 기술뿐 아니라 새로운 비즈니스 모델까지 개발해야 하기 때문이다.

또는 포드가 차별화된 자율주행자동차를 직접 개발 및 생산하지 않고 다른 기업으로부터 구매해 자동차 공유 사업만을 한다면 어떨까? 아우디가 '아우디 온 디맨드'라는 이름으로 진행하고 있는 것처럼 승용차 공유 사업을 시작한다면? 이때는 '파괴적 혁신' 사례가 될 수도 있다.

이처럼 기업은 앞의 매트릭스 안에서 다양한 조합을 통해 다양한 가치를 창출하고 포착할 수 있다.

홈경기의 함정

대부분의 스포츠팀은 홈경기 승률이 더 높다. 홈에서 경기하면 분명 편안하다. 장거리 이동을 할 필요도 없고, 경기장에 대해서도 이미 속속들이 알고 있다. 든든한 응원군도 있다.

이런 홈경기에 대한 선호는 혁신에서도 적용된다. 일상적 혁신은 홈경기와 같다. 가장 익숙한 곳, 기업이 자신들의 능력을 개발하고 연마한 곳이다. 기술과 시장의 위험을 가장 잘 이해하고 있고 경험을 통해 실수를 쉽게 피할 수 있는 곳이기도 하다. 혁신을 통해 가치를 창출하고 포착하는 방법을 가장 잘 이해할 수 있는 곳도 역시 홈이다. 혁신이 결코 쉽지 않은 일임을 고려해보면 홈에서 혁신을 진행하는 것은 분명 큰 이점이 있다.

그러나 문제는 기업이 바로 그런 홈에 갇힐 수도 있다는 사실이다. 일반적으로 홈경기와 원정경기를 일정에 따라 진행하는 스포츠팀과 달리 기업은 자신들이 뛸 경기장을 스스로 선택할 수 있다. 홈이 가진 편안함과 이점을 포기하기란 결코 쉽지 않다 보니 홈 밖의 기회들을 위해 파괴적, 근본적, 획기적 혁신을 모색하는 것이 그리 매력적으로 보이지 않을 수도 있다.

게다가 조직 내의 잘 형성된 시스템과 프로세스가 홈경기에 대한 편견을 강화시킨다. 익숙한 업무 프로세스의 경영 평가 기준 등은 단기성과에 집착하게 만들고, 홈경기를 지속하는 것이 안전하다는 생각을 키운다. 그리고 이런 상황은 불행히도 슘페터가 말한 '외부에서 불어오는 창조적 파괴의 거센 바람'에 스스로를 취약하게 만든다.

이는 혁신 전략이 중요한 이유이기도 하다. 명확한 혁신 전략은 홈경기에 집착할 수밖에 없는 유혹 앞에서 균형을 잡고 이성적으로 판단할 수 있게 해준다. 앞서 말했던 콘택트렌즈 기업 사례를 생각해보자. 그들은 거센 변화의 바람에 희생양이 됐다.

일상적 혁신이 무조건 나쁘다는 게 아니다. 혁신의 힘을 배분하는 일은 기계적으로 처리되어서는 안 된다. 훌륭한 혁신 전략은 앞서 이야기한 일상적, 근본적, 파괴적, 획기적 혁신들 사이에서 올바른 조합을 찾아내는 것이다. 이를 위해서는 기업이 처한 시장의 상황과 기술에 대한 명확한 분석이 필요하다. 이는 다음 장에서 우리가 이야기할 주제이기도 하다.

2장

경로 탐색

선택과 집중을 위해 고려해야 할 4가지

혁신 컨퍼런스에 참석하거나 비즈니스 기사를 읽다보면 '진정한 혁신가'는 일상적 혁신은 하지 않는다는 느낌을 받을 때가 있다. 마치 근본적, 파괴적, 획기적인 혁신만이 성장의 주요 동력이고 일상적 혁신은 기업의 리더십과 비전이 결핍된, 과거를 벗어나지 못한다는 신호라고 착각하기도 한다. 그러나 일상적 혁신이 다른 혁신들에 비해 열등하다는 것은 매우 단순하고 잘못된 생각이다. 혁신은 그렇게 단순하지 않다. 혁신의 성과를 판단하는 올바른 방법은 가치를 창출하고 포착하는 것이다.

가치를 기준으로 보면 일상적 혁신도 매우 매력적일 수 있다. 몇 가지 예를 들어 보자. 인텔은 1985년 x386 칩을 출시한 후 영업이익이 2,600억 달러(약 319조2,800억 원)를 넘었는데 그 대부분이 마이크로프로세서에서 발생했다. 마이크로소프트는 '파괴적 혁신'보다는 윈도우즈 운영체제와 같은 기존 기술의 유지·개발에만 집중한다고 비난을 받는다. 그러나 이 전략으로 1993년 Windows NT가 도입된 이래 3,950억 달러(약 485조 600억 원)의 영업이익을 창출했고, 엑스박스Xbox 역시 2001년 출시 이후 3,530억 달러(약 433조4,840억 원)를 창출하고 있다. 애플은 마지막 주요 돌파구였던 아이패드를 2010년 출시한 후 핵심 플랫폼(맥, 아이폰, 아이패드)에 대한 업그레이드를 꾸준히 진행해 4,000억 달러(약 491조2,000억 원) 이상의 영업이익을 올리고 있다. 그런데도 일상적 혁신이 경제적 가치를 창출하지 못한다고 말할 수 있겠는가?

그렇다고 일상적 혁신에만 집중해야 한다는 것은 아니다. 혁신 포트폴리오의 일환으로 일상적 혁신은 상당히 매력적일 수 있으나 기업이 곤경에 처하는 것은 주로 균형을 잃었을 때다. 예를 들어 일상적 혁신에 너무 오래 머물면 기술이나 시장의 주요 변화에 취약해질 수밖에 없다. 최근 인텔과 마이크로소프트가 겪은 문제들처럼 말이다. 반대로 파괴적 혁신을 도입했지만 변화의 흐름을 따라가지 못한 채 '1세대'에 그대로 머무른 기업은 새로운 경쟁자에게 시장을 내주고 말 것이다. 이엠아이EMI는 1970년대 초반 CAT스캐너 시장을 개척했지만 지이 메디컬 시스템스GE Medical Systems가 일상적 혁신을 통해 보다 뛰어난 성능을 갖춘 제품을 만들고 가격과 제조 능력을 개선해가는 바람에 더 이상 자신들의 위치를 유지할 수 없었다. 소셜네트워킹의 개척자인 마이스페이스MySpace 역시 사용자 경험을 개선시키는 데 필요한 일상적 혁신에 실패하면서 자신들의 위치를 페이스북Facebook에 내줘야만 했다.

파괴적, 근본적, 획기적 혁신은 금융 옵션과 유사하다. 이 세 혁신은 미래의 투자 기회를 창출한다. 일상적 혁신은 이러한 옵션을 행사하는 것과 유사하다. 기업이 파괴적, 근본적, 획기적 혁신을 통해 미래의 기회를 만들 수 없다면 결국 일상적 혁신을 이용할 기회도 없다. 반대로 파괴적, 근본적, 획기적 혁신에 뛰어나 미래의 기회를 만들었다 하더라도 일상적 혁신을 할 능력이 없다면 기업은 오랫동안 번창할 수 없다.

그렇다면 다양한 유형의 혁신 기회 중 자원을 가장 효과적으로 할당하는 방법을 파악하려면 어떻게 해야 할까? 이를 파악하기 위한 4가지 질문이 있다. 각각은 다음과 같다.

질문 1 핵심 시장은 얼마나 빨리 성장할 수 있는가?

수요가 증가하면 산업의 잠재력 역시 커진다. 구글이 대표적인 예다. 2001년부터 2015년까지 구글의 매출은 눈에 띄게 증가해(대부분 광고 수익) 연평균 59%에 달했다. 구글은 오늘날 인터넷 검색 시장의 63%를 장악하고 있지만 여전히 핵심 시장에서 성장할 여지가 충분해 보인다. 광고 매출 950억 달러(약 116조6,600억 원)는 매우 인상적인 숫자이지만 전 세계 광고시장 총액 대비 17% 정도에 불과하다. 구글의 핵심 비즈니스는 마치 새로 발견한 방대한 유전과 같다. 만약 이렇게 많은 석유가 매장된 유전을 발견했다면 무엇을 하겠는가? 당연히 석유를 채취해 팔 것이다. 지금 구글에게는 핵심 광고 비즈니스를 구축하고 이용하는 일상적 혁신이 맞다.

이번에는 세계에서 가장 오래되고 큰 타이어 제조업체 중 하나인 굿이어Goodyear를 보자. 2001년부터 2015년 사이 굿이어의 연평균 성장률은 1.08%에 불과했다. 이는 굿이어가 나쁜 기업이거나 관리를 잘못해서가 아니다. 타이어 시장은 상대적으로 성장 속도가 느리다. 굿이어가 일상적 혁신을 진행한다면 시장 점유율을 유지하거나 일부 증대시킬 수는 있겠지만 주목할 만한 성장을 이뤄낼 가능성은 희박하다. 타이어 수요는 전적으로 차량 수에 의존한다. 이 같은 시장에서 획기적으로 점유율을 확대하려면 기술 혁신 또는 그 이상의 가치를 만들 수 있는 사업 모델 혁신을 고려해볼 필요가 있다. 굿이어는 현재 환경친화적인 재료, 자가 팽창 타이어, 트렌디한 디자인과 여러 제조 공정 기술 등에서 일상적 혁신을 진행하고 있다. 그러나 소매 금융 서비스 및 자동차 서비스 센터, 차량 유지보수 솔루션, 트럭 수리 서비스와 직판 서비스, 소비자 온라인 판매 같은 다양한 서비스를 포함해 홈코트 밖에서도 다양한 비즈니스 모델을 발전시켜 혁신을 이루어내고 있다.

굿이어와 구글의 사례는 각기 다른 시장의 성장 전망에 따라 혁신 프로젝트의 조합이 기업마다 얼마나 다른지 보여준다. 기업의 혁신 프로젝트 포트폴리오가 한 가지 유형으로 제한되는 경우는 드물다. 인터넷 기반 광고 시장의 성장 가능성에도 불구하고 구글은 자율주행자동차와 같은 근본적, 획기적 혁신을 모색하고 있다. 언젠가는 인터넷 광고 시장이 타이어 시장처럼 될 수도 있다는 예측이자 미래를 위한 장기적 성장 토대를 만들겠다는 의지이기도 하다. 마찬가지로 타이어 산업이 힘들고, 성장이 저조하며, 경쟁이 치열하다는 사실에도 불구하고 굿이어는 여전히 자신들의 공간에서 일상적 혁신도 추구한다. 혁신의 핵심은 자신들의 선택지 중 하나를 택하는 것이 아니라 잘 섞고 균형을 맞춰가며 선택하고 실행하는 것이기 때문이다.

또한 주어진 시장에서 성장 잠재력이 완전히 외부적 요소만은 아님을 인식하는 것도 중요하다. 구글이 속한 시장은 구글의 피나는 혁신 노력 덕에 성장하고 있다. 구글은 단지 성장산업에 발을 담근 것이 아니라 그 길을 닦아가고 있다. 산업은 살아 있는 생물과는 달리 태어나서 성장하고 쇠퇴와 사망에 이르는 자연의 법칙을 그대로 따르지 않는다. 혁신을 통해 노화를 미룰 수도 있다. 예를 들어 1980년대에 자동차는 이미 '성숙한' 산업이었다. 기본적인 기술과 제품 개념이 잘 정립되어 있었고 혁신은 '점진적'으로 이루어졌다. 토요타처럼 자동차를 효율적으로 제조할 수 있는 기업이 경쟁력을 가졌다. 그러나 오늘날 자동차 산업은 전동 장치(전기 및 연료 전지), 컴퓨터 과학 및 인공지능(자율주행자동차), 비즈니스 모델(공유 자동차)과 같은 변형적인 혁신의 교차점에 놓여 있다. 소비자 전자 제품(RCA와 애플을 생각해 보라)이나 소매점(아마존)도 이와 유사한 사례다.

'성숙한' 산업에 속한 기업이라면 생산 비용을 줄여 효율성을 극대화하거나 아예 그 산업에서 빠져나오는 방법을 모색해야 한다고 흔히 말하는데, 이는 변혁적 혁신을 통해 업계에 활력을 불어넣을 수 있는 잠재력을 무시한 것이다. 소위 '성숙한' 산업일수록 변혁적 혁신에 가장 잘 부합하는 산업일 수도 있다.

질문 2 충족되지 않은 고객의 요구사항은 무엇인가?

어떤 종류의 혁신이든, 가치는 누군가의 '문제'를 해결할 때 창출된다. 문제를 해결한 일상적 혁신은 그러지 못한 파괴적 혁신보다 훨씬 가치 있다. 그러므로 어떤 유형의 혁신이든 반드시 중요한 문제가 무엇인지를 고려해야 한다. 일상적 혁신은 고객의 문제가 기존 기술과 비즈니스 모델로도 해결 가능한 이상 계속해서 가치를 창출할 것이다.

더 나은 인터넷 검색 서비스를 제공함으로써 광고를 더 많은 사용자들에게 노출시키고 더 뛰어난 인터넷 검색 알고리즘을 개선하는 것은 구글의 훌륭한 일상적 혁신 방법이었다. 지난 수십 년 동안 우리 모두는 더 빠른 속도의 개인용 컴퓨터를 갈망했고, 더 나은 마이크로프로세서를 갖춘 컴퓨터에 더 많은 돈을 지불했다. 그러니 18개월마다 새로운 세대의 마이크로프로세서를 개발하는 것은 인텔의 좋은 혁신 전략이었다.

다만 이런 요구가 무한하지 않다는 점이 문제다. 제품 개선에 기업이 투입하는 비용 대비 기대수익은 감소하기 마련이다. 내가 매일 아침마다 느끼는 일이기도 하다. 나는 15살 때부터 질레트Gillette면도기를 사용했다. 나의 첫 면도기는 질레트 2중 날이었다. 이후 내가 사용한 질레트면도기는 윤활 스트립부터 회전 헤드, 헤드를 진동시키는 배터리, 갈수록 늘어가는 면도기 날까지 지속적으로 진화해왔다. 현재 내 면도기는 5중 날이다.

남성용 면도 제품에서 질레트의 혁신 전략은 일관되고 명확하다. 더 밀접하고 편안하고 안전한 면도를 제공하는 기술과 디자인에 투자하라. 질레트면도기는 5중 날(아마존 시가 3.29달러, 약 4,040원)과 2중 날(아마존 시가 1.30달러, 약 1,600원) 그리고 이전 구형 디자인들을 비교해보면 상당한 가치를 창출해왔다.

그러나 소비자가 더 완벽하고 편안하며 안전한 면도를 위해 얼마나 더 많은 돈을 지불할 용의가 있는지가 문제다. 솔직히 나는 이젠 그 차이를 더 이상 못 느낄 것 같다. 언제부터인가 베

이는 일 없이 만족스럽게 면도를 해왔는데 오늘 아침에 면도날이 무뎌져 새 면도날을 사야 한다는 생각에 우울해졌다. 내게는 면도날을 사는 과정이 문제다. 면도날이 쉽게 도둑맞는 상품이다보니 동네 상점에서는 더 이상 내가 사용하는 면도날을 진열해놓지 않고, 카운터에서 긴 줄을 기다려야만 살 수 있다. 뿐만 아니라 (이 역시 도난방지 시스템의 일환인 듯한데) 플라스틱 포장을 칼이나 가위로 힘겹게 뜯어야만 한다.

난 이 일화가 혁신 전략이 더 이상 고객의 가장 중요한 문제를 풀지 못하는 문제를 잘 보여주고 있다고 생각한다. 이제 편안하고 안전한 면도기는 당연한 것이 됐다. 성능에 있어서는 충분히 만족스럽다. 반면에 제품을 구입하고 제품을 뜯는 데는 여전히 불편함을 느낀다. 오히려 이 부분이 개선된 제품에는 어느 정도 돈을 더 지불할 생각이 있다. 이게 바로 해리스 앤 달러 쉐이브 클럽Harry's and Dollar Shave Club이 인기를 끌고 있는 이유다. 이들은 질레트와 같은 전통 브랜드와 유사한 품질의 면도기를 더 싸게 제공하고 구매도 더 편리하다. 유니레버는 이 기업을 10억 달러(약 1조2,280억 원)에 인수했다. 기본적인 제품 기능 요구사항이 충족됐지만 고객의 편의를 개선해서 혁신한 해리스 앤 달러 쉐이브 클럽과 유사한 사례는 쉽게 찾아볼 수 있다.

오래 전부터 남성용 양말의 중요한 판단 조건은 편안함, 디자인 그리고 내구성이었다. 이제 이 요소들이 개선된다 해도 돈을 더 지불할 생각은 거의 없다. 양말 기업 종사자라면 이 문제에 대한 기술적 해결책을 찾기란 쉽지 않을 것이다. 양말은 아이폰과 다르다. '기능'이라는 게 애초에 많지 않다. 하지만 난 만약 매장에 가지 않아도 되는 편리성이 확보된다면 좀 더 많은 돈을 지불할 생각이 있다. 이미 오래전에 양말의 성능에 대한 나의 욕구는 충족됐지만 양말을 구매하는 과정의 편의에 대한 욕구는 쉽게 충족되지 않았기 때문이다. 이게 바로 블랙삭스 Black Socks와 맥 웰던Mack Weldon 같은 인터넷 전용 판매업체들이 비싼 가격으로도 양말과 속옷을 판매할 수 있는 이유다.

혁신가로서 제품 속성에 따른 고객 만족도를 파악하는 것도 중요하다. 특정 속성에 대한 고객의 욕구가 충족되지 않으면 이 영역은 계속해서 혁신이 필요하다. 대부분의 남성이 면도에 만족하지 못한다면 면도날에 대한 혁신을 계속하는 것이 맞을 수도 있다. 기존 기술을 보완하거나, 급진적 혁신을 통해 한 단계 더 높은 성능의 제품을 개발할 수도 있다. 그러나 고객의 만족도가 일정 수준에 이르면 수익성은 떨어질 것이다. 제품 개발을 위해 지속적으로 돈을 써도 고객의 만족도는 과거만큼 개선되지 않을뿐더러 소비자들이 그만큼 구매하지 않을 가능성이 높아진다. 그런데도 많은 기업이 대부분의 고객에게는 더 이상 중요하지도 않은 제품 속성을 개선하기 위해 너무 많은 에너지를 할애하고 있다. 클레이 크리스텐슨 교수는 이런 오류를 '오버슈

팅'이라고 칭했다. 그리고 그 대표적인 예로 디스크 드라이브 산업을 선도하는 기업들이 스토리지 용량을 개선하는 데만 몰두한 나머지 더 작고 값싼 제품을 제공하는 신규업체들의 위협에 시달리게 된 사례를 들었다.

고객이 그동안 중요하게 여기던 제품 가치의 혁신에 더 이상 비용을 비불하지 않는다는 징후가 보인다면 그 대안을 깊이 생각해봐야 한다. 이를 통해 다른 제품의 특성을 향상시키는 대체기술을 연구할 수도 있다. 제품 성능과 같은 일부 요구사항은 기술을 통해 해결할 수 있지만 비용이나 편의성과 같은 요구사항은 비즈니스 모델을 통해 변경이 가능한 경우도 있다.

질문 3 기존 기술 패러다임이 얼마나 많은 잠재력을 갖고 있는가?

과학의 근본적인 발전은 새로운 기회로 가득 찬 새로운 패러다임을 연다. 의약품을 예로 들어보자. 1980년대 초반까지 의약품 혁신은 주로 오랫동안 확립된 기술 역량을 활용하는 데 기반을 두었다. 그러나 그 이후 유전 공학으로 생성된 단백질 및 단일 클론 항체, 메커니즘 기반 약물 설계, 고효율 스크리닝, 조합 화학, 시스템 생물학, 세포 치료, RNA 치료 및 약물 치료, 메신저 RNA, 이어서 최근에 유전자 편집 등 다양하며 신기술이 생겨나면서 의약품 혁신에는 전혀 다른 패러다임이 열렸다.

과학적 진보가 기존 패러다임을 뒤엎을 수 있는 상황이라면

'기술 전략'은 새로운 패러다임과 관련된 기능을 탐색하고 흡수하는 데 상대적으로 더 중점을 두어야 한다. 그러나 기성 기업들은 오랜 기간 보유해온 기술 패러다임에서 새로운 기술 패러다임으로 이동하는 데 어려움을 겪는다. 대체로 인식의 문제 때문이다. 패러다임은 일종의 사고방식으로, 현실이 인식되는 방법을 필터링하려는 경향이 있다. 따라서 패러다임 안에 있는 사람들은 새로운 패러다임을 과소평가하거나 심지어 실행 불가능한 대안으로 치부해버리기도 한다.

1980년대 중반, 나는 약물 개발에 혁명적 접근법이 될 수 있는 분자생물학의 가능성에 회의론을 표명한 많은 의약업계 전문가를 인터뷰했다. 그들은 생명공학에서 유래된 대형 단백질 분자와 항체는 제조하기가 어렵고 주사기를 통한 투여 방식이라 면역계에 위험한 반응을 유발할 가능성이 높다며 회의론의 근거를 댔다. 어느 정도까지는 그들이 옳았다. 실제로 초기 생명공학 기술은 일정 부분 과대광고로 시작됐고, 초창기에는 상당한 실패를 겪기도 했다. 그러나 회의론자들이 놓친 것이 있다. 바로 분자생물학의 엄청난 잠재력이다.

변화를 정확히 이해하고 적절한 혁신 전략을 개발할 수 있다면 패러다임의 변화는 기존 사업자에게도 결코 나쁜 것만은 아니다. 고급 자전거 프레임 산업이 그 좋은 예다. 자전거 애호가를 대상으로 하는 고급 자전거는 2,000달러(약 246만 원) 이상으로 판매되는데, 특수 소재로 제작한 맞춤형 자전거는 3만 달러(약 3,684만 원)에 달하기도 한다. 대부분의 자전거 제조업체는 오토바이 프레임 제조업체다. 브레이크, 변속기, 기어, 시트, 휠과 같은 구성 요소는 시마노Shimano 같은 전문 제작업체가 제작해 판매한다. 30여 년 전까지만 해도 고급 자전거에 사용된 프레임은 특수강이었다. 피나렐로Pinarello 같은 제조업체는 주요 공급업체(레이놀즈 또는 콜럼버스 등)로부터 튜브를 구입한 다음, 자체 디자인을 기반으로 프레임을 제작한다. 값은 프레임 성능(무게, 강성, 강도 등)에 따라 정해졌다. 규모의 경제가 상대적으로 낮기 때문에 피나렐로(이탈리아)나 스카핀Scapin(이탈리아), 에디먹스Eddy Merckx(벨기에), 세로타Serotta(미국)와 같은 몇몇 기업들이 고급 자전거 시장에서 번창했다.

그러나 1980년대 후반부터 2000년대에 걸쳐 강철보다 가볍고 강한 탄소섬유가 프레임의 소재로 등장하면서 전통적인 강철 프레임 제작자에게 위기가 찾아왔다. 이들은 두 가지 이유로 탄소 틀을 만들 수 없었다. 첫째, 이 기술은 근본적으로 기존과는 다른 기술을 필요로 한다. 강철 프레임은 각 튜브를 용접하는 반면 탄소섬유 프레임은 하나의 소재로 가공했다. 그리고 탄소섬유와 관련된 인프라는 전통적인 프레임 제조국가였던 유럽, 미국과는 매우 먼 대만에 집중적으로 위치해 있었다. 둘째, 탄소섬유 프레임 제조 금형 및 툴링에는 많은 투자가 필요했는

데, 일단 투자가 결정되면 생산성 향상을 위해 현재보다 많은 양을 생산해야 했다.

그러나 탄소섬유 생산이 대만과 같은 제3의 국가로 이동함에 따라 기존의 많은 강자가 쇠퇴하기 시작했다. 몇몇 주요 탄소섬유 생산업체가 생산 가치사슬을 장악했고, 생산 계약에 있어 상대적으로 높은 가격을 책정할 수 있게 되면서 나머지 대부분의 사선서 프레임 제소업체는 경쟁력이 약화됐다. 그러나 이탈리아 트레비소Treviso 근처의 고강도 스틸 프레임을 생산하던 피나렐로는 탄소섬유를 활용하는 혁신 전략을 채택했다. 피나렐로는 탄소섬유의 가단성(고체가 외부의 충격에 깨지지 않고 늘어나는 성질) 때문에 혁신적인 프레임의 새로운 기회를 찾을 수도 있다고 생각했다. 예를 들어 탄소섬유 프레임은 곡선 형태를 쉽게 만들 수 있었던 것이다.

7,000달러(약 860만 원)짜리 자전거 프레임은 고급스러운 제품으로 인식될 수 있다. 많은 사람이 페라리를 구입하는 것과 같은 이유로 고급 피나렐로를 구입했다. 그들은 꿈을 팔고 있다. 사이클링 선수가 아닌 이상 피나렐로의 프레임이 필요하지는 않겠지만 요점은 그게 아니다. 많은 사람이 프로 사이클링 선수들이 타고 있는 것과 같은 자전거를 가지고 싶다는 생각만으로 피나렐로와 같은 자전거를 구매한다. 꿈을 판다는 것은 매혹적인 디자인과 아름다운 도색이 필요하다는 의미이기도 하

다. 피나렐로는 대만 생산자에게 생산을 아웃소싱하기로 결정하고 더 높은 성능과 심미적으로 매력적인 프레임 설계에 집중했다. 그리고 디자인, 엔지니어링, 정교한 컴퓨터 지원 설계 프로그램, 새로운 프로토타이핑 방법 등에 아낌없이 투자했다. 특히 매혹적인 디자인에 큰 영향을 미치는 도색에 중점을 두었다(고가 프레임은 트레비소 공장에서 수작업으로 도색했다).

이러한 새로운 디자인 기능을 통해 기업은 새로운 가치를 창조할 수 있었을 뿐만 아니라 모방하기 어렵게 함으로써 더욱 강력한 경쟁력을 갖추게 됐다. 경쟁자들이 개별 자전거 프레임 설계는 흉내 낼 수 있어도 혁신적이고 매혹적인 프레임은 따라할 수 없었다. 이런 디자인은 재능과 문화, 디자인 방법 및 프로세스와 지적재산 및 경험 같은 복잡한 변수들의 결합에 뿌리를 두고 있어 모방하기 어려웠기 때문이다. 피나렐로는 또한 스폰서십을 사용하여 브랜드를 강화했는데, 후원한 팀이 2016년 투르 드 프랑스Tour de France에서 우승하면서 더 큰 호응을 얻었다. 피나렐로는 기술의 주요 격변 속에서 어떻게 새로운 기능을 개발하고 비즈니스 모델을 조정하며 혁신을 통한 추가 기회를 창출할 수 있는지를 잘 보여준다.

질문 4 어떻게 모방 장벽을 만들 수 있는가?

좋은(가치창출) 혁신은 모방자들을 빠르게 끌어들이고, 모방자들은 당신이 포착한 시장을 침식한다. 물론 특허나 기타 법적 메커니즘이 완벽하다면 문제가 되지 않을 수도 있다. 혁신에 대한 특허권(또는 저작권)을 행사하고, 지적재산권을 침해한 사람을 고소할 수도 있다. 세상이 완벽하다면 이러한 소송에서 승리하고 합법적인 비용 전액을 배상받게 된다. 그러나 현실은 다르다. 특허나 기타 법적 메커니즘을 통해 모방으로부터 보호받을 수 있는 정도는 기술에 따라 크게 다르다. 많은 분야에서 선행 기술은 널리 확산되어 특허가 거의 불가능하거나 경쟁사가 특허 문제를 해결할 수 있는 다양한 방법이 있다. 또 어떤 기술은 다른 요소들보다 따라 하기가 더 쉬울 수도 있다. 제품을 가지고 물리적 검사를 함으로써 핵심 기술을 수집할 수 있기 때문이다. 물론 예외는 있겠지만 모방을 막기 위해 특허와 저작권에만 의존해서는 안 된다. 다른 장벽을 찾거나 만들어야 한다. 아마존, 애플, 구글, 페이스북 같은 기업들은 그렇게 하고 있다. 물론 이들은 많은 특허권을 소유하고 있고 지적재산권을 적극적으로 보호하고 시행하지만 아울러 모방자들로부터 자신을 보호하는 혁신 전략도 추구하고 있다.

모방 위협에 대처하기 위한 혁신 전략은 다음과 같은 세 가지가 있다.

전략 1 모방하기 어려운 기술 역량을 구축하라

대분의 제품이나 서비스는 여러 기술이 복합적으로 구성된 시스템이다. 일부는 상대적으로 모방하기 쉬울 수도 있다. 예를 들어 오늘날 많은 제품 범주에서 기능은 하드웨어와 소프트웨어에 의해 결정된다. 하드웨어는 물리적으로 검사하고 이를 통해 설계를 모방할 수 있기 때문에 소프트웨어보다 모방하기가 쉬운 편이다. 가치를 보호하기 위한 좋은 전략은 본질적으로 모방하기가 더 어려운 기술 역량을 구축하는 것이다. 이는 전통적인 하드웨어 지향 기업이 소프트웨어에 더 집중하는 이유이기도 하다. "소프트웨어는 그저 가치를 더하는 것"이라고 말하는 사람도 있지만 사실은 그렇지 않다. 오히려 "소프트웨어가 가치 있는 것"이라는 말이 더 정확하다.

전기자동차 시장을 예로 들어보자. 전기자동차에 대한 개념을 특허화하는 것은 불가능하다(최초의 전기자동차는 19세기 후반으로 거슬러 올라가야 한다). 그리고 오늘날 모든 주요 자동차 기업은 전기자동차 프로그램을 보유하고 있고, 테슬라 이외에도 많은 업체가 전기자동차를 시장에 출시하고 있다.

그렇다면 가치는 어떻게 찾을 수 있을까? 테슬라가 50억 달러(약 6조1,400억 원)를 투자한 배터리 생산업체 기가팩토리Giga Factory는 분명 배터리가 전기자동차 산업에서 핵심가치 역할을 할 것이라 믿고 있음이 분명하다. 배터리는 특히 기술보호가 용이한 복잡한 공정 기술이 필요하기 때문에 잠재적으로 보다 효과적인 가치를 찾을 수 있는 수단이다. 또한 가파른 학습곡선은 선점효과를 가져올 수 있기에 더욱 큰 이점이 될 수 있다.

지적재산은 이 전략의 극단적인 버전이라 할 수 있다. 모방하기 가장 어렵고 보호하기에는 가장 쉬운 기술 부분에 집중하는 것이다. 인텔과 마이크로소프트가 개인용 컴퓨터 산업에서 해낸 일이기도 하다. 두 기업 모두 개인용 컴퓨터 대표 제조사가 되지는 못했으나 마이크로프로세서와 컴퓨터 운영체제인 윈도우라는 두 가지 핵심 요소에만 중점을 두고 전반적인 성능과 사용자 경험을 형성시켰다. 이러한 요소는 지적재산권인 디자인 특허로 잘 보호됐고, 마이크로소프트Microsoft는 윈도우즈 내부에 '소스코드'를 숨겨두어 본질적으로 모방하기에도 복잡했다.

전략 2 비즈니스 모델 혁신에 집중하라

모방하기 어려운 기술을 찾는 것이 불가능한 경우도 있다. 모방이 쉬워지면 기술은 더 이상 이점의 원천이 되지 못한다. 이런 상황에서는 비즈니스 모델 혁신이 가치 보호 수단이 될 수 있다. 비즈니스 모델은 많은 요소로 구성되어 있기 때문에 모방하기가 쉽지 않다. 델Dell은 1990년대와 2000년대 초반에 개인용 컴퓨터 기업으로는 수익을 내는 몇 안 되는 기업 중 하나였다. 델은 다른 모든 기업들과 기본적으로 동일한 윈텔Wintel을 판매했고, 기능도 디자인도 소프트웨어도 모두 동일했다.

그렇다면 델은 다른 개인용 컴퓨터 제조사들 모두가 피할 수 없었던 '범용화의 덫'을 어떻게 피할 수 있었을까? 그들은 온라인 판매와 차별화된 타깃 고객을 기반으로 완전히 다른 비즈니스 모델을 만들었다. 그들은 시장의 변화에 신속하고 효율적으로 대응할 수 있도록 운영 시스템과 공급망 혁신에 중점을 두었다. 고객들은 델을 좋아했다. 온라인상에서 원하는 사양을 구성하고 주문하면 며칠 내에 제품을 배달받을 수 있어 편리했기 때문이다. 이런 시스템은 다른 공급업체들의 위협을 받을 수 있었던 가격경쟁력에서도 델을 자유롭게 만들었다. 델의 컴퓨터는 디자인이 거의 없었고 모든 제조 과정을 아웃소싱했다. 그들의 공급망 역량과 혁신적인 운영 구성은 재고 회전율을 높게 유지하며 투자자본 수익률을 높였다.

전략 3 신속하게 '일상적 혁신'을 진행해라

모방이 쉽고 비즈니스 모델 혁신 기회가 제한되는 경우, 모방자를 이길 수 있는 유일한 전략은 신속하고 지속적인 일상적 혁신을 통해 모방자들을 능가하는 것이다. 모방이 일어나면 가격은 급격히 하락한다. 이때 프리미엄 가격을 얻으려면 충분히 앞서야 한다. 애플이 현재 아이폰 사업에서 추구하고 있는 전략이다. 아이폰이 처음 나왔을 때, 이 제품은 우리가 이전에 본 적이 없는 것이었다. 웹을 탐색하고 응용 프로그램을 실행하는 키패드가 곧 전화기였다. 그러나 1년 정도 지나면서 구글의 안드로이드 같은 대체 운영체제를 사용한 모방자가 나타났다. 그리고 시간이 지나면서 새로운 휴대전화와 아이폰은 구별하기 힘들 만큼 기본 디자인과 기능이 동일해졌다. 그런데도 애플은 어떻게 아이폰을 통해 막대한 이익을 창출할 수 있었을까? 애플은 기본적으로 아이폰 2, 3, 4, 5, 6, 7, X처럼 신속하게 일상적 혁신을 시행했다. 더 나은 카메라와 더 선명한 화면, 성능과 미적 감각 등을 계속해서 업그레이드했다. 이는 시장을 이끄는 제품으로서 좋은 가격 프리미엄을 갖기에 충분했다.

인텔 또한 주요 라이벌인 AMD가 경쟁력 있는 제품을 자체적으로 제공할 수 있게 된 후에도 마이크로프로세서에서 앞서가기 위해 일상적 혁신 전략을 신속하게 실행했다. 이 전략을 실행하려면 점점 더 가파르게 속도를 올리는 러닝머신에 몸을 맞춰야 한다. 이를 위해 일상적 혁신에 상당한 자원을 할당할 필요가 있다. 물론 이 전략에는 한계가 있다. 결국 언젠가는 고객이 단지 더 많은 기능에 돈을 지불하지 않게 될 것이기 때문이다. 또한 기술의 근본적인 한계에 다다를 수도 있다. 애플은 이런 상황을 이미 잘 알고 있는 것처럼 보인다. 자신들의 제품들을 새로운 서비스로 통합하는 비즈니스 모델 혁신에 상당한 에너지를 쏟고 있는 것을 보면 그럴 가능성이 높다.

3장

블록버스터에 무슨 일이 일어난 걸까?

넷플릭스 vs. 블록버스터

영화를 보기 위해 비디오 대여점을 찾던 것이 불과 얼마 전이었다. 카운터에서 영화를 검색하고 테이프나 DVD를 빌려서 집에 가져와 본 후 다시 대여점으로 가져가 반납했다. 연체료를 내지 않으려면 반납일을 맞춰야 했다. 그리고 언제부터인가 동네 비디오 대여점이 '블록버스터Blockbuste'와 같은 거대 체인으로 변화했다. 그러나 1997년 리드 헤이스팅스Reed Hastings가 넷플릭스를 설립하면서 모든 것이 바뀌기 시작했다. 대여점까지 가는 대신 영화를 온라인에서 선택해 집에서 DVD를 받아 보게 됐다. 원하는 날짜만큼 볼 수도 있었고, 반납 기한 전에 우편을 통해 반납하면 끝이었다. 물론 오늘날은 우편으로 받아볼 것도 없이 TV나 컴퓨터, 휴대전화 등으로 직접 스트리밍하거나 다운로

드해서 본다.

비디오 대여점에서부터 넷플릭스의 우편배달, 나아가 다운로드와 스트리밍 서비스에 이어 맞춤형 영화 추천에 이르기까지, 영화 대여점 시장의 역사는 비즈니스 모델 혁신이 얼마나 빠르게 변화하는지를 잘 보여주는 사례다.

블록버스터: 성공적인 소매업 모델

블록버스터의 궁극적인 실패(2010년 9월 최종 파산)로 인해 우리는 블록버스터가 한때 매우 성공적인 비즈니스 모델을 가진 기업이었다는 사실을 잊곤 한다. 블록버스터의 핵심 자원은 막대한 규모의 상점 네트워크(한때 미국인 전체의 약 90%는 블록버스터 매장에서 10분 이내 거리에 거주했다)와 새롭게 대여할 수 있는 영화 목록이었다. 또한 우리는 블록버스터가 영화 취향에 대한 지역별 차이를 정확하게 찾기 위해 데이터를 분석하고 활용한 개척자였다는 사실도 쉽게 잊는다. 예를 들어, 매사추세츠주 찰스타운Charlestown에 있는 사람들이 은행 강도에 관한 영화를 좋아한다면 블록버스터 매장은 「더 타운The Town」 또는 「인사이드 맨Inside Man」 같은 영화를 해당 매장에 더 많이 보유했다. 반면에 매사추세츠주 케임브리지 같은 보수적인 지역에서는 「하버드 대학의 공부벌레들The Paper Chase」 같은 영화를 상대적으로 많이 비치했다. 이 데이터는 기업의 중요한 자원이었다. 기업이름이 암시하듯이, 블록버스터는 극장에서 흥행했던 영화에 중점을 두었다. 이런 정책들은 고객에게 최신 영화에 대한 편의를 제공해 가치를 창출했다. 몇 주 전 극장에 걸려 있던 영화를 집 근처 대여점에서 쉽게 대여해 볼 수 있었다. 대여 가격은 하루에 평균 4달러(약 4,950원)로, 당시 극장의 1인당 평균 관람 비용인 12~18달러(약 14,830~22,250원)보다 훨씬 저렴했다. 또한 블록버스터에게는 대여 만기일이 지나 반납하는 고객에게서 받은 연체료도 중요했다. 연체료는 블록버스터 수익의 약 10%를 차지했다. 뿐만 아니라 팝콘이나 아이스크림, 사탕 같은 부수적인 아이템 판매에서도 가치를 포착했다. 마지막으로 예전에 대여하던 비디오를 판매함으로써 상당한 수익을 올렸다. 이렇게 오래된 테이프나 DVD를 판매하면서 비워진 선반은 새로운 영화로 채워졌다. 즉, 지난 영화를 판매함으로써 부가가치를 창출했을 뿐만 아니라 매장 공간을 확보해 새로운 영화를 더 많이 들여놓을 수 있었다.

블록버스터의 자원, 가치창출 및 가치 포착 방법의 일관성은 이 기업이 어떻게 비디오 대여 산업에서 지배적인 위치를 차지할 수 있었는지를 설명하는 데 도움이 된다.

블록버스터의 비즈니스 모델 가치 배분 구성 요소는 소유 구조가 수차례 변경되면서 복잡해졌다. 처음에 블록버스터는 개인 소유 기업이었지만 1994년 비아콤Viacom에 84억 달러

(약 10조1,472억 원)에 매각됐다. 비아콤은 2004년 블록버스터를 분사시켰는데, 분사 이전에 블록버스터는 특별 배당금 9억 1,500만 달러(약 1조1,053억 원)를 지불했다(기업의 81%를 소유한 비아콤 주주들은 큰 수익을 얻었다). 이 특별 배당금 때문에 블록버스터는 10억 달러 이상의 채무를 져야 했고, 넷플릭스와의 경쟁에서 사업이 어려워지면서 궁극적으로 채무상환이 불가능해졌다.

넷플릭스1: 비즈니스 모델 혁신가

넷플릭스는 블록버스터와는 다른 자원 조합으로 시장에 진입했다. 가장 큰 차이점은 매장이 없었다는 사실이다. 또한 영화 목록도 달랐다. 넷플릭스는 최신 영화보다는 '아트하우스(상업성이 있는 영화보다는 양질의 영화를 상영하는 영화관-역자 주)' 또는 '독립영화'라 불리는, 사람들에게 덜 알려진 영화에 보다 초점을 맞췄다. 이런 영화의 가장 큰 장점은 영화사로부터의 구입비용이 저렴하다는 점이다. 워너브라더스Warner Brothers의 영화 「타이타닉Titanic」은 막대한 수익을 기록했기에 시장에서 가장 뜨거운 상품이었고, 판권이 결코 쌀 수 없었다. 반면 「호텔 르완다Hotel Rwanda」 같은 영화는 많은 영화제에서 수상을 한 작품이지만 흥행하지는 못했다. 그러니 영화사 입장에서 「호텔 르완다」는 수입이 저조한 상품이었다. 만약 당신이라면 어떤 영화로 협상하겠는가?

넷플릭스는 「호텔 르완다」 같은 영화를 비교적 저렴하게 구입할 수 있었다. 물론 많은 사람이 빌려 보지 않을 수도 있다는 사업적 위험은 있었다. 이에 넷플릭스는 영화 관객들이 전에 들어보지 못한 영화를 찾는 데 도움이 되는 정보 창구를 만들었다. 소프트웨어 알고리즘을 통해 다른 관객의 영화 평점을 기반으로 대여자의 구미에 맞는 영화를 추천하는 시스템을 만든 것이다. 사람들이 보고 평가하는 영화가 많아질수록 사용자의 취향을 이해하고 이들이 좋아할 만한 영화를 추천하는 시스템 역시 발전했다.

넷플릭스는 블록버스터와 완전히 다른 방식으로 가치를 창출하고 포착했다. 고객이 집에서 대여하고 즐길 수 있다는 편리함을 제공함으로써 가치를 창출한 것이다. 매장까지 가서 어떤 영화를 고를지 둘러볼 필요도, 비디오를 반환하는 번거로움도 사라졌다. 컴퓨터에서 영화를 선택하면 우편 서비스를 통해 배송이 이루어졌다. 또한 원한다면 여러 개의 영화를 동시에 빌릴 수도 있었다. 추천 엔진은 자신이 평생 알 수 없었을지도 모를, 그러나 좋아할 만한 영화를 발견하게 해줌으로써 가치를 창출했다. 또한 월 정액제와 다양한 요금제를 통해서도 새로운 가치를 확보했다.

그렇다면 넷플릭스의 비즈니스 모델은 전통적인 영화 대여 시장에서 블록버스터보다 궁극적으로 우월한 것이었을까? 일부 업종에서는 서로 다른 비즈니스 모델이 공존할 수도 있다. 맥주 산업에서 수제맥주 제조업체와 대형 제조업체는 각각 맥주 시장의 서로 다른 시장을 개척한다. 그리고 둘 모두 꽤 괜찮다. 그러나 영화 대여 시장에서는 블록버스터의 시장을 넷플릭스가 대체하면서 두 기업이 공존하는 일은 일어나지 않았다. 분명 블록버스터는 예상하지 못했을 것이다. 넷플릭스가 등장했을 때, 블록버스터의 한 임원은 온라인을 통한 비디오 대여 시장은 그저 틈새시장에 불과할 것이라 말하기도 했다.

블록버스터는 인기 있는 최신 영화를 다수 확보했고 매장의 접근성이 뛰어나다는 편리함으로 가치를 창출했다. 이 가치창출 방식에는 광범위한 매장 네트워크와 끊임없이 업데이트되는 최신 영화 목록이라는 두 가지 자원에 막대한 투자가 필요했다. 이런 값비싼 자원에 대한 투자는 지불 의사가 있는 고객이 많았을 때까지, 넷플릭스가 존재하기 전까지는 괜찮았다. 집에서 10분 이내 거리에 블록버스터 매장이 있다는 점은 고객에게 매우 훌륭한 편의였다. 블록버스터는 '규모의 경제'를 통해 합리적인 가격으로 영화 판권을 살 수 있는 협상력이 있었다. 또한 시장에서 지배적인 위치로 소규모 체인이나 독립 대여점에 비해 가격경쟁력도 있었다.

그러나 넷플릭스가 시장에 진입하면서 큰 변화가 생겼다. 실제로 넷플릭스가 영업일 기준 1~2일 내에 대부분의 지역에 DVD를 제공할 수 있게 되면서, 매장 모델의 상대적 편리함이 사라졌다. 게다가 넷플릭스는 매장에 투자할 필요가 없었기 때문에 비용 구조가 낮았고, 덕분에 구독료를 상대적으로 낮출 수 있었다. 이는 블록버스터가 이전과 같은 가격으로는 더 이상 경쟁력을 갖지 못한다는 의미였다.

문제는 그것만이 아니었다. 블록버스터의 가격 책정 전략의 핵심 요소 중 하나는 연체료였다. 연체료는 수익을 창출했을 뿐만 아니라 제때 DVD를 회수하는 데 중요한 정책이었다. 넷플릭스와 달리 블록버스터 영화 목록은 대부분이 인기가 많은 '핫한' 영화들이었다. 그러나 지금 핫한 영화도 4주 후면 더 이상 핫하지 않다. 그렇기에 비즈니스 모델에서 고객에게 핫한 최신 영화를 제공하는 경우라면 제때 DVD를 회수하는 것이 중요하다. 만약 제때 반납하지 않는 고객이 있다면 연체료를 통해 수익을 얻는다 하더라도 또 따른 비용이 발생한다. 그렇기에 블록버스터는 적시 반납을 유도하기 위해 연체료 정책을 사용했다.

그러나 연체료에는 큰 문제가 있다. 모두가 그 정책을 싫어한다는 것이다. 나는 지난 몇 년간 '넷플릭스 vs. 블록버스터' 케이스를 1,000명이 넘는 학생과 경영진에게 가르쳤다. 이들에게 블록버스터를 이용하는 데 있어 가장 마음에 들지 않았던 것이 무엇인지 물어보면 연체료를 꼽는 사람이 많았다. 반대로 많은 사람이 넷플릭스의 가장 좋은 점 중 하나로 '연체료가 없다'는 것을 꼽았다. 고객들에게 연체료는 가치를 파괴하는 것이었다. 심지어 연체료를 단 한 번도 지불하지 않은 사람들도 연체료에 대한 거부감은 매우 컸다.

블록버스터는 결국 연체료를 없앴다. 그러자 두 가지 면에서 추가 비용이 들었다. 첫째, 전체 수익의 10%를 차지하던 연체료 수익이 사라지면서 직접수익에 문제가 생겼다. 둘째, 고객들이 반납을 미루는 일이 훨씬 많아졌다. 이에 따라 인기 영화의 회전율이 떨어지면서 수익률이 감소했다. 매장에 들어가는 고정비용이 큰 블록버스터 같은 조직에게는 큰 문제였다. 이럴 때 가치 분배 구성 요소(주주에 대한 특별 배당금 같은)에 의해 생성된 무거운 부채 부담까지 더해지면 상황은 더욱 긴박해진다. 수익은 감소하고 고정비용은 그대로인 상황에서 현금흐름은 줄어드는데 여전히 부채에 대해 상당한 이자를 내야 했다.

넷플릭스의 비즈니스 모델 혁신은 블록버스터의 가장 큰 약점이었던 매장의 고정비용과 값비싼 영화 목록을 공격한 덕에 성공을 거두었다. 넷플릭스는 더 적은 자원으로 비슷하거나 더 뛰어난 편리를 제공할 수 있었다. 자원 선택은 가치 포착, 가치 창출 모드와 정확히 맞아떨어지며 논리 정연하게 작동했다.

넷플릭스2: 주문형 비디오를 위한 비즈니스 모델 혁신

2007년부터 넷플릭스에서 제공한 VoD Video-on-Demand는 새로운 비즈니스 모델을 활용한 신기술의 훌륭한 예다. VoD 기반의 웹을 통한 콘텐츠 스트리밍 서비스에는 물리적인 실체가 필요 없다. 때문에 넷플릭스의 핵심 자원이었던 DVD 재고와 유통 시스템이라는 두 가지가 더 이상 필요 없었다. 재고가 없으므로 재고관리를 걱정할 필요도 없다. 블록버스터의 모델에서는 신반을 차지한 독립 예술영화가 수익적이지 않았지만 VoD 서비스에서는 중요한 문제가 아니다. 그러나 아이러니하게도 이 때문에 진정한 콘텐츠 경쟁이 일어나기 시작했다. VoD 기술은 비교적 보편적인 기술이라 아마존, 애플, 구글을 비롯한 통신 및 기타 인터넷 서비스 제공업체 등이 VoD 서비스를 제공했다. 넷플릭스 입장에서는 그간 자신들이 사용자에게 주었던 가치를 창출하기가 더 어려워진 것이다. 넷플릭스는 과거 DVD 시장에서 영화 주문과 수신, 반납의 편리성을 통해 사용자의 편의를 창출했으나 이제 그럴 수 없었다. 모든 사람이 TV나 휴대전화, 태블릿 등에서 VoD를 시청할 수 있기 때문이다.

이런 환경에서 어떻게 가치를 창출할 방법, 유일한 존재가 되도록 해주는 것은 무엇일까? 우선 콘텐츠가 더없이 중요해진다. 아마존이 제공하지 않는 콘텐츠가 넷플릭스에는 있다면 소비자는 넷플릭스 구독에 더 많은 금액을 지불할 것이다. 문제는 콘텐츠 전쟁이 곧 콘텐츠의 가격 상승으로 이어질 수 있다는 점이다. 콘텐츠 가격이 오르는 것은 콘텐츠 제작자에게는 좋은 소식일지 몰라도 넷플릭스 같은 콘텐츠 유통업체에게는 좋은 소식이 아니다.

VoD는 결국 업계의 가치창출 원천을 '콘텐츠 유통'에서 '콘텐츠 제작'으로 이동하게 했다. 이는 최근 넷플릭스가 비즈니스 모델을 변경하여 콘텐츠 제작에 보다 집중하게 된 이유이기도 하다. 넷플릭스는 「하우스 오브 카드House of Cards」와 「오렌지 이즈 더 뉴 블랙Orange is the New Black」 같은 히트 시리즈를 자체 제작했다. 이런 콘텐츠는 현재 수익성 있는 사업 모델을 결정하는 중요한 자원이다.

규모도 도움이 된다. 자체 생산 콘텐츠든 외부에서 구매한 콘텐츠든, 넷플릭스가 가치를 포착하는 중요한 기반은 수많은 구독자다. 놀랍게도, 스포츠 이벤트에 값비싼 비용을 써야만 하는 ESPN을 제외하면 다른 어떤 미디어 기업보다도 넷플릭스가 콘텐츠 제작 및 인수에 더 많은 돈과 시간을 사용하고 있다(2017년 약 60억 달러, 약 7조4160억 원). 넷플릭스는 이제 독점적인 콘텐츠를 사용하여 가치를 창출하고 포착한다.

넷플릭스의 예는 성공적인 비즈니스 모델을 가진 기업이 일반적인 생각과는 달리 기술 및 시장 변화에 따라 새로운 비즈니스 모델을 혁신할 수 있음을 보여준다. 그런데 넷플릭스가

2007년 VoD를 통해 비즈니스 모델을 혁신하기 시작했을 때, 그들은 이미 작은 기업이 아니었다. 12억 달러(약 1조4,830억 원)의 매출을 올리는, 전통적 DVD 대여 시장의 지배적인 기업이었다. 그렇기에 넷플릭스는 규모의 이점을 활용하는 비즈니스 모델 혁신의 훌륭한 사례이기도 하다.

VoD는 가치창출의 원천이 유통에서 콘텐츠로 이동한다는 의미다. 콘텐츠의 취득과 개발에는 많은 고정비용이 필요하다. 이런 상황은 기성 기업들에게 이점이 된다. 넷플릭스, 아마존, 구글, 애플, 훌루Hulu를 비롯한 인터넷 서비스 공급자와 같은 큰 기업들이 VoD 시장의 선두에 있는 이유이기도 하다. 규모에 따른 비즈니스 모델 혁신이 가능할 뿐만 아니라 실제로는 규모 자체가 실제로 반드시 필요한 경우도 있기 때문이다.

비즈니스 모델 설계와 혁신 원칙

넷플릭스의 비즈니스 모델 혁신은 성공했다. 그러나 성공한 기업이 비즈니스 모델 혁신에 실패한 사례도 수없이 많다. 레고Lego를 생각해보자. 2005년, 레고는 '레고 디자인 바이 미Lego Design by Me'라는 새로운 서비스 형태의 비즈니스 모델을 도입했다. 레고 고객들은 다양한 레고 디자인 키트를 구매할 수 있다. '레고 디자인 바이 미'는 소비자가 간단한 CAD 프로그램을 사용하여 자신이 원하는 레고 키트를 설계해 필요한 블록block을 주문할 수 있게 하는 아이디어였다. 아이디어는 신선했다. 문제는 사용자 맞춤형 구성 키트가 대량생산에 중점을 둔 레고 같은 업체에서는 매우 큰 비용이 들 수도 있다는 점이다. 이 사업에서 이익을 보려면 레고가 기존 키트보다는 맞춤형 키트에 훨씬 높은 가격을 책정해야만 했다. 그래서 레고는 브릭 비용만이 아니라 운송비용과 함께 별도의 서비스비용까지 가격에 포함시켰다. 고객들은 맞춤 키트 아이디어를 좋아했지만 높은 가격을 지불하지는 않았다. 결국 '디자인 바이 미'는 필요한 자원 비용에 비해 충분한 가치를 창출하지 못했고, 2011년 중단됐다.

많은 비즈니스 모델 혁신이 실패하는 것은 놀라운 일이 아니다. 비즈니스 모델이든 기술이든 혁신은 한계에 노선한다. 사원 선택, 가치창출, 가치 포착 및 배분의 새로운 조합은 새로운 기술 조합만큼이나 불확실할 수 있다. 그렇다면 비즈니스 모델 혁신이 합리적인 선택이 되려면 어떻게 해야 할까?

다른 분야의 성공한 비즈니스 모델을 모방하는 것도 좋은 접근법이다. "우리는 비즈니스 X의 우버가 되고 싶다." 또는 "우리는 비즈니스 Y의 아마존이 되고 싶다."처럼 말이다. 모방은 복잡한 일을 단순화시키고 창의력을 자극하는 데 도움이 된다. 리드 헤이스팅스는 넷플릭스의 월 정액 아이디어를 자신이 월 정액 회원으로서 이용하던 체육관에 가던 길에 얻었다고 했다.

그러나 혁신을 자극하는 수단으로 유사한 모델을 모방하는 것이 때로는 기업을 잘못된 길로 이끌 수도 있다. 노련한 기업가도 이런 잘못된 선택을 할 수 있다. 유럽의 주요 저가항공사 중 하나이며 해마다 약 7천만 명의 승객이 이용하는 이지제트easyJet의 설립자인 스텔리오스 하지-이오아누Stelios Haji-Ioannu의 사례를 보자. 이지제트의 비즈니스 모델은 비행기당 판매된 좌석의 비율을 극대화하여 비행기라는 비싼 자원의 활용을 극대화하는 데 있다. 일반적으로 이지제트의 좌석 판매율은 약 90%대다(유럽 항공업계의 평균은 약 70%대). 저렴한 요금으로 더 많은 승객을 끌어들여 좌석 판매율을 높인다. 대신 다른 항공사에 비해 저렴한 비용으로 승객에게 가치를 제공한다. 비인기 공항을 사용하고, 식사를 제공하지 않으며, 자사 사이트에서만 항공티켓을 판매하는 등(여행사 수수료가 없는 인터넷 전용 티켓 사용) 낮은 비용을 통해 가치를 창출해낸다.

스텔리오스는 이 성공적인 비즈니스 모델을 다른 업계에 적용하려 했다. 이지제트의 모기업인 이지그룹 산하에는 이지카easyCar, 이지버스easyBus, 이지피자easyPizza, 이지호텔easyHotel, 이지오피스easyOffice, 이지프로퍼티easyProperty, 이지짐easyGym을 포함해 여러 '이지easy' 브랜드가 있다.

2000년 4월, 스텔리오스는 이지제트와 동일한 원칙에 따라 렌터카 기업인 이지카를 출범시켰다. 스텔리오스는 "렌터카 업계가 5년 전 기업 고객을 끌어모았던 항공사의 상황과 동일하다."고 말했다. 이지카는 헤르츠Hertz, 어비스Avis 등의 주요 경쟁자와는 달리 이지제트의 전략과 동일하게 가격에 민감한 고객을 대상으로 시장에서 가장 낮은 가격의 공급자가 되려 했다. 또한 공항이나 다른 시내 중심가에서 운영하지도 않았다. 예약은 인터넷을 통해서만 이루어졌다. 그리고 이지제트가 뉴보잉 737s를 사용했던 것처럼, 이지카는 오직 한 종류의 자동차—벤츠A클래스—만 사용했다. 이지제트의 경우와 마찬가지로 이지카의 경제성은 차량 사용률에 크게 좌우된다(렌터카 기업 비용의 약 30%는 감가상각비). 이지카는 렌터카 사업의 이지제트였다. 이지카는 전통적인 렌터카 사업자와는 매우 다른 비즈니스 모델이었다. 예를 들면 한 유형의 차량과 같은 기존의 사업자와는 완전히 다른 자원, 저렴한 가격과 낮은 비용 그리고 박리다매 형태의 가치 창조 및 포착 모델을 사용했다.

그러나 이지카는 이지제트만큼 성공하지 못했다. 2013년까지 약 1,500만 파운드(약 227억4,500만 원)의 매출 중 순이익은 약 80만 파운드(약 12억1,300만 원)에 그쳤다. 문제는 이지제트만큼 비용에서 큰 우위를 점하지 못했을 뿐만 아니라 고객을 위한 가치창출에 있어 비행기와는 다르게 자동차는 렌트 장소의 편이성이 무엇보다 중요하다는 사실을 간과한 것이다. 2014년, 기업은 '이지카 클럽'이라는 P2P모델을 사용해 자동차 소유주가 자신의 자동차를 빌려주는 비즈니스 모델로의 전환에 초점을 맞추기 시작했다. 본질적으로 이지카 클럽은 렌터카 업체의 에어비앤비가 되고자 한 것이다.

이지카의 사례는 비즈니스 모델을 모방할 때 주의해야 함을 보여준다. 모방이 도움이 될 수는 있지만 수정해야 할 부분이 무엇인지 식별하려면 추가 분석이 필요하다. 기술 혁신과 마찬가지로 비즈니스 모델 혁신의 불확실성을 완전히 없애기란 불가능하다. 확실한 성공을 담보하는 비즈니스 모델도, 모든 조건에서 보편적으로 작동하는 모델도 없다. 비즈니스 모델은 산업의 시장, 기술 및 경쟁 조건에 따라 상황에 맞게 조정되어야 한다.

하지만 다행히도 도움이 될 만한 원칙은 몇 가지가 있다.

비즈니스 모델 설계 원칙 1.
자원, 가치창출, 가치 포착과 배분은 서로를 보완해야 한다.

넷플릭스가 좋은 예다. 덜 알려진 아트하우스 영화(자원)는 사용자가 새로운 영화를 발견할 수 있도록 돕는 소프트웨어 알고리즘을 통해 보완됐고, 이는 넷플릭스의 매력(가치창출)의 일부가 됐다. 새로운 영화를 발견하는 것이 넷플릭스가 제공하는 고객 가치의 일부인 셈이다. 이 소프트웨어 알고리즘은 또한 기업의 재고 시스템과 상호작용해 재고가 있는 영화를 고객에게 홍보했다(넷플릭스가 추천했던 '당신을 위한 완벽한 영화'는 고객의 취향에 맞는 영화인 동시에 재고가 있었던 영화이기도 했다). 재고 관리 시스템은 고객의 대기 시간을 줄인다는 측면에서 더 나은 서비스(가치창출)를 제공하는 데 도움이 된다. 가격 모델(특정 기간 동안 정해진 수 내에서 영화를 마음껏 볼 수 있는 월 정액제)은 고객이 들어본 적도 없는 영화까지 보게 만들었다. 월 정액제는 또한 비디오 가게에서 연체료에 쫓기던 많은 고객을 위한 가치 창출의 원천이었고, 예측 가능한 현금흐름을 만들었다. 무배당 정책은 지속적으로 유통 네트워크에 투자하는 데 도움이 됐으며, 이는 배달 시간의 단축을 불러왔다. 덕분에 구독자 수는 증가했고, 이러한 현금과 대규모 가입자를 기반으로 VoD 세계에서 핵심 자원인 독자적 콘텐츠 개발에 투자할 수 있었다.

상호보완을 통해 비즈니스 모델을 보다 효과적으로 만들 수 있을 뿐만 아니라 경쟁자들이 모방하기가 더 어려워진다는 이점도 있다. 강력하게 서로 보완되고 있는 시스템은 한두 개의 중요한 정책을 따라 한다고 해서 쉽게 모방할 수 있는 것이 아니기 때문이다. 모방을 하려면 결국 전체 시스템을 복제해야 하는데 이는 결코 쉽지 않다.

비즈니스 모델 설계 원칙 2. 생태계를 위한 가치창출

일부 기업들은 비즈니스 모델 디자인을 너무 자기중심적으로 한다. 공급업체나 파트너, 투자자, 고객과 직원처럼 업계 생태계 주요 구성원에게 창출될 가치는 전혀 고려하지 않은 채 오로지 기업의 가치에만 초점을 맞춘 모델을 설계하고 제안하는 것이다. 하지만 협력을 얻기 위해서라도 모델 내 구성원 모두가 함께 가치를 창출할 수 있어야 한다. 이를 위해서는 비즈니스 모델 혁신에 대한 다른 접근 방식이 필요하다. 기업이 포착할 수 있는 가치만을 생각할 것이 아니라 파트너를 위해 만들어낼 수 있는 가치에 대해 생각해야 한다. 훌륭한 비즈니스 모델 혁신가는 파이 자체를 더 크게 만드는 사람이다.

우버의 비즈니스 모델을 생각해보자. 이 모델은 네트워크에 참여할 의향이 있는 운전자(자동차 포함)가 있어야만 작동할 수 있다. 운전자가 많을수록 고객에게도 좋다. 우버를 일상적으로 사용하는 고객이 많을수록 운전자의 수익 발생 가능성도 커진다. 또한 운전자의 수익이 커지고 일하는 시간의 자율성이 강화될수록 운전자들에게 더욱더 매력적이다. 우버 운전자는 언제, 어디서나 운행할 수 있고 교대를 강요받지도 않는다. 이들은 대부분 다른 직업이 있고 우버 일은 부업 정도로 생각하는 경우도 많다. 운전자는 플랫폼에 대한 접근 권한을 제공받는다. 이들은 택시 승강장에서 줄을 기다릴 필요도 없고, 전통적인 택시나 리무진 서비스보다 훨씬 더 생산적으로 운전할 수 있다.

아마존은 자신의 사이트에서 물건을 파는 제3의 업체들에게 수많은 고객 기반 정보를 제공함으로써 가치를 창출한다. 애플과 인텔, 마이크로소프트 같은 기업은 자신들의 시스템에서 실행되는 응용 프로그램을 만드는 독립 소프트웨어 공급업체에게 개발 도구를 제공한다. 도요타는 기술 및 운영 역량에 대한 장기적 투자를 유도하기 위해 협력 공급업체들에게 재무적 지원을 해주는 전략을 오랫동안 지켜왔다. 학습에 투자하고 좋은 노동 조건을 제공하며 결제대금을 잘 지불하는 것은 기업이 참여자들의 재능을 얻는 기본적인 방법이다.

비즈니스 모델 설계 원칙 3. '무료' 리소스를 활용

공짜를 이길 수 있는 것은 없다. 비용 없이 가치를 창출할 수 있다면 그보다 좋을 수 없다.

구글의 비즈니스 모델은 광고를 통해 가치를 창출하고 확보하는 것이다. 구글 광고 모델의 장점 즉, 가치창출은 광고가 우리의 특정 요구, 취향 및 의도에 대한 정보를 기반으로 하고 있기에 가능하다. 구글에서 지출한 광고비용 1달러는 신문에서 지출한 광고비용 1달러보다 더 효율적일 수 있다는 의미다. 그러나 이 비즈니스 모델을 실현하기 위해 구글은 우리가 하고 싶은 것과 사고 싶은 것이 무엇인지, 휴가 중인지, 자녀가 있는지 등 우리에 대한 많은 정보를 필요로 한다. 정보는 구글 비즈니스 모델의 필수 자원으로, 정보 없이는 구글의 가치창조가 불가능하다. 우리는 구글에 있어 중요한 자원 제공자다. 우리가 구글 생태계에 참여하는 것은 구글 주주들에게 분명 의미 있는 일이다. 이 글을 쓰는 시점에서 구글의 시가 총액은 약 7,751억 달러(약 958조236억 원)다. 그러나 구글은 이 모든 정보에 대한 대가로 우리에게 단 한 푼도 지불하지 않는다. 우리는 이 값진

정보를 구글에 무료로 제공하고 있는 것이다.

그렇다면 사람들은 왜 구글에 무료로 정보를 제공할까? 너그러워서? 물론 아니다. 대안이 없기 때문이다. 아침식사로 무엇을 먹었는지, 이번 주말에 무엇을 할 계획인지, 어떤 종류의 차를 좋아하는지 등의 정보를 판매할 수 있는 시장이 없다. 그 많은 시장 중에 왜 정보 시장은 없을까? 답은 노벨상 수상자이자 경제학자 케네스 애로가 말한 '애로의 역설Arrow's paradox'로 설명할 수 있다. 예를 들어 아침에 먹은 음식에 대한 정보에 값을 매길 수 있는 유일한 방법은 정보를 공개하는 것이다. 그러나 일단 정보를 공개하면 아무도 그 정보에 대한 값을 지불할 필요가 없게 된다. 자신에 대한 정보로 수익을 창출할 수 있는 정보 시장이 없다면 그 정보는 본질적으로 우리에게 가치가 없다. 정보는 아무도 접근할 수 없는 지하 세계에 매장된 어마어마한 양의 석유와 같다. 접근할 수 없는 값은 정확히 0이다.

구글의 비즈니스 모델이 훌륭한 건 인터넷 검색, e메일 전송, 동영상 찾기 등과 같은, 우리에게 가치 있는 기능을 제공함으로써 자신들이 원하는 고객들의 정보에 도달할 방법을 찾아내 그러한 정보들이 자동적으로 모이게 했다는 점이다. 구글 앱을 사용할 때마다 우리는 구글에 정보를 제공한다. 대신 우리는 무료로 응용 프로그램을 사용한다. 따라서 구글은 그 자체로는 가치가 없지만 누군가에게는 매우 가치 있는 것들을 자신들의 서비스와 교환하게 함으로써 가치를 얻는 셈이다.

페이스북의 모델도 비슷하다. 회원들끼리 서로 무료로 '친구'가 되고 상호교류를 할 수 있는 수단을 제공한다. 그 대가로 그들 역시 매우 귀중한 것을 얻고 있다. 우리가 하고 있는 일, 하고 싶은 일, 관심을 가진 일 등에 대한 정보다. 이는 우리의 행동에 관심이 많은 광고주들에게 매우 가치 있는 정보들이다.

트립어드바이저TripAdvisor, 옐프Yelp, 심지어 아마존처럼 소비자들의 리뷰를 활용하는 사이트들도 저평가된 자원들을 활용하고 있다. 리뷰는 제품과 서비스를 판매하는 사이트의 중요한 자원이자 비즈니스 모델을 지원하는 중요한 자원이기도 하다. 우리는 이 귀중한 자원을 제공하면서 얼마를 받고 있는가? 한 푼도 받지 않는다. 그런데도 사람들이 리뷰를 쓰는 동기가 무엇인지를 연구한 경제학자와 사회학자들의 일반적인 결론은 사람들이 자신의 의견을 공유함으로써 어느 정도의 심리적 만족을 얻는다는 것이다. 공헌비용은 실제로 리뷰를 작성하는 데 들이는 시간이다. 그러나 이 리뷰를 판매할 수 있는 시장이 없으니 추가적인 기회비용도 없다.

'무료 자원 이용'의 원칙과 '생태계의 가치창출'이라는 초기 원칙은 연결된 경향이 있다. '무료로' 자원에 접근하는 방법의 하나는 해당 자원 제공자에게 가치가 될 만한 무언가를 제공하는 것이다. 구글과 페이스북은 사용자에게 엄청난 가치가 있는 서비스를 제공한다. 본질적으로 이는 물물교환과 같다. 나는 무료로 무언가(내 정보 같은)를 주고, 무료로 가치(이메일이나 소셜 네트워크 접속 및 이용 권한 같은)를 얻는다. 특정 자원에 대한 시장이 없다면 물물교환은 무료 또는 상대적으로 저렴한 비용으로 해당 자원에 접근할 수 있는 좋은 방법일 수도 있다.

비즈니스 모델 설계 원칙4: 자원을 모방하기 어렵게 만들어라.

좋은 비즈니스 모델 혁신은 좋은 기술 혁신에 비해 모방에 취약하다. 맥도날드는 패스트푸드 체인 시장을 개척했지만 현재는 수많은 경쟁 업체가 있다. 우버와 리프트Lyft는 비록 전략은 다르지만 유사한 비즈니스 모델을 기반으로 차량 공유 서비스를 제공하고 있다. VoD 시장에서 넷플릭스에게는 말 그대로 유사한 구독 기반 비즈니스 모델을 채택한 수십 개의 경쟁자가 있다. 모방자를 궁지에 몰아넣을 수 없다면 그들은 비즈니스 모델을 빠르게 모방하고 상품화할 것이다.

문제는 방법이다. 기술 혁신은 특허나 기타 법적 장치에 의지할 수 있다(물론 항상 그런 것은 아니다). 그러나 비즈니스 모델에 있어 특허는 훨씬 까다롭다. 비즈니스 방법을 특허화할 수 있긴 하다. 아마존의 경우 원클릭 쇼핑 같은 특정 '방법'에 대한 특허가 있다. 일반적으로 이러한 특허는 특정 비즈니스 방법을 뒷받침하는 소프트웨어에 부여된다. 1997년 이후 이런 비즈니스 방법 특허가 급증했으나, 후속 법원 판결로 인해 기준이 강화됐다. 그리고 개별적인 방법들은 몰라도 전체 모델의 특허 가능성은 매우 희박해졌다. 따라서 비즈니스 모델 혁신이 특허로 보호받을 수 없다는 가정하에 혁신을 진행하는 것이 현명하다. 이 경우 모방자가 생겨날 가능성이 높고, 그들로부터 자신을 방어하기 위한 전략이 필요하다.

비즈니스 모델을 모방하지 못하게 하는 가장 좋은 방법은 브랜드, 고유한 운영 노하우, 독점 기술 능력과 평판처럼 복제하기 힘든 일부 자원을 기반으로 하는 것이다. 그게 바로 성공적인 비즈니스 모델 혁신가들이 초기에 브랜드 자산을 구축하는 데 많은 투자를 하는 이유다. 고객이 늘어나면서 생성된 가치가 증가하고 서비스비용은 감소하는 '규모수익체증' 효과는 모방에 있어 강력한 장벽이 될 수 있다. 페이스북이 좋은 예다. 이미 많은 사람이 페이스북을 사용하고 있기 때문에 더 많은 사람이 페이스북에 가입하고 사용한다. 페이스북에서는 친구가 많을수록 재미있어지고 사용 가능성도 높아진다. 일종의 선순환이다.

아마존은 규모의 확대를 통해 수익을 창출한 또 다른 좋은 예다. 처음에는 책 구입에 관심 있는 사용자를 끌어들이기 시작하면서 더 많은 업체가 아마존을 통해 판매하는 데 매력을 느끼게 됐다. 더 많은 공급업체가 아마존의 시장에 합류하고 제품이 다양해질수록 아마존은 점점 쇼핑하기에 더 편리한 장소가 된다. 아마존에서 온라인으로 더 많은 사람이 쇼핑을 하자 더 많은 기업이 제품을 판매하기를 원했다. 아마존의 규모는 아마존의 가격협상력을 높였고, 낮은 가격으로 제품을 제공할 수 있었으며, 이를 통해 더 많은 사용자를 끌어들일 수 있었다. 규모가 늘어남에 따라 아마존은 보다 정교하고 분산된 창고 및 물류 인프라에 투자할 수 있게 됐다. 이는 전체적인 운영비용을 낮추었을 뿐 아니라 물류시간을 단축시켜 아마존에 더 많은 고객이 모이게 만들었다. 이 또한 선순환이었다.

선순환의 바퀴가 움직이기 시작하면 경쟁자는 모델을 모방하기가 어려워진다. 규모나 누적된 사용자 기반을 모방할 수는 없기 때문이다. 그러나 단순히 1등이 되는 것만으로는 충분하지 않을 수도 있다. 지속적인 투자와 끊임없는 추진이 필요하다. 프렌드스터Friendster와 마이스페이스My Space 같은 소셜네트워크 사이트는 선점자 우위를 이용하지 못했다. 믿기 힘들지만 2006년에 마이스페이스는 연간 누적 방문자 수에서 구글을 앞섰다. 마이스페이스는 탁월했으나 불과 몇 년 만에 페이스북에 짓밟혔고, 결국 2011년에 3,500만 달러(약 430억 원)에 팔렸다.

어떻게 이런 일이 일어났을까? 그 이유 중 하나는 마이스페이스가 계속해서 진화하거나 개선하지 않았기 때문이다. 또한 당시 마이스페이스는 업계 1위였지만 해당 시장의 잠재력을 감안했을 때 그들의 성과는 매우 작은 부분에 불과했다. 마이스페이스와 페이스북은 모두 특정 사용자(마이스페이스는 고등학생, 페이스북은 대학생)를 대상으로 시작했지만 페이스북은 자신들의 특정 사용자 집단을 넘어서서 빠르게 성장했다.

비즈니스 모델을 모방으로부터 보호하는 또 다른 방법은 주변에 특수한 생태계를 구축하는 것이다. 거의 모든 비즈니스 모델은 애플의 아이폰용 앱을 만드는 소프트웨어 개발자처럼 보완 자원을 제공하는 '보완사'의 지원을 필요로 한다. 이들 덕에 아이폰 플랫폼은 사용자들에게 더욱 가치를 가지게 된다.

이처럼 비즈니스 모델에 특수한 보완 자원이 필요한 경우 보완자 네트워크를 구축하면 비즈니스 모델의 가치를 향상시킬 수 있을 뿐 아니라 모방에 대한 강력한 장벽을 만들 수 있다. 노키아가 애플의 핵심 장점 중 하나가 앱 개발자라는 사실을 깨달았을 때, 이미 노키아는 애플을 따라잡기에 너무 늦어버렸다. 노키아가 보완자인 소프트웨어 개발자들에게 자사의 독점 플랫폼용 소프트웨어를 개발하도록 설득하기란 사실상 불가능했기 때문이다. 결국 노키아는 독점 운영체제를 포기하고 마이크로소프트에 매각됐다. 그러나 전체 스마트폰 시장의 1%에도 미치지 못하는 마이크로소프트의 모바일 운영체제 또한 같은 문제에 처해 있다.

4장

파티는 정말 끝났는가?

'지나간 것'의 부활

메인 프레임 컴퓨터는 1950년대 후반부터 상용화됐다. IBM은 수십 년 동안 이 사업을 지배하면서 역사상 가장 크고 가장 수익성이 높으며 가장 존경받는 기업 중 하나가 됐다. 그러나 모두가 알고 있듯이 1970년대 후반 개인용 컴퓨터Personal Computer, PC의 출현으로 업계 상황은 크게 바뀌었다. 흐름은 자연스럽게 메인 프레임 컴퓨터에서 데스크톱으로 이동했다. PC가 무어의 법칙(반도체의 정밀도가 일정 주기마다 2배씩 향상된다는 법칙으로, 주기는 24개월에서 18개월, 1년으로 점차 줄어드는 추세-역자 주)에 따라 마이크로프로세서의 발전을 바탕으로 점점 더 강력해지면서 부피가 큰 메인 프레임 컴퓨터 사용은 점차 줄어들었다. 이런 변화는 당연히 메인 프레임 컴퓨터 시장에서 독보적인 시장 점유율을 누렸을 뿐 아니라 많은 이익을 얻고 있었던 IBM에게는 좋은 소식이 아니었다. PC는 마치 IBM과 같은 거대 기업을 쓸어버릴 수 있는 파괴적 혁신과 같았다. 그러나 IBM 역시 가만히 지켜보지만은 않았다. IBM은 1981년 PC 혁명 초기에 시장에 진입했다. IBM의 PC 시장 진입은 '기업 컴퓨팅 시장'의 큰 변화를 이끌었다. IBM의 리더들은 PC가 자신들의 메인 프레임 컴퓨터 사업을 대체할 것이라는 생각에 자사 내에 PC 조직을 별도의 독립형태로—뉴욕 아몽크의 본사에서 안전하게 분리하기 위해 플로리다에—설치했다. IBM은 새롭게 변화할 시장에서 자신들의 밥그릇을 차지할 준비를 하고 있었다.

전략은 효과가 있는 것처럼 보였다. IBM의 PC 판매는 급격히 증가해 PC 시장의 상당 부분을 차지했다. IBM의 대담한 선택은 업계에 널리 퍼졌다. 크고 성공한 조직이 창조적인 파괴의 변화에 민첩하게 대응한 좋은 사례처럼 보였다. 메인 프레임 컴퓨터가 수명을 다했다는 예측은 어렵지 않았고, 실제로 메인 프레임 컴퓨터 판매가 줄면서 전략은 맞아 떨어진 듯했다.

그러나 이런 변화에는 문제가 있었다. PC 시장은 수익성이 낮고 전망도 좋지 않다는 것이다. 당시에는 잘 알려지지 않았던 마이크로소프트라는 기업과 인텔의 마이크로프로세서를 PC의 운영체제로 아웃소싱하기로 한 IBM의 결정 때문에 정작 PC 제조업체와 판매자들은 수익을 내기가 매우 어려웠다. 시스템상 주요 구성 요소를 제어한 마이크로소프트와 인텔은 업계에서 매우 중요한 위치를 확보했다. 물론 IBM을 포함한 PC 생산 기업들은 많은 PC를 판매할 수 있었지만, 이익은 마이크로소프트와 인텔로 돌아가는 구조였다. PC는 애플을 제외한 모든 업체들이 동일하게 윈텔Wintel(마이크로소프트의 윈도우즈와 인텔의 중앙처리장치가 결합된 것을 가리키는 컴퓨터 산업 용어-역자 주)을 기본으로 사용했기 때문에 성능을 차별화하기도 어려웠고, IBM이 델이나 컴팩, HP 등의 다른 업체와 차별화하는 것도 어려웠다. 이익률과 시장 점유율이 하락하기 시작한 IBM은 결국 2004년 12월 레노보Lenovo에 PC 사업부문을 팔아버렸다.

IBM은 클라우드 컴퓨팅의 출현과 최근의 빅데이터 시장을 통해 다시 부활했다. 클라우드 컴퓨터는 엄청난 양의 데이터 저장소와 계산 용량을 필요로 한다. 그리고 이는 정확히 메인 프레임 컴퓨터의 영역이다. 다행히도 IBM은 메인 프레임 컴퓨터 사업에서 완전히 발을 빼라는 많은 사람들의 말을 따르지 않았다. 현재 IBM의 시스템ZSystem Z 메인 프레임은 메인 프레임 시장을 독점하고 있다. 2017년 전 세계 신용카드 거래의 90% 가까이가 IBM 메인 프레임 컴퓨터를 통해 처리됐다. 비록 시장을 독점했던 1960~1970년대를 재현할 수는 없겠지만, 많은 사람의 예상과 달리 IBM에게 메인 프레임 컴퓨터 사업은 여전히 수십억 달러 규모에 수익률도 좋은, 매력적인 사업이다.

미래예측이 허망한 이유

미래의 변화에 적응하라는 논리에는 보통 두 가지 근본적인 가정이 있다. 하나는 파괴적 혁신으로 인해 현재의 기술이나 비즈니스 모델은 쓸모없게 될 것이고 이를 예측할 수 있다는 것이다. 그러나 IBM에서 살펴본 바와 같이 실제 기술과 시장의 변화는 예측하기가 매우 어렵다. 두 번째 가정은 변화에 따른 혁신이 좋은 기회를 제공한다는 것이다. 즉, 새로운 것을 위해 현재의 시장 지위를 포기하는 편이 더 낫다는 가정이다. 그러나 이 또한 IBM의 예에서 보듯이 반드시 그런 것만은 아니다. PC는 메인 프레임 컴퓨터만큼이나 수익적이지 못했다.

잠재적인 변화 위험에 대한 대처 방법을 결정하려면 이러한 가정이 얼마만큼 유효한지를 파악해야 한다.

이 두 가지 정에 대해서 좀 더 살펴보기로 하자.

가정1: 파괴적인 위협의 타이밍을 예측할 수 있다

'미래를 선점하라'는 말을 복음처럼 전파하는 사람들은 자신들의 충고를 따르지 않아 발생할 무서운 결과의 예를 든다. 주로 그들은 인터넷으로 대표되는 변화를 따라가지 못하고 아마존 같은 기업들에 의해 사라지게 된 재래식 소매상들을 거론한다 또는 온라인 플랫폼이 광고 비즈니스 모델을 혼란에 빠뜨릴 것임을 깨닫지 못했던 전통적인 미디어 기업의 몰락을 예로 들기도 한다. 노키아, 림, 블록버스터, 덱DEC, 왕Wang, 코닥, 폴라로이드, 그밖에 슘페터가 말한 '창조적 파괴'의 조류에 휩쓸려버린 수많은 기업들 말이다. 이러한 사례에서 리더들은 자신들이 직면한 냉엄한 현실에서 기업을 살려내지 못했다. 그들은 더 나은 미래를 위해 자신들의 과거를 버리지 못했다. 새로운 산업을 선점하지 못했다. 그런 그들의 행위를 어떻게 설명할 수 있을까?

이러한 사례들은 매우 설득력 있게 들리고 또 한편으로는 두렵기도 하다. 마치 소름 끼치는 악당이 숨어 있는 공포 영화처럼 이야기가 전개되는 것을 보면서 "집에서 탈출해!"라고 소리치고 싶어지는 것과 같다. 그렇게 모든 일이 예측 가능하게 보인다.

그러나 적어도 혁신에 있어서는 그렇지 않다. 그저 결과론일 뿐이다. 기술과 비즈니스 모델의 진화는 막다른 골목과 잘못된 방향 전환, 우연의 연속으로 가득 찬 지저분하고 불확실한 과정의 연속이다. 뒤돌아보면 분명한 것들도 당시 이 기업 리더들 눈에는 결코 분명하지 않았다. 기술적 추세를 예측하는 것은 잔인할 정도로 어렵다. 제아무리 뛰어난 비즈니스 리더라도 잘못 이해할 수 있는 것이다.

전기자동차의 미래

최고의 기술자가 저널리스트를 앞에 두고 앞으로 전기자동차가 자동차의 미래가 될 것이라고 말했다. 연설자를 믿을 만한 이유가 있다. 그는 현대 경제 변화에 대해 깊은 기술적 지식을 지닌 성공한 사업가다. 아마도 많은 이들이 테슬라Tesla, 솔라시티Solar City, 페이팔PayPal의 설립자인 엘론 머스크Elon Musk 이야기라고 생각했을 것이다. 하지만 아니다. 토머스 에디슨의 이야기다. 1914년 인터뷰에서 그는 "전기자동차가 모든 대도시의 트럭 운송에 보편적으로 사용될 것이며 전기자동차는 미래의 가족 운송 수단이 될 것"이라고 했다.

당시 에디슨이 전기자동차의 미래를 믿는 유일한 사람은 아니었다. 헨리 포드 또한 전기자동차의 가능성에 열광했다. 포드는 에디슨과 협력하여 10만 개가 넘는 에디슨의 배터리를 구입했고, 전기자동차 개발에 현재 기준으로 3,000만 달러(약 369억 원)를 투입하기도 했다. 이 금액은 2010년 자동차 기업 포드가 전기자동차에 투자한 약 1억3,500만 달러(약 1,661억 원)의 22%에 달한다. 1917년, 「월스트리트 저널」은 전기자동차가 저렴한 가격으로 출시돼 자동차 산업을 이끌 것이라 예측했고, 전기자동차가 향후 큰 비율을 차지한다면 많은 도시에서 매연을 뿜어대는 모터자동차 대신 전기자동차를 권장할 가능성이 있다고 했다.

물론 알다시피 1920년대 초 자동차 시장에서 가솔린 내연기관은 확고하며 지배적이었다. 이는 여러 힘이 결합해 이뤄졌다. 내부 연소 기술의 기술적 향상으로 엔진은 더 조용하고 깨끗해졌으며 부드러워졌다. 1912년 찰스 케터링Charles Kettering의 전기식 시동장치가 발명됨으로써 핸드크랭크를 사용하여 시동하는 불편함이 사라졌다. 같은 해, 포드는 모델T를 850달러에 시장에 선보였다. 내연기관 엔진의 증가는 원유 생산량 상승과 정제능력 개선의 영향도 받았다. 원유의 공급 확대로 가솔린 자동차의 거리당 연료 가격이 급격히 감소했다. 당시 가솔린 자동차가 전기자동차를 능가하는 장점 중 하나는 주행거리였다. 물론 도로가 충분히 갖춰지기 전까지는 그리 큰 매력은 아니었다. 하지만 연방 정부의 도로 건설 및 유지보수 지원 덕분에 미국 도로 시스템은 1916년에서 1921년 사이에 극적으로 개선된다(특히 농촌 지역). 그 결과 가솔린 자동차는 그동안 장거리 여행에 있어 독점적 역할을 하던 철도의 대안이 되기 시작했다. 전기자동차 충전소는 1910년대에도 있었지만, 표준화된 전기는커녕 전기 자체가 없는 주가 많았다.

비즈니스 모델 동향 예측의 허점

기술 및 비즈니스 모델 동향을 예측하는 것은 실제로 매우 어려운 일이다. IBM 메인 프레임 컴퓨터에서 봤듯이 이제는 한물갔다고 여기던 기술이 때로는 놀라울 정도로 버텨내기도 한다. 그런 예는 무수히 많다. 바다를 항해하는 선박의 동력이 바람에서 증기로 전환되기까지는 무려 60년 이상이 걸렸다. 전동차의 전자식 연료분사 기술은 1950년대에 도입됐지만 1980년대에 이르러서야 카뷰레터Carburetor를 대체하게 됐는데, 이는 배출가스에 대한 정부의 기준이 강화됐기 때문이다. 제트 엔진을 사용한 최초의 상업용 비행기는 1952년에 도입됐지만, 여전히 단거리 항공에는 프로펠러 항공기도 사용되고 있다. 스티브 잡스가 아이패드를 소개했을 때, 그는 태블릿이 노트북을 대신할 것이라 예측했다. 2013년 태블릿 판매량이 노트북을 능가해 그의 비전이 어느 정도 입증되긴 했지만, 노트북은 2017년에도 1억6,000만 대 이상의 판매량을 기록했다. 지난 20년 동안 인터넷 뱅킹 사용이 급증하면서 많은 사람이 은행 지점들이 사라질 것이라 예견했으나 미국의 은행 지점 수는 2009년까지 꾸준히 증가했다(성인 10만 명당 35.72개로 정점). 미국의 2014년 은행 지점 수는 2004년과 거의 같았다(성인 10만 명당 32.5개). 또한 대부분은 디지털 채널의 상승에 따른 인쇄 신문의 하락을 예견했다. 인쇄 발행 부수가 오랫동안 감소하고 있는 것은 사실이지만 인쇄 신문은 여전히 총 신문 판매량의 대부분을 차지하고 있다(평일 78%, 일요일 86%).

물론 세상이 얼마나 빨리 변하는지를 과소평가하는 경우도 많다. 애플이 아이폰을 선보인 지 1년이 지난 2008년, 심비안Symbian(노키아의 독점 운영체제)은 여전히 시장 점유율이 48%였다. 노키아는 애플의 아이폰이 결코 자신들의 시장 점유율에 큰 영향을 끼치지 못할 것이라 생각했다. 그러던 중 2008년 구글의 안드로이드 운영체제가 나왔다. 도입 4년 만에 안드로이드의 점유율은 74.4%로 급증했다. 애플의 아이폰OS는 18.2%였고, 노키아의 심비안은 0.6%에 불과했다.

VoD는 도입 후 약 3년 만에 대여용 DVD시장을 대체했다. 창립 8년 만에 아마존은 반스앤노블Barnes & Noble보다 더 많은 책을 온라인에서 판매했다. 2004년 미국 가정의 약 90%가 유선전화기를 가지고 있었으나 2014년에는 그 비율이 50%를 살짝 넘는 정도에 불과했다. 반면 휴대전화 서비스에만 의존하는 가구가 45%에 가까워졌다.

예측은 본질적으로 항상 어렵지만 특히 기술 및 비즈니스 모델 동향에 대한 예측이 어려운 이유는 다음의 세 가지다.

첫째, 내가 '시스템 문제'라고 부르는 것 때문이다. 대부분의 기술은 연결되어 발전한다. 기술은 복잡한 시스템의 일부다. 기술의 경제적 생존 가능성은 여러 가지 보완 기술과 경제적 힘의 상호작용에 달려 있어 모든 기술은 불확실성을 가지고 있다. 복잡한 시스템의 성능은 비선형 방식으로 발전한다. 변곡점에서는 여러 요소의 영향을 받기 때문에 특히 예상하기 더욱 어렵다. 예를 들어 향후 10년간 전기자동차의 가능성을 예측하려면 배터리 기술(그 자체로도 매우 복잡한)의 추세, 전기 모터의 발전, 차량 중량에 영향을 주는 재료, 연료기술의 발전, 가스와 전기 비용, 미래 정부 정책 및 미래의 고객 선호도를 포함해 그 외에도 다양한 요소를 고려해야 한다.

이러한 상호의존성은 비즈니스 모델 혁신에서도 나타난다. 넷플릭스는 비디오 저장 기술이 부피가 큰 VHS 카세트에서 저렴한 DVD로 바뀌었기에 생존할 수 있었다. 이후 디스플레이 기술과 그래픽 회로의 발전 덕분에 TV 화면은 점점 커지고 선명해졌다. 이에 따라 집에서 영화를 감상하는 사람이 늘어났고, 이런 수요 증가는 넷플릭스의 월 정액제 모델에 완벽하게 부합했다. 이 모두가 지금이야 쉽게 예측 가능해보이지만, 당시로서는 그렇지 않았다. 실제로 넷플릭스의 초기 비즈니스 모델에는 월 정액제가 없었다. 블록버스터처럼 한 편당 대여 가격이 있었을 뿐이다. 그러나 시장의 냉담한 반응을 겪은 후 구독 모델로 전환한 것이다.

둘째, '현재 고객 선호' 때문이다. 기업 혁신에 대한 교과서적인 답은 비전을 가진 리더가 충족되지 않고 있는 니즈를 '인식'하고 이를 충족시키기 위한 획기적인 혁신을 하는 것이다. 그러나 현실은 복잡하다. 고객의 요구와 선호도는 그렇게 정확히 알 수 있는 것이 아니다. 우리는 결코 상상조차 하지 못했던 것을 본 후에야 우리가 원하는 것이 무엇이었는지를 깨닫기도 한다. 이는 존재하지 않는 니즈에 대한 시장의 요구를 파악하기가 그만큼 어렵다는 의미다.

인텔 또한 세계 경제를 변화시키고 디지털 시대의 거인으로 변신할 잠재력을 고민하면서 마이크로프로세서를 개발한 것은 아니다. 1969년, 일본의 계산기 기업이었던 부시콤Bussicom은 새로운 계산기에 들어갈 12개의 집적회로 세트를 설계할 수 있는지 인텔에 문의했다. 인텔의 엔지니어 테드 호프Ted Hoff는 12개 칩 모두를 하나의 칩에 결합한다는 아이디어를 떠올렸다. 오늘날 우리가 '마이크로프로세서'라 부르는 것이다. 그러나 인텔이 이 새로운 발명품의 무궁무진한 가능성을 즉각 이해한 것은 아니다. 실제로 원래 마이크로프로세서에 대한 권리는 부시콤에 있었다. 인텔이 어마어마한 돈이 된 이 기술을 구입한 것은 한참 뒤였다. 심지어 기술을 구입한 당시에도 인텔은 마이크로프로세서의 잠재력을 완전히 이해하지는 못했다. 당시 마이크로프로세서의 사용은 매우 제한적으로 보였기 때문이다.

기존 메인 프레임 컴퓨터나 미니컴퓨터에 사용되던 기존의 멀티 칩 모듈과 비교해 성능이 떨어졌다. PC 시장은 아직 만들어지기도 전이었다. 최초의 PC가 시장에 출시됐을 때, '무어의 법칙'으로 유명한 인텔의 고든 무어Gordon Moore조차도 그 잠재력을 제대로 보지 못했다. 그는 가정용 컴퓨터가 그저 '주부들이 조리법이나 저장하는' 수단 정도로 사용될 것이라 생각했다. 그렇다고 절대로 인텔이 무능하다는 이야기는 아니다. 마이크로프로세서의 가장 큰 시장은 당시 존재하지도 않았고, 존재하지도 않는 시장을 예측하기란 사실상 불가능하니까. 당시 누구도 오늘날처럼 우리에게 PC가 필요하게 될 거라는 사실을 깨닫지 못했다. 고객은 자신이 무엇을 원하는지 잘 모르는 경우가 많을 뿐만 아니라 쉽게 마음을 바꾸기도 하니까.

셋째, 신기술이 얼마나 빠르게 성공할 수 있는가는 신기술의 개발 속도만이 아니라 그 기술이 대체하려 하는 기술의 붕괴 속도와도 연관이 있다. 오랜 시간 존재해온 기술은 '고갈될 기름과 같다'고 한다. '새로운' 기술이 나타나면 기존 기술의 붕괴 속도는 빨라진다. 그러나 브리검영 대학교Brigham Young University 댄 스노Dan Snow 박사의 연구 결과에 따르면, 오래된 기술은 오히려 파괴적 혁신에 직면하면 더 발전하고 개선된다. 예를 들어, 카뷰레터는 1980년대 초반 전자식 연료 분사가 대량으로 도입된 후에도 지속적으로 개선됐다. 전자식 연료 분사의 일부 요소를 카뷰레터 설계에 도입한 결과였다.

내가 하려는 말은 기술이나 비즈니스 모델의 위협이나 불길한 예측을 무시하라는 것이 아니다. 그것은 근시안적인 생각이며 유용하지도 않다. 기업은 급격한 기술 변화와 파괴적인 비즈니스 모델 혁신에 의해 파괴된다. 그러니 잠재적인 위협에 대처하기 위해 섬세한 균형감각을 갖춰야 한다. 지금 당장 큰 위협처럼 보이지 않는 것이 보완 기술이나 규제 또는 시장에서의 예기치 못한 변화로 인해 순식간에 큰 위협이 될 수도 있다. 또 반대로 변화와 위협 이후에도 지속적인 경제성을 지닐 수 있을 기존의 기술과 비즈니스 모델을 너무 일찍 포기하지 않는 것도 중요하다. 기존의 강력한 지위를 너무 일찍 포기하면 너무 늦게 버리는 것만큼이나 비싼 대가를 치러야 할 수도 있다. 단, 레이더의 경고가 실제보다 훨씬 과장되어 보일 수 있음을 알고 경계해야 한다.

가정 2: 반짝이는 모든 것이 금이다

일종의 테스트를 해보자. 위에서 검토한 기술 또는 비즈니스 모델 예측에 대한 모든 이야기는 없었던 것으로 치자. 당신은 미래를 완벽하게 예측할 수 있다. 그리고 1983년, 당신이 코닥의 CEO라고 가정해보자. 당신의 선견지명으로 디지털 이미징 시장의 미래를 완벽하게 볼 수 있다. 얼마나 빨리 향상될지 알고 있고 또 필요한 모든 보완 기술의 향상 속도도 알고 있다. 당신은 모든 경쟁자의 투자 상태도 안다. 다른 품질의 이미지를 사용할 수 있는 날짜도 알고 있고 그 가격도 알고 있다. 심지어 당신은 핵심 필름 사업이 초래할 많은 일들을 다 볼 수 있다.

아마도 바로 지금이 선점을 위한 타이밍이라 여기게 되리라. 우선 필름 산업을 포기하고 디지털에 미래를 걸고 나아갈 것이다. 그런데 내달리기 전에 생각해봐야 할 또 다른 가정이 하나 있다. 지금부터 집중할 새로운 디지털 이미징 사업이 최소한 기존 사업 영역인 필름 사업만큼의 수익이 돼야 한다는 것이다. 그러나 신기술이 기존 기술과 같은 수익을 제공할 것이라는 보장은 없다.

디지털 이미징 사례는 실제로 기술 변화가 비즈니스의 수익 잠재력을 크게 감소시킨 사례다. 우리는 코닥이 전통적인 비즈니스의 성공에 도취해 새로운 디지털 기술 도입이 늦어진 탓에 시장에서 도태한 것으로 알고 있다. 이론상으로는 맞다. 코닥은 시장을 선점하지 못했기 때문에 실패했다. 그러나 나의 하버드 대학교 동료인 윌리 시Willy Shih 교수는 최근 연구를 통해 이 주장을 강력하게 반박한다. 윌리는 1997년 코닥에서 임원으로 일했기 때문에 코닥의 이야기를 누구보다 잘 안다. 윌리의 주장에 따르면 코닥은 결코 디지털에 대한 대응에 느리지 않았다. 오히려 추세를 주의 깊게 추적하고 센서 같은 중요한 디지털 기술에 집중적으로 투자했다. 그러나 문제는 디지털 기술의 수익 잠재력을 완전히 파괴하는 방식으로 카메라 시장이 변화했기 때문에 코닥이 실패한 것이다. 디지털 사진은 여러 공급업체가 제공하는 범용 반도체 기술에 기반을 두고 있었다. "부품을 판매하는 공급업체는 상대가 누구든 돈만 지불하면 기술을 제공했기에 진입 장벽이 거의 없었다. 또한 디지털 기술은 모듈 식이다. 우수한 기술자라면 모든 빌딩 블록Building Block을 구입해 카메라를 조립할 수 있었다." 그렇게 낮은 진입 장벽으로 인해 고프로GoPro 같은 다수의 소규모 창업 기업이 시장에 진입할 수 있었다. 또한 핵심 기술의 폭넓은 활용 가능성으로 인해 디지털 사진을 차별화하기가 어려웠다. 제품 진입 장벽이 낮고 제품 차별화 기회가 낮으면 이익을 얻을 기회 역시 매우 낮아진다. 아무도 거들떠보지 않는 시장을 선점하는 것은 결코 좋은 전략이 아니다.

새로운 기술 및 비즈니스 모델이 시장 참여자에게 반드시 매력적인 이익 기회를 제공한다는 보장은 없다. 시장에서 수익 실현 가능성은 진입 장벽, 지적재산권, 차별화 기회, 공급업체, 구매자의 협상력, 대체품 사용 가능성 같은 일련의 구조적 요인에 의해 결정된다. 어떤 상황에서는 기술 및 비즈니스 모델 혁신이 이러한 요인에 영향을 끼치며 전반적인 수익 가능성을 높이기도 한다. 강력한 수확체증(생산요소의 투입량 대비 생산량이 크게 증가하는 것-역자 주)의 결과 구글은 인터넷 검색·광고에서 높은 수익성을 유지할 수 있었다. 페이스북은 소셜미디어에 내재된 긍정적인 네트워크 경제를 이용하여 시장에서 지배적인 지위를 유지한다.

그러나 디지털 사진의 경우처럼 혁신은 때론 '경기장을 평평하게' 하고 결과적으로 모두가 수익을 내기 매우 힘든 상황을 만들 수도 있다. 앞서 이야기한 PC 시장도 그런 예다. PC 시장은 분명히 사회를 위해 많은 가치를 창출하고 마이크로소프트와 인텔에게 많은 이익을 가져다주었지만, 정작 PC를 판매한 기업들에게는 그렇지 않았다.

신문 시장도 좋은 예다. 지난 20년 동안 신문 역시 디지털 형태로의 변화를 시도했다. 인쇄물 시장은 죽어가고 있고, 신문사가 생존할 유일한 방법은 디지털 시장을 선점하는 것이었다. 하지만 앞서 말했듯이 점점 줄어드는 추세이긴 해도 미국에는 여전히 큰 인쇄물 시장이 있다. 그리고 연구에 따르면 디지털 신문 시장은 아직 전통적인 신문 시장만큼 수익성이 높지 않다.

새로운 기술이나 비즈니스 모델을 얼마나 적극적으로 받아들일 것인지 결정할 때, '얼마나 팔 수 있을까'뿐만 아니라 '얼마나 이익을 남길 수 있을까'도 중요하다. 많이 팔 수는 있지만 그게 반드시 이익으로 전환되지는 않는다. 월마트를 생각해보자. 오랫동안 성공을 거둔 이 소매계의 거물은 지금 온라인 소매업체들과 아마존의 위협을 받고 있다. 최근 몇 년 동안 수익 성장은 정체됐고, 이제 시가 총액에서는 아마존이 월마트의 두 배에 달한다. 그러나 월마트의 상황을 좀 다른 관점으로 생각해보자. 2016년 월마트의 매출 4,820억 달러(약 592조3,780억 원) 중 영업이익은 195억 달러(약 23조 9,660억 원)에 이르렀다. 이는 매출의 약 4%다. 같은 해 아마존의 소매 사업은 1,230억 달러(약 151조1,670억 원)의 매출 중 영업이익이 0.8%인 약 10억 달러(약 1조2,290억 원)에 불과해 해당 시장에서 수익성이 그리 높지 않았다. 이런 상황은 월마트와 같은 전통적인(여전히 수익성 있는) 소매상에게는 심각한 딜레마가 된다. 온라인 채널은 무시할 수 없다. 기존 비즈니스를 심각하게 위협하기 때문이다. 그러나 수익성은 그리 높지 않고 앞으로도 그럴 수도 있다.

차량 소유 개념을 쓸모없게 만들고 있는 승용차 공유 플랫폼으로 인해 혼란을 느끼는 자동차 기업도 비슷한 상황에 놓였다. 많은 기업이 이 위협을 매우 진중하게 받아들이고 있다. 예를 들어, 아우디와 지엠GM, General Motors은 자체 차량공유 서비스를 실험하고 있다. 그러나 이 공유 플랫폼들이 과연 이들에게 수익을 안겨줄 수 있을까? 지금까지 이들의 시도는 대대적인 홍보에도 불구하고 수익성이 없다. 그렇기에 우버의 주요 경쟁 업체인 리프트는 투자자들에게 연간 6억 달러(약 7,374억 원) 이상의 손실은 없을 것이라 약속했다. 물론 그렇다고 해서 이 기업들이 미래에도 수익을 내지 못할 것이라고 단언하는 것은 아니다. 투자자들은 자신들이 원하는 대로 배팅한 것 같다. 그러나 이들에게도 또 이 시장에 뛰어 들어간 자동차 기업에게도 절대적인 보장이란 없다.

결국 변화에 대처하려는 기업은 딜레마에 직면하게 된다. 현재 기술이나 비즈니스 모델을 고수하면 기업 자체가 사라질 위험이 있다. 코닥이 자신들의 성공에 머물렀다면 그 시장은 말라 죽어 버렸을 것이다. 그러나 그들이 공격적으로 움직였다면 그들은 1센트의 수익을 올리기 위해 1달러를 소비하며 죽어갔을 수도 있다. 어느 쪽도 매력적이지는 않다.

이 딜레마를 어떻게 헤쳐 나갈 것인가에 대한 고민이 다음에서 다룰 이야기다.

어떻게 위험을 찾아낼 것인가

잠재적인 기술 및 비즈니스 모델의 위협에 대한 대처 방법을 결정할 때 고려해야 할 두 가지 주요 요인이 있다. 첫 번째는 위협이 현재 비즈니스를 파괴할 것인지, 위험이 얼마나 될지, 어떤 시점에서 발생할지 등 위협의 본질에 대한 것이다. 두 번째는 신기술이나 비즈니스 모델을 채택한다면 진짜 이익이 날지, 즉 수익성에 대한 고민이다. 각각은 심층 분석과 냉철한 분석, 합리적인 판단이 필요하다.

기술 예측이 어렵다고 해서 예견도 할 수 없다는 것은 아니다. 불확실성은 시간 기준에 따라 달라진다. 자는 동안 고속도로를 주행하는 완전자율주행자동차가 내년에 실현 가능할까? 그럴 가능성은 희박하다. 그렇다면 향후 50년 내에는? 내년보다는 훨씬 가능성이 높아질 것이다. 그렇기에 분석을 위한 시간 범위를 선택하는 것이 먼저다. 즉, 위협에 대응하는 데 얼마나 걸릴지를 우선 파악하고, 이를 토대로 발생가능한 일들을 분석해봐야 한다. 보잉이나 제약 기업처럼 개발주기가 긴 제품을 만드는 산업에 종사하고 있다면 기술을 평가하기 위해서 좀 더 멀리 볼 필요가 있다. 10년 뒤의 위협에 대한 준비를 지금부터 해야 할지도 모른다. 반면 제품 개발주기가 불과 몇 달에 불과한 앱 개발자라면 훨씬 짧은 미래에 대비해야 할 것이다. 위협은 훨씬 더 가까이에 있기 때문이다.

이렇듯 합리적인 시간 범위가 설정되면 다양한 시나리오를 그려봄으로써 많은 유형의 기술 및 경제 분석을 수행할 수 있다. 전문가와의 대화, 특허 데이터 분석, 과학적 탐구, 자신의 연구 수행, 믿을 수 있는 파트너들을 통해 얻은 경쟁력 있는 정보 및 기술에 대한 세부 지식 등을 활용하는 것이다. 그리고 기술 또는 비즈니스 모델 동향을 예측하기 어렵게 만드는 3가지 요인을 살펴보며 스스로 아래와 같은 질문을 해보아야 한다.

1. 위협에 대응할 수 있는 보완 기술이 있는가? 기술의 현재 상태는? 극복해야 할 중요한 기술 병목 상황Critical Technology Bottlenecks은 무엇인가?
2. 고객의 행동과 취향에 대해 우리가 정확히 파악하고 있는 것은 무엇인가? 또 이러한 변화들이 실제 경제적 위협으로 나타날 수 있는 징후는

무엇인가?

3. 기존 기술에 얼마나 많은 개선 가능성이 남아 있는가? 현 기술은 얼마나 생존 가능한가?

이러한 분석의 목표는 정확한 예측을 하는 것이 아니라 특정 기술의 위협 수준에 대한 감을 얻는 것이다. 위협이 임박했거나 비즈니스에 영향을 미칠 가능성이 높은가? 또는 아직 시기적으로 거리가 있고 비즈니스에 영향을 미칠 가능성이 상대적으로 낮은가? 경영진이 이러한 쟁점을 논의하는 과정은 매우 중요하다.

다음으로는 불확실한 상황에서 과연 합리적인 이익을 얻을 수 있는지 여부를 평가하는 것이다. 예를 들어 자동차 기업이 공유 경제에 대해 고민하는 경우, 자동차 공유 산업에서의 잠재적인 수익성을 분석해야 한다. 이 질문에 답하려면 기술 또는 비즈니스 모델 변경이 근본적인 산업 요소들에 미치는 영향을 검토해야 한다. 진입 장벽, 지적재산권 보호, 차별화 능력, 공급자 및 대용품의 이용 가능성, 규모의 경제, 네트워크 효과, 근본적인 비용 요인 등이 포함될 수 있다. 변화가 가치사슬 중 정확히 어느 부분에 영향을 미치게 될 것인지, 새로운 시나리오 하에서 수익을 얻기 위해서는 어떤 포지션에 위치해야 할지 생각해봐야 한다. 또한 새로운 기술 환경에서 경쟁할 수 있는 능력을 현실적으로 평가해야 한다. 경우에 따라 문제의 기술적 변화

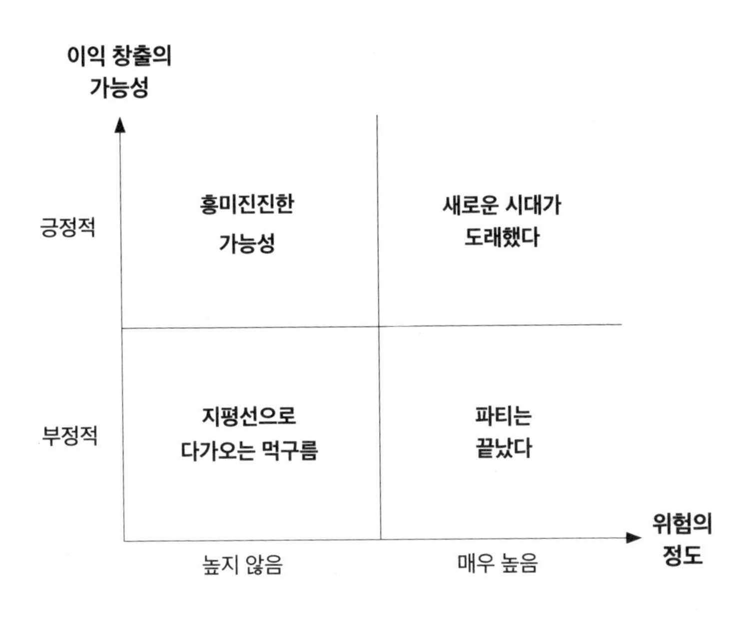

| 잠재적인 문제에 대응하는 지도 |

가 기업의 전문 기술이나 경험 기반과 너무 거리가 멀어 필수 역량을 개발하는 것이 실질적으로 불가능할 수도 있다. 전통적인 타자기 시장에서 지배적인 역할을 했던 스미스 코로나Smith Corona가 맞닥뜨린 상황이 좋은 예다. PC가 전통적인 전자 기계식 타자기 시장을 완전히 대체했지만, 그렇다고 스미스 코로나가 PC 제조사가 되는 것은 현실적으로 불가능한 옵션이었다.

이러한 질문들을 통해 생각해보면 대안을 평가하는 데 도움이 된다. 위의 표는 우리가 앞서 논의한 두 가지 주요 요인인 '위협의 본질'과 '수익 잠재력'을 간단하게 살펴볼 수 있는 프레임워크다. 이를 활용해 기술 또는 비즈니스 모델 위협에 대한 잠재적 대응책을 확인해보면 공격적으로 움직여야 할지 또는 보수적으로 접근해야 할지를 판단해 볼 수 있을 것이다.

새로운 시대가 도래했다

선점의 경우부터 시작해보자. 문제의 위협이 비즈니스에 영향을 미칠 가능성이 상대적으로 크고 선점을 통한 이익이 현재 비즈니스와 비슷하거나 더 크면 적극적으로 새로운 기술 또는 비즈니스 모델로 전환하는 것이 좋다. 변화가 일어나고 있지만 적응하면 여전히 수익을 낼 수 있는 경우다.

2000년 초, IBM이 리눅스의 오픈소스 위협을 맞닥뜨렸을 때 이런 딜레마를 어떻게 처리했는지 살펴보자. 대학원생 리누스 토발즈Linus Torvalds가 처음 기숙사에서 오픈소스 운영체제인 리눅스를 만들었을 때 아무도 관심을 기울이지 않았다. 리눅스는 기존 독점기업의 운영체제와는 전혀 다른, 그저 취미로 만든 것처럼 보였다. 또한 오픈소스인 만큼 무료였을 뿐만 아니라 사용자들이 소스코드를 수정하고 개선할 수 있었다. 얼마 지나지 않아 독립 개발자 커뮤니티에서 새로운 리눅스 코드가 나타났고 갈수록 기능이 빠르게 향상됐다. 확장성, 안정성 및 보안성이 일정 수준에 이르자 많은 기업이 자신들의 서버에 리눅스를 설치해 비즈니스 응용 프로그램을 실행하기 시작했다. IBM에게는 결코 좋은 소식이 아니었다. IBM은 자신들의 서버와 함께 제공하는 운영체제 유닉스UNIX를 보유하고 있었고, 이를 통해 많은 수입을 얻고 있었기 때문이다.

IBM에게는 두 가지 선택지가 있었다. 유닉스를 개선하고, 가격을 낮추고, 서비스를 개선하는 등 리눅스에 맞서 싸우는 것, 아니면 리눅스를 끌어안는 것이었다. 물론 후자의 경우 자신들의 유닉스 시스템은 더욱 빨리 붕괴할 것이다.

이 사례에서 위협은 매우 현실적이었고 빠르게 다가왔다. 리눅스가 시장의 판도를 바꿔놓을 것이라는 데는 의심의 여지가 없었다. 그렇다면 수익성은? 리눅스의 무료 정책은 IBM의 수익성 높은 비즈니스 모델과 달랐다. IBM이 리눅스를 채택한다면 자신들의 수익모델을 상황에 맞춰 조정할 필요가 있었다. IBM은 유닉스 운영체제에 대한 라이선스를 포기하는 대신 운영체제에서 실행되는 소프트웨어인 '미들웨어'와 그 외 응용 프로그램 및 기타 서비스를 판매해 이익을 창출하는 편이 낫다고 판단했다. 리눅스로의 전환은 실제로 IBM에게 경제적으로 매력적이었다. 유닉스 라이선스를 포기하는 데 따른 매출 감소가 있었지만, 서버와 미들웨어 및 응용 프로그램 소프트웨어, 서비스의 추가 판매로 이를 보완해냈다.

넷플릭스가 주력사업을 전통적인 DVD 대여 사업에서 VoD로 이동한 것도 새로운 시대가 도래한 시점에서 선점을 한 예다. VoD는 2005년 등장한 기술이다. 당시 영화를 다운로드하는 데는 약 한 시간이 걸렸고, 컴퓨터에서만 볼 수 있었다(당시 텔레비전은 인터넷과 호환이 되지 않았다). 그러나 시장에서는 이러한 기술적 한계에도 불구하고 현재의 문제들은 반드시 극복될 것이라는 믿음이 있었다. 애플은 TV를 인터넷에 연결하고 온라인에서 몇 편의 영화를 볼 수 있게 하는 애플TV를 선보였다. 광내역 인터넷이 확대되기 시작했다. 저장 장치들은 점점 빠르게 저렴해졌다. 넷플릭스는 VoD가 대세임을 깨달았고, 곧 기존의 DVD 대여 시장을 대체할 것이라 믿었다. 하지만 VoD가 수익을 창출할 수 있을지는 물음표였다. 그러나 결국 많은 기업(아마존, 애플, 구글, 훌루 등)이 VoD 사업에 뛰어들었다.

결과적으로 VoD의 핵심은 독점 콘텐츠였다. 고객들은 다른 곳에서 이용할 수 없는 콘텐츠를 위해 구독료를 지불했다. 독점적인 콘텐츠를 확보하거나 제작하는 데는 많은 비용이 들기 때문에 넷플릭스의 기업 규모와 대규모 구독자 기반은 VoD 시장에서 엄청난 경쟁우위 요소가 됐다. 넷플릭스는 VoD의 시장에서도 선점을 통해 성공을 이어가고 있는 것이다.

파티는 끝났다

최악의 시나리오는 핵심 기술 및 사업이 더 이상 기능을 하지 못할 뿐만 아니라 새로운 환경에서 이익을 낼 방법을 찾지 못하는 상황이다. 코닥이 그런 경우였다. 영화 「에니 홀Annie Hall」의 대학 졸업식 연설 장면에서는 "인류는 역사상 그 어느 때보다 힘든 기로에 서 있습니다. 한 길은 절망의 길, 또 다른 길은 멸종의 길입니다. 우리가 보다 올바른 선택을 할 수 있도록 기도합시다."라는 대사가 나온다. 이런 최악의 상황에 직면하게 된다면 우리는 무엇을 해야 할까?

여기에는 두 가지 기본적인 전략이 있다. 하나는 능력을 중심으로 대처하는 방법이다. 이익을 얻을 기회가 거의 없는 시장에서 경쟁하기보다는 기존 기술로 경쟁할 수 있는 새로운 시장을 찾아보는 것이다. 코닥은 자신들의 고유한 강점이었던 특수 화학 및 재료 사업을 활용할 수 있는 시장으로 선회했다. 이는 후지가 성공적으로 진행했던 전략이기도 하다. 스미스 코로나는 열전사 프린터에 사용되는 감열 리본 생산업체로 돌아섰다. 이는 리포지셔닝Repositioning 전략으로, 한 비즈니스에서 다른 비즈니스로 자원을 재배치하거나 새로운 부문의 사업을 시작하는 다양한 기업들이 구현하고 있다.

선택 가능한 두 번째 전략은 '방어와 확장'이다. 이 전략은 아직 기술 우위를 점하고 있고 여전히 시장에서 수익을 낼 수 있는 하위 부문을 찾아내 비용을 절감함으로써 쇠퇴를 최대한 연장하는 것이다. 이 전략을 통해 마지막 숨통을 어느 정도 연장할 수 있다. 하지만 이는 그저 생명 연장일 뿐 결코 매력적이지 않고, 성장을 위한 처방은 아니다.

흥미진진한 가능성과 지평선으로 다가오는 먹구름

문제의 위협이나 기회가 실현될 것인지 정말로 알 수 없다면 어떻게 해야 할까? 과거에 있었던 모든 혼란은 사실 이런 경우에서 시작된 것이다. 많은 기업이 이 단계에서 아무것도 하지 않는데, 이는 소중한 기회를 놓치는 것과 같다. 무언가를 불가피하게 해야 할 때가 왔다면, 실제로는 너무 늦은 경우가 많다.

미국에서 한때 가장 큰 증기기관차 제조업체였던 볼드윈 로코모티브Baldwin Locomotive가 이런 실수를 저질렀다. 디젤 엔진은 19세기 후반에 발명되어 1912년 초부터 기관차에 사용되기 시작했지만, 무게에 비해 성능이 좋지 않아 상업적으로 성공하지는 못했다. 이에 1920년대까지 생산된 기관차는 불과 몇 대에 불과했다. 이 단계에서 볼드윈이 보기에 디젤 기관차는 그저 모호한 위협에 불과했다. 변화가 감지되고는 있었지만 상업적으로 위협적이지 않았기 때문이다. 사실 이 시점은 볼드윈에게 있어 증기기관에 도전할 정도로 발전할 수 있을지, 보다 경쟁력 있는 비용으로 만들 수 있을지, 향후 철도 운영자가 채택할 가능성이 있을지, 현재보다 충분히 향상이 가능할지 등의 질문을 통해 새로운 기술을 탐색하고 참여할 수 있는 이상적인 시기였다. 그러나 볼드윈은 그렇게 하지 않았다. 실제로 1930년에 사무엘 보클린Samuel Vauclain 볼드윈 회장은 "적어도 1980년까지는 증기기관차가 우위에 있을 것"이라 말하고 다녔다.

미래의 기술 진보를 예측하는 것이 매우 어렵다는 사실을 알고 있다면 '올인' 전략은 매우 위험하다. 자신의 기술 예측이 100% 옳을 것이라는 가정보다는 위험을 회피하고 또 다른 대안을 만드는 것이 좀 더 나은 전략일 수 있다. 예를 들면 '디젤에 적게라도 R&D 투자하는' 식이다. 실제로 볼드윈의 가장 큰 경쟁자였던 알코ALCO는 그렇게 했다. 그들은 1920년대 초 디젤 기술에 투자하기 시작했다. 결국 GE가 디젤 기관차 산업을 장악하게 됐지만, 알코는 1964년 인수될 때까지 살아남았다. 반면 볼드윈은 1935년 파산 신청을 했다.

높은 불확실성 앞에서 가장 좋은 전략은 미래의 위험을 피할 수 있는 대안을 만드는 것이다. 예를 들어 신기술을 개발하는 기업에 소규모 투자를 하는 경우가 여기에 해당된다. 또는 새로운 비즈니스 모델을 실험하는 것도 의미가 있다. 혼란이 현실화되어 수명이 다한 산업군에 속하게 되면 기존 기술이 최대한 경쟁력을 발휘할 수 있는 새로운 시장에 진입하고, 또 가능하다면 빠르게 시작하는 것이 특히 중요하다. 다시 한번 말하지만, 현재의 핵심 시장을 포기하라는 말이 아니다. 다만 대응 불가능할 정도의 잠재적인 혼란에 대비해 새로운 대안에 투자하는 것은 현명한 일이라는 뜻이다.

2부

혁신 시스템 설계

Designing the Innovation System

애플이나 구글의 모델이 꼭 모든 기업에 적합한 것은 아니다. 혁신을 위한 창조적인 능력은 맞춤형에 가깝다. 리더들의 과제는 자신의 기업에 최적화된 방법을 설계하고 이를 지원하는 것이다. 이것이 2부에서 말하고자 하는 핵심이다.
조직의 혁신 역량은 사람, 프로세스, 구조와 행동에 대한 선택 및 실행 체계에 뿌리를 두고 있다. 혁신을 위한 적절한 기능을 구축하는 것은 시스템 설계 문제다. 리더는 조직 엔지니어의 역할을 맡고 있다. 훌륭한 시스템 엔지니어는 시스템 구성 요소와 그 구성 요소들의 상호작용 방식 및 상충관계를 정확히 이해하는 사람이다. 동일한 원칙이 혁신 시스템 설계에도 적용된다. 혁신 시스템은 새롭고 가치 있는 문제와 해결책을 '탐색'하여 다양한 아이디어 흐름을 일관된 비즈니스 개념으로 '통합'하고 기회 사이에서 최적의 답을 '선택'하는 기본 작업을 수행하는 것이다. 2부의 각 장에서는 위 세 가지 과제에 대해 설명하겠다.

5장

홈코트 밖에서의 모험

혼다에게 생긴 일

2015년 12월 28일, 미치마사 후지노Michimasa Fujino는 노스캐롤라이나주 그린스 보로 공항에서 번쩍이는 백색 개인 제트기 앞에 서 있었다. 그는 10년도 더 전에 주문한 유타주 세다시티Cedar City의 한 사업주에게 새 비행기를 배달하는 준비 중이었다. 이 순간이 후지노에게는 두 가지 측면에서 의미가 있었다. 첫째, 이것은 자동차와 오토바이 회사로 잘 알려진 혼다Honda의 자회사 혼다 에어크레프트 컴퍼니Honda Aircraft Company의 첫 제트기 배송이었다. 혼다제트Honda Jet는 홈코트 밖에서 혁신하기 위해 혼다가 수행한 30년 작업의 결과물이었다. 둘째, 두 엔진이 날개 위에 장착된 혼다제트는 다른 비행기와는 달랐다. 물론 미학적인 관점을 말하는 게 아니다. 이 디자인은 소형 제트기의 고질적인 문제를 해결한 매우 중요한 결과물이었다. 일반적으로 소형 제트기는 비행기 몸체(동체) 뒤쪽에 엔진을 장착한다. 그러나 그런 디자인은 기체를 통해 구조 지지대를 통과시켜야 하기 때문에 실내 공간이 좁아질 수밖에 없다. 그리고 승객의 머리 바로 옆에 엔진이 있기 때문에 소음에 따른 불편이 크다. 혼다는 날개 위에 엔진을 장착함으로써 실내가 훨씬 더 넓고 조용한 제트기를 만들었다.

혼다제트는 창의적 혁신의 전형이다. 매우 크고 성공적인 기업임에도 안전한 홈코트를 벗어나 모험을 했을 뿐만 아니라 그 과정에서 혁신적인 제품을 만들어냈다. 날개 위에 엔진을 다는 디자인은 혼다제트 이전의 항공 엔지니어 대부분이 공기역학의 기본 원리에 반한다고 생각한 혁명적인 설계였다. 후지노가 1997년에 이 디자인을 처음으로 제안했을 때, 그의 상사는 자신이 지금까지 본 '최악의 엔지니어링'이라고 했다. 보잉의 엔지니어들은 너무도 부정적이었던 나머지 엄청난 실패로 수백만 달러짜리 시설을 손상시킬 것을 걱정해 풍동風洞, Wind Tunnel에서의 시제품 시험조차 거부했다. 2017년 상반기에 혼다제트가 경량 제트기 시장에서 가장 많이 판매되는 비행기가 될 것이라고 전망한 사람은 당시에는 거의 없었다. 혼다 에어크레프트 컴퍼니의 CEO인 미치마사 후지노는 현재 증가하는 수요를 충족시키기 위해 생산량을 늘리는 데 집중하고 있다.

혼다가 이런 위업을 성취한 방법이 이번 장의 핵심 주제다. 홈코트 밖에서의 혁신은 알려지지 않은 지형을 기꺼이 '탐색'할 수 있는 능력과 의지가 있어야 한다. 탐색은 중요한 문제를 확인하고 신뢰할 만한 해결책을 모색하는 과정으로, 기업이 실행 가능한 혁신의 방향을 결정한다. 또한 해결할 가치가 있는 문제와 솔루션에 대한 가설을 만들고 조직의 레이더 화면에서 발생하는 문제와 잠재적 해결책을 구체화한다. '날개 위'라는 아이디어가 효과적일 수도 있다는 가설을 기꺼이 받아들인 것이야말로 탐색이 혁신의 전제조건이라는 증거다.

조직이 탐색의 범위를 좁혀버리면 진짜로 흥미로운 문제와 새로운 솔루션은 대개 토론의 장에 올라오지도 못한 채 사라진다. 너무 좁은 시각과 지나친 검열은 탐색 과정에서 좋지 않다. 그 어떤 리더도 "정말 흥미로운 아이디어에 눈을 감아라. 우리가 항상 해왔던 것과 똑같은 일에만 집중하자"고 하지는 않는다.

나는 직원들이 상상력을 발휘하지 못하게 하려는 리더를 직접 만난 적은 없다. 문제는 많은 고위 리더들이 자신의 조직이 어떻게 새로운 혁신 아이디어를 모색하는지를 실제로 알지는 못한다는 사실이다. 그들은 혁신적인 아이디어에 조직을 노출시키기 위한 탐색 프로세스를 설계하지 않는다. 기업의 홈코트 밖에서의 탐색은 결코 저절로 이루어질 수 없다. 대부분의 프로세스와 마찬가지로 탐색도 시간이 지나다 보면 익숙한 지형에 초점을 맞추게 되는 경향이 있다. 일상적 혁신이라면 모를까, 홈코트 밖에서의 혁신을 원한다면 탐색 프로세스에 도전해야 한다.

새로운 지형을 탐색하기 위해 조직 탐색 프로세스를 설계하는 방법을 알아보자.

숨겨진 고객에 주목하라

가벼우면서도 내구성이 뛰어나고 열에도 강해 방탄조끼부터 서핑보드와 풍력 터빈에 이르는 다양한 제품의 소재로 사용되는 케블라Kevlar는 듀퐁Du Pont의 개발자인 스테파니 큐렉Stephanie Kwoleck이 50년 전 발명했다. 듀퐁의 연구실에서는 연비가 더 우수한 자동차 타이어를 만드는 데 사용할 견고한 경량 섬유를 개발하는 중이었다. 당시 듀퐁은 바이어스 플라이 타이어(플라이들이 대각선으로 배열된 타이어-역자 주)에 사용되던 폴리에스테르의 최대 공급업체였다. 듀퐁은 많은 타이어 업체들이 보다 연비가 좋은 데다가 이미 유럽 시장을 장악하기 시작한 강철벨트형 래디얼steel belted radial로 전환함에 따라 자신들의 시장이 위협받고 있음을 인식했다. 듀퐁은 가솔린 부족 문제, 연료 효율이 좋은 자동차에 대한 수요 증가, 강철벨트형 래디얼 타이어 시장으로의 이동 등 시장 변화에 대한 선견지명이 있었다.

케블라는 우연히 발명된 소재다. 폴리머Polymers는 특정 섬유를 만드는 투명하고 점성이 높은 용액의 합성체다. 큐렉이 특정 폴리머로 작업하는 동안 우연히 어떤 용액이 생성됐는데, 보통 이런 용액은 섬유화될 수 없다는 생각에 버려지기 일쑤다. 하지만 큐렉은 이 용액을 실험해보기로 했다. 초기에 기술자는 기계가 손상될 것을 우려해 액체 폴리머 용액을 섬유로 변환하는 장치에서 이 용액을 시험하기를 거부했다. 그러나 결국 실험했고, 결과는 놀라웠다. 이 액체는 특정 섬유질을 만들었을 뿐만 아니라 이전 듀퐁이 테스트한 그 어떤 물질보다도 강했다. 이 섬유에서 케블라가 탄생했다.

처음에 듀퐁은 케블라가 타이어 시장에서 자신들의 문제를 해결해줄 것이라 믿었다. 이에 듀퐁은 타이어 기업이 테스트할 수 있도록 작은 샘플을 제조했다. 타이어 기업들의 피드백은 좋았지만 문제가 있었다. 타이어 사업은 마진이 낮은 사업인데, 케블라는 떠오르고 있던 강철벨트형 래디얼과 비교해 제조 단가가 높았던 것이다.

듀퐁은 프로세스를 개선하고 제조 시설을 확장했으며 비용을 낮추기 위해 수년간 많은 투자를 했다. 1980년 자동차 타이어에 필요한 케블라 사용량 전망을 토대로 듀퐁은 연간

4,500만 파운드(약 2,041만 킬로그램)의 생산 능력을 갖춘 공장 건설에 5억 달러(2020년 현재 가치로는 15억 달러, 약 1조8,435억 원)를 투입했다. 그러나 이 무렵, 자동차 타이어 제작사들은 케블라가 아닌 강철벨트형 래디얼을 사용하기로 결정했다. 철은 점점 저렴해졌고, 시속 200마일(약 시속 322킬로미터)로 주행하는 차에 들어가는 게 아니라면 성능에서는 큰 차이가 없었기 때문이다.

이대로 이야기가 끝난다면 케블라는 역사상 가장 큰 혁신 실패 사례 중 하나가 됐을 것이다. 그러나 이야기는 그렇게 끝나지 않았다.

듀퐁은 방탄조끼를 강화할 새로운 소재로서 케블라를 제안하는 제안서와 샘플을 미군에 보냈다. 미 육군의 검토 과정에서 듀퐁은 더 가볍고 시원한 재료를 찾기 위해 케블라를 여러 번 재설계했다. 실험 테스트에서 케블라는 38구경 총알을 막는 데 성공했다. 이 무렵 케블라에 관한 소식을 들은 연방형사정책연구원National Institute of Justice 레스터 슈만Lester Shuman이 케블라 방탄조끼를 전국 경찰들에게 보급하기 위한 캠페인을 시작했다. 결과적으로 방탄조끼가 채택되면서 미 정보기관을 포함한 연방 경찰 기관이 케블라로 만든 방탄조끼를 사용하기 시작했다.

방탄조끼의 성공은 듀퐁의 전환점이 됐다. '혹시 케블라를 활용 가능한 다른 제품은 없을까?' 이런 질문을 던지며 듀퐁은 새로운 제품과 시장을 체계적으로 탐구하고 테스트하기 위해 전용 제품 개발 및 시장 조사 조직을 설립했다.

당시 도전 범위는 꽤나 넓어 특정 산업에 초점을 두지 않았다. 유일한 임무는 케블라의 새로운 시장을 찾는 것이었다. 어떤 것도 배제하지 않았다. 심지어 발가락 부분이 마모되지 않는 양말 소재라는, 우스갯소리에 가까운 아이디어도 있었다.

이러한 노력의 결과로 30년 넘게 케블라는 광범위한 제품들로 확산됐다. 2011년까지 케블라에 대한 수요가 급격히 증가하면서 듀퐁은 생산능력을 확장하기 위해 추가로 5억 달러(약 6,145억 원)를 투자했다. 오늘날 케블라는 아이러니하게도 최초로 시도했던 자동차 타이어를 제외한 생활 도처에서 사용되고 있다.

케블라의 첫 번째 실패와 두 번째 성공 이야기는 탐색이 혁신에 어떻게 영향을 미치는지를 보여준다. 첫 번째 실패는 듀퐁이 타이어에 들어갈 대체 소재를 찾아 나선 이야기다. 듀퐁의 방향은 옳았다. 자신들의 가장 중요한 시장 중 하나였던 폴리에스테르를 대체할 소재를 찾는다는 '명확한 전략적 목표'에 따라 일을 진행했다. 향후 자동차 연비가 중요해질 것이라는 예측도 정확했다. 강철스틸형 래디얼 타이어와의 파괴적인 경쟁을 예견하고 그 대안을 찾기 위한 연구 프로그램을 적극적으로 출범했다. 비현실적인 부분은 없었다. 심지어 스스로의 함정에 빠져 있지도 않았다. 고객들과 대화했고, 그들이 원하는 형태의 시제품을 만들기도 했다. 그 과정에서 고객들이 케블라의 품질을 좋아하지만 비용을 낮춰야 할 필요가 있다는 사실도 알게 됐다. 그래서 비용 절감 노력도 했다. 모두가 매우 교과서적이었다. 그렇기에 어떤 면에서는 그들의 실패가 매우 당혹스럽게 보이기도 한다.

이제 탐색 활동을 좀 더 자세히 살펴보자. 뉴퐁의 탐색 노력은 매우 구체적인 문제, 즉 '폴리에스테르를 대체할 새로운 소재를 찾는 것'에 집중되어 있었다. 이러한 노력으로 케블라라는 잠재적인 해결책이 생겼다. 그러나 케블라는 기존의 수많은 문제에 대해서는 훌륭한 해결책이 될 수는 있었지만 정작 듀퐁이 해결해야 할 문제의 정답은 아니었다. 케블라는 타이어 소재로서는 오답에 가까웠다.

이때 듀퐁이 어떻게 탐색을 이어갔는지에 주목해야 한다. 만약 케블라의 활용 가능성을 한정해둔다면 듀퐁은 케블라를 이용해 각자의 문제를 해결할 수 있는 잠재적 고객들의 목소리를 들을 수 없었을 것이다. 하지만 다행히도 듀퐁에는 타이어 시장 밖, 방탄조끼 회사나 보호용 산업용 장비, 가전제품 회사 등에서 케블라의 잠재적인 가능성을 인지한 사람들이 있었다. 그래서 듀퐁은 케블라를 방탄조끼에 사용하는 방안과 관련해 미군에 테스트를 요청한 것이다.

케블라의 실패가 명확해지고, 다른 시장의 고객들에게 관심이 퍼지기 시작한 후에야 듀퐁은 혁신 문제를 다시 살펴보기 시작했다. 두 번째 이야기의 시작이다. 케블라의 진짜 혁신 이야기는 새로운 시장을 발견하고 숨겨진 고객을 찾는 것이었다.

듀퐁의 케블라 사례에는 문제를 발견하는 것과 해결책을 찾는 것 사이의 복잡한 상호작용이 드러난다. 이는 결코 선형적이지 않다. 첫 번째 이야기에서 듀퐁은 문제를 잘 정의했지만 해결책을 찾지 못했다. 두 번째 이야기에서는 반대로 해결책을 가지고 있었지만 이 해결책으로 풀어야 할 문제를 찾아야 했다.

그렇다면 둘 중 어떤 접근 방식이 좋은 것인지 궁금할 것이다. 하지만 정답은 없다. 추구하는 혁신 전략에 달려 있는 것이다. 일상적 혁신은 흔히 특정 고객 세그먼트 및 요구와 관련해 잘 정의된 문제들로 정리되어 있다. 기존의 기술 역량을 활용해 기존 비즈니스 모델로 시장에 진출하려는 기업이라면 이미 해결해야 할 핵심 문제를 잘 정의하고 있는 경우가 많다. 비교적 새로운 기술 환경에서도 문제가 잘 정의되어 있을 가능성이 높다. 전기자동차를 예로 들어 보자. 비교적 새로운 기술임에도 시장 진입을 위해 해결해야 할 중요한 문제들은 분명히 드러나 있다. 주행 거리를 늘리고 내연기관 기술을 갖춰야 하며 운행비용에서 경쟁력을 가지면 된다. 반면 파괴적, 근본적, 획기적 혁신은 문제와 해결 방법을 찾는 과정, 나아가 이를 개선하는 반복적인 과정을 통해 진화하기도 한다.

실제로 새로운 기술이 시장에서 어떻게 사용될지 예측하기란 매우 어렵다. 케블라의 예에서 볼 수 있듯이 처음에는 하나의 시장을 겨냥했던 신기술이 궁극적으로는 많은 제품과 다양한 곳에서 사용될 수도 있다. 또한 고객들이 새로운 기술을 활용할 방법을 배워야 하는 경우도 있다. 여기에 신기술 자체가 새로운 시장을 창출할 수 있는 잠재력과 가능성이 문제를 더욱 복잡하게 만든다. 오늘날 인텔 마이크로프로세서의 가장 큰 시장은 PC 시장이다. 하지만 인텔이 계산기 기업의 요청에 따라 처음으로 마이크로프로세서를 발명했을 당시에 PC 시장은커녕 PC 자체가 아예 존재하지도 않았다. 오히려 마이크로프로세서가 PC 시장이라는 새로운 시장을 만드는 데 큰 역할을 했다.

리튬 이온 배터리도 비슷한 경우다. 처음 개발할 때만 해도 소형 의료기기에 사용하기 위한 목적이었으나 오히려 가전제품에서 더 많이 쓰였다. 그리고 최근에는 전기자동차 시장이 가장 큰 시장이 됐다.

시장을 발견하는 것은 기술을 발견하는 것만큼 어렵지만, 혁신과 마찬가지로 매우 중요하다.

홈코트에 갇히지 않는 법

탐색 역량을 확장하는 것은 개인적이면서도 조직적인 과제다. 리더가 조직을 홈코트 밖에서 이끌려면 새로운 지형을 탐색할 수 있는 역량이 필요하다. 그런 의미에서 개인적인 과제다. 리더 스스로가 홈코트에 갇혀 있다면 조직 역시 홈코트에 갇힐 가능성이 크다. 그러나 리더 혼자 탐색할 수는 없다. 그렇기에 조직 전체가 혁신적인 아이디어를 가질 수 있게 만드는 환경과 일련의 프로세스를 만들어야 한다.

내가 본 많은 기업이 이미 새로운 아이디어를 찾기 위한 강력한 프로세스를 갖추고 있었다. 그러나 종종 이러한 프로세스는 새로운 지형을 탐색하는 것이 아니라 홈코트를 강화하기 위해 고안된 것처럼 보일 때도 있다. 더 넓은 탐색을 이끌 수 있는 특정 프로세스나 법칙은 없지만, 도움이 되는 방법은 몇 가지 있다.

누락된 총알 자국

제2차 세계대전 중 미군은 콜롬비아 대학교에서 몇 블록 떨어진 연구기관 SRGStatistical Research Group에서 전투용 항공기의 방어 능력을 강화할 방법을 연구하고 있었다. 미군은 무엇보다 비행기 표면의 총알 자국에 주의를 기울였다. 총알 자국이 가장 많은 부분을 강화해야 한다고 생각한 것이다. 그러나 연구팀 통계학자였던 아브라함 발트Avraham Wald는 총알 자국이 없는 곳을 중심으로 해야 한다고 주장했다. 군에서는 전투에서 성공적으로 돌아온 비행기들을 대상으로 조사하고 통계를 냈다. 그러니 총알 자국이 많은 부분은 오히려 비행기에 심각한 타격을 주지 못하는 곳이다. 심각한 타격을 받았다면 돌아오지 못했을 가능성이 높으니까. 반면 돌아오지 못한 비행기들의 엔진에 구멍이 나 있다면 이는 엔진에 구멍이 난 비행기는 추락할 가능성이 높다는 의미다. 그러니 돌아온 비행기들에게서는 총알 자국을 찾아볼 수 없는 엔진 주변의 표면을 보강하면 더 많은 비행기가 전투에서 돌아올 수 있을 거라는 주장이었다.

이 이야기는 혁신에 대한 새로운 아이디어를 어디서 찾아야 하는지를 생각해보게 만든다. 대부분의 기업에서 문제는 그들이 찾는 곳에 있지 않는다. 오히려 거들떠보지도 않았던 곳에 있는 경우가 많다. 이야기하지 않았던 고객, 공급자, 파트너, 전문가가 바로 문제가 있는 곳이다. 바로 이곳이 문제의 사각지대, 누락된 총알 자국이다. 알지 못하는 문제이므로 해결할 수도 없다. 그것들이 홈코트 밖에서 놓친 혁신 기회가 된다.

그렇다면 이 누락된 총알 자국은 어떻게 찾을 수 있을까? 본질적으로는 홈코트 밖으로 나가야 한다. 그러나 이는 말처럼 쉽지 않다. 이런 사실을 알고 있더라도 대다수는 친숙한 목초지에서 풀을 뜯어 먹는 경향이 있다. 일종의 습관에 가깝게 말이다. 내 추측으로는 대부분의 사람들이 매년 똑같은 업계 컨퍼런스에만 참석한다. 시간이 부족하기 때문일 것이다. 자신의 분야에서 뒤처지지 않기 위해 끊임없이 노력하느라 때로는 새로운 영역에 관심을 갖는 것이 시간 낭비라 여기기도 한다.

우리의 전문 분야는 우리가 가장 유능하다고 생각하는 곳이다. 그곳의 언어는 익숙하다. 문제를 알고 있고, 내가 명성을 쌓은 곳일 가능성이 높다. 우리가 분야의 전문가와 대화할 때 상대방을 당황하게 할 만큼 멍청한 질문을 던지지는 않을 것이라 확신하는 바로 그런 분야이기도 하다. 또한 대화가 끝나면 중요한 메시지를 파악하고 친숙한 문제에 대한 새로운 통찰력을 얻었다고 확신하는, 매우 편안한 곳이다.

반면 홈코트 밖의 도전은 스스로의 부족함을 바로 느끼게 한다. 바보처럼 보일 가능성도 있다. 나도 그런 경험을 한 적이 있다.

2년 전 하버드 경영대학원과 하버드 공학 및 응용과학 대학 Harvard School of Engineering and Applied Sciences은 공동 연구 심포지엄을 가졌다. 세션은 각 학교 교수진이 공동으로 진행했다. 나는 인공지능과 전산 언어학 분야의 선도적인 전문가인 스튜어트 시버Stuart Shieber 교수와 세션을 공동으로 구성했다. 물론 나는 앞서 언급한 두 주제에 대해 일반인 수준의 지식밖에 없었다. 우리는 평소처럼 대화를 시작했다. 나는 대화를 진행했던 60분 동안 인공지능, 기계 학습 및 자연 언어처리에 대한 엄청난 양의 지식을 얻었을 뿐만 아니라 내 연구 중 일부 문제와의 예기치 않은 연관성을 발견했다. 그날의 대화는 오늘까지도 내 작업에 영향을 주고 있다. 기분 좋고 생산적인 경험이었다.

그러나 솔직히 말하자면 대화 내내 불편했다. 스튜어트는 내가 만난 가장 친절하고 겸손한 사람 중 한 명임에도 불구하고, 나는 컴퓨터 공학 전공 신입생들이 입학하기도 전부터 알고 있는 것들에 대해 바보 같은 질문을 하는 스스로가 한심해 보였다. 스튜어트가 나를 멍청이라 생각할 것이라는 걱정을 지울 수가 없었다. 그리고 내 직업이나 경력과 무관하게 이런 상황은 매우 불편했다. 나는 홈코트 밖에 있는 것이 분명했다.

물론 우리는 이후에도 지속적인 대화를 나눴고, 나는 그들로부터 계속해서 배우고 있다. 내 질문은 여전히 바보 같겠지만, 나는 더 이상 스스로를 한심하게 여기지는 않는다. 스튜어트 역시 하버드 경영대학의 경영 과학 과정 세션들에 참석하면서 사례 중심 교수법에 대해 더 잘 이해하게 됐고, 자신의 컴퓨터 과학 수업에서 그 접근법들을 사용하고 있다. 그 역시 자신의 홈코트로부터 큰 걸음을 내딛은 것이다.

내가 홈코트 밖으로 나간 일을 자랑하려고 꺼낸 이야기가 아니다. 사실 나는 그런 상황에 익숙하지 않은 사람이지만 이 도전의 이점은 자신 있게 말할 수 있다. 물론 정말 어려운 일임을 잘 안다. 그래서 조금은 다른 관점에서 이 문제를 바라보기로 했다. 우리 대부분이 홈코트 밖의 도전을 꽤나 어려워한다는 현실을 인정하면서 말이다. 자신을 포함해 기업 내의 조직원들이 도전적인 탐색 활동을 하게 만들 방법에는 어떤 것들이 있을까?

강제 메커니즘 만들기

하버드 경영대학원과 공학 및 응용과학 대학 학부장이 공동 심포지엄을 개최하기로 결정했을 때, 그들은 이 심포지엄의 이점 중 하나가 각 대학 교수진의 교류 기회라 여겼다. 이전까지 나와 스튜어트는 교수로 지낸 30여 년간 교류할 기회가 충분히 있었고 아무도 이를 방해하지 않았음에도 아무런 교류를 하지 않았다. 그럴 이유가 없었기 때문이다. 그런 관점에서 이 심포지엄은 교류의 '강제 메커니즘'이 된 셈이다.

이처럼 평소 이야기할 기회가 없었던 사람들과 대화할 방법을 찾아라. 새로운 장소에서 회의를 열거나 다른 업계 기업을 방문하는 것처럼 간단할 일부터 시작할 수도 있다. 예를 들어 병원 관리자라면 토요타 같은 기업을 방문해 세계 최고 수준의 품질관리 노하우를 견학하는 것도 좋은 방법이다.

물리적으로 홈코트 밖으로 이동해보기

인터넷으로 세상 어느 곳이든 연결되는 세상 같지만, 동시에 우리는 지역 안에서 일하고 살아간다. 혼다제트의 후지노는 일본 항공 기술자들로 구성된 소규모 팀을 이끌고 미국으로 이전했다. 그곳에서 그들은 미국 고객들과 직접 소통할 수 있었다. 시장에 대한 보고서는 사무실에서도 얼마든지 읽을 수 있지만, 진정한 배움은 고객과의 만남에서 이뤄진다는 사실을 되새긴 것이다. 그는 미시시피와 그린스보로라는 미국의 작은 두 도시에서 생활하면서 지역 항공 이용의 불편함을 몸소 느껴보았다. 그는 일본에만 있었다면 결코 이해할 수 없었을 현실을 그곳에서 체험했다고 회상했다. 그리고 이런 경험은 비행기를 살 수 없는 소규모 기업에 상대적으로 저렴하고도 편리한 서비스를 제공하는 사업에 눈을 돌리게 만들었다.

노동력의 '유전자 풀Gene Pool' 혼합

홈코트 밖으로 나가는 것이 어렵다면, 다양한 기술이나 기능, 업계의 새로운 관점을 가진 외부 사람들을 고용하는 것도 괜찮은 방법이다. 특정 문화나 교육 배경, 경험 등이 기업의 획일화되고 지배적인 문화로 이어지는 상황을 많이 봐왔다. 예를 들어 모든 사람이 같은 기술 분야의 비슷한 대학원 프로그램을 졸업했다고 해보자. 특정 분야에 있어서는 깊이를 보장할 수 있겠지만 다른 한편으로는 홈코트에 치우치게 될 우려가 있다. 더구나 이런 동질성이 팀이나 하나의 사업부에만 국한되지 않는 경우도 많다. 얼마나 많은 기업이 특정 학교 MBA 출신만을 채용하는지 생각해보라.

인재 기반이 다양할 때 혁신이 촉진된다는 충분한 증거와 놀라운 사례들도 있다. 벨 연구소Bell Labs는 틀림없이 모든 시대를 통틀어 혁신 중의 혁신을 창안한 가장 창조적인 조직 중 하나다. 통계 프로세스 제어, 단파 통신, 광전지, 트랜지스터, 위성통신, 무선 통신, 광섬유, 레이저 및 컴퓨터 운영체제인 유닉스를 창안했던 벨 연구소는 물리학자, 전기 엔지니어, 화학자, 재료 과학자, 금속 공학자, 수학자, 시스템 엔지니어, 제조 엔지니어 등 다양한 기술 및 과학적 배경을 가진 과학자와 엔지니어를 고용했다. 다음 장에서 논의할 획기적인 혁신들에는 다양한 지식 영역의 통합이 필요하다. 벨 연구소에서 탄생한 발명품만

봐도 분명한 사실이다. 다양한 재능의 결합이 없었다면 벨 연구소에서 결코 이런 혁신적인 제품들이 탄생할 수 없었을 것이다.

유사점을 통해 배워라

유사함을 추리하는 것도 탐색을 확대하는 데 도움이 될 수 있다. 저렴하고 콤팩트하지만 가능한 한 넓고 편안함을 줄 수 있는 자동차 '시빅CIVIC'을 만들자는 아이디어는 혼다제트 프로그램 초기에 디자인팀과 고위 관리자들에게 창조적 상상력의 토대가 됐다.

혼다자동차 시빅과 비즈니스 제트기는 속성이 완전히 다른 제품이다. 그러나 제트 설계팀이 새로운 제품 개념을 구상하는 데는 참고할 만한 유사점이 있었다. 1973년 미국 시장에 소개된 시빅은 당시 '소형차는 시끄럽고 실내가 비좁다'는 미국인들의 일반적인 인식을 바꾸었다. 도로와 트랙 주행 평가단은 "시빅은 분명히 소형차지만, 충분히 만족스럽고 또 싸다"고 평했다. 시빅과 마찬가지로 혼다제트는 가격에 비해 공간이 넓고 실내는 조용하며 인테리어가 훌륭하다. 시빅의 성공은 또한 팀과 혼다 모두에게 영감의 원천이 됐다. 제트기 사업에 투자가 쉽지 않은 상황에서도 후지노는 자동차 시빅이 혼다의 미래에 영향을 미쳤던 당시 상황을 혼다 임원진에게 강조함으로써 이들을 동기부여했다. 시빅은 단순히 상징적이거나 고무적인 역할에 그친 게 아니라 당시 해결해야 할 중요한 설계 문제를 정의하는 데 중요한 역할을 했다.

'신성한' 가정에 대한 도전

모든 분야 산업에는 사람들이 '사실'이라고 믿는 '신성한' 가정들이 있다. 그리고 이러한 가정에 대해서는 결코 의문을 제기하지 않는다. 제트 항공기 설계 과정에서 아무도 엔진 위치에 대해서 의문을 제기하지 않았던 것처럼 말이다. 그래서 날개 위에 엔진을 장착하는 식의 구성은 시작조차 할 수 없는 프로젝트였다.

이런 가정은 양날의 검이 된다. 가능성을 제한해 한 가지에 집중할 수 있게 함으로써 우리를 돕기도 한다. 그러나 달리 보면 다른 가능성을 보지 못하게 한다. 후지노가 오버 윙Over Wing 엔진 구성을 시도했던 것처럼 도전적인 가정은 탐색 범위를 확장하는 좋은 방법으로, 이를 바탕으로 새로운 가설을 가정할 수 있게 된다.

물론 모두가 믿고 있는 신성한 가정에 도전하기란 결코 쉽지 않다. 탐색 과정이 이른바 '말이 되는' 쪽으로 쏠리는 게 이상한 일은 아니다. 예를 들면 날개 위에 엔진을 다는 것과 같은 '말도 안 되는' 가정은 시작 단계에서 제외된다. 그러나 진정한 혁신은 바로 이 신성한 가정의 범위를 넘어서야만 가능하다.

이러한 과제를 체계적으로 해결한 또 다른 예로는 벤처 캐피탈 기업인 플래그십 피어니어링을 들 수 있다. 이 기업은 전통적인 벤처 캐피탈 기업과는 달리 기업가들의 사업계획 제안을 받지 않는다. 대신 과학적 사고에 기반해 새로운 벤처 기업을 창출해낸다. 이 기업은 잠재적인 혁신을 식별해내기 위해 '탐색' 프로세스를 설계했다. 이 프로세스의 핵심 원칙 중 하나는 '가능한 것'에 대한 믿음을 최대한 빠르게 중단하는 것이다. 플래그십 창립자 겸 CEO인 누바르 아페얀Noubar Afeyan은 다음과 같이 설명한다.

"탐색 초기에 우리는 '이게 사실입니까?'라거나 '이 아이디어를 뒷받침하는 데이터가 있습니까?'라고 묻지 않는다. 그게 사실임을 입증할 학술적 근거도 찾지 않는다. 대신에 우리는 '이게 사실이라면 어떻게 해야 할까?' 또는 '이게 사실이라면 정말 가치가 있는 걸까?'와 같은 질문을 한다. 쉽게 말해 탐색 과정에서 우리는 가설적인 '탐험'을 하려 노력한다. 이런 모험은 소설 속에서나 존재하는 것이 아니라 실제 우리의 삶에서 과학적 또는 기술적 진보를 이루기도 한다. 좀 미친 말처럼 들릴 수도 있겠지만, 우리는 일을 시작할 때 각 제안이 얼마나 믿을 만하고 구체적인지는 그다지 신경 쓰지 않는다."

신성한 가설에 대한 믿음을 일시적으로 멈춤으로써 플래그십 임직원들은 가능성의 제한 없이 마음껏 상상할 수 있다. 이는 벨 연구소 과학자들의 행동 특성이기도 했다. 혼다제트가 설계되기 1세기 전, 노스캐롤라이나 그린스보로 개발센터에서 동쪽으로 280여 마일(약 451킬로미터) 떨어진 곳에 살던 두 형제는 많은 이들의 '신성한 믿음'을 파괴할 비행기를 시험 중이었다.

이런 시도는 기술 혁신에만 국한되지 않는다. 한때 완전히 미친 짓이라 생각했던 비즈니스 모델 혁신은 무수히 많았다. '이런 제품은 절대로 인터넷에서 사지 않을 것'이라는 말을 얼마나 많이들 했는가? 그러나 아마존은 결코 그런 믿음을 따르지 않았다.

실험과 반복

'모두가 믿는 것'에 대한 믿음을 부정하는 것이 첫 번째 단계라면, 그 이후에는 재빨리 가설을 검증하고 무엇이 사실인지를 이해해야 한다. 후지노는 공기역학 이론의 일부 방정식을 파헤치면서 엔진 구성과 관련해 몇 가지 의문을 품기 시작했다. 그러나 이는 첫걸음에 불과했다. 그는 분석적 계산, 컴퓨터 시뮬레이션, 궁극적으로는 물리적 풍동 테스트를 통해 자신의 가설을 테스트했다. 플래그십에서도 엄격한 실험을 통해 가설을 신속하게 테스트한다. 실험의 요점은 부분적으로 타당성을 평가하는 것이지만, 한편으로는 다른 아이디어로 가는 길을 점검하기도 한다. 아페얀은 플래그십의 프로세스를 "~면 어쩌지?"에서 "우리가 할 수 있는 것으로 밝혀냈다"로 바꾸는 것이라 설명한다. "아이디어는 성공과 실패를 가르는 수단이 아닌 또 다른 아이디어로 넘어갈 수 있는 발판 역할을 한다."

초기 실험은 두 가지 이유에서 매우 중요하다. 첫째, 이러한 가정의 일부는 사실이 아닌 것으로 판명난다. 테스트가 빠를수록 내가 올바른 의문을 품고 있는 것인지를 더 빨리 알 수 있다. 터널은 무엇인가를 발견해가는 과정의 일부다. 그러나 그 길이가 짧아야 좋다. 초기 실험이 중요한 두 번째 이유는 혼다의 사례에서 알 수 있듯이 확고한 믿음에 의문을 제기할수록 회의론에 직면할 수 있다는 것이다. 이때 많은 이들의 믿음과 다른 실험 결과야말로 상대를 설득하는 가장 좋은 수단 중 하나다.

열린 자세로 협업하기

선 마이크로시스템즈의 공동 설립자인 빌 조이Bill Joy는 "당신이 누구든 관계없이, 똑똑한 사람들 대부분은 다른 곳에서 일한다는 것을 기억해야 한다"고 말했다. '조이의 법칙'으로도 잘 알려진 이 말은 '혁신의 훌륭한 아이디어는 조직 외부에서 온다'는 것을 상기시킨다. 인텔 마이크로프로세서처럼 문제의 정의 단계부터 아이디어가 고객으로부터 오는 경우도 있다. 또는 파트너들로부터 아이디어가 나오기도 한다. 가장 혁신적인 기업 중 하나인 맥도날드의 에그 맥 머핀Egg McMuffin은 어느 한 가맹점이 아침 방문 고객을 늘릴 방법을 모색하던 과정에서 개발됐다.

MIT의 에릭 폰 히펠Eric von Hippel 교수는 많은 혁신이 사용자들의 우연한 아이디어에서 나온다고 한다. 히펠에 따르면 산악자전거, 윈드서퍼, 많은 수술 도구가 사용자들이 문제를 해결하거나 재미를 추구하는 과정에서 찾아낸 혁신적인 개념들이다.

지난 10년간 기업들은 다양한 유형의 크라우드소싱Crowd-Sourcing 플랫폼을 통해 훨씬 큰 규모의 혁신 프로세스를 시작했다. 스마트폰 앱 대부분을 구입하는 앱 스토어를 생각해보자. 이곳에 올라온 앱의 99%는 애플이나 삼성 같은 주요 휴대전화 제조사나 마이크로소프트 또는 구글과 같은 운영체제 공급업체가 아닌 독립 소프트웨어 개발자가 공급한다. 본질적으로 애플, 삼성, 구글, 마이크로소프트는 자사 제품 기능의 중요한 부분을 크라우드 소싱을 통해 해결하고 있는 것이다. 왜 그럴까? 이들이 앱을 개발할 수 있는 충분한 기술과 재원을 갖춘 기업들이라 생각하기 쉽지만, 앱의 영역은 너무도 방대하고 다양해 아무리 거대한 기업일지라도 스마트폰으로 할 수 있는 모든 일을 파악하기란 사실상 불가능하기 때문이다.

나의 동료 교수인 카림 라카니Karim Lakhani는 이러한 플랫폼이 문제를 해결하려는 사람들의 수뿐만 아니라 문제 해결자 역시 폭발적으로 다양하게 증가시켰다는 점에 주목했다. 플랫폼을 통해 기업이 다양한 기술을 가진 사람들과 소통할 수 있게 만들었을 뿐 아니라 지리적, 물리적 이유로 만나기는커녕 서로 알고 지내는 것 자체가 불가능했던 사람들을 만날 수 있게 만들었다.

예를 들어 알래스카 연안의 엑손 발데즈Exxon Valdez 기름 유출 사건 때 문제 해결을 책임진 기업(이하 'A기업')은 새로운 문제에 맞닥뜨렸다. 유출이 차가운 물에서 발생했기 때문에, 펌프질을 하는 과정에서 일부 물질들이 얼어붙는다는 문제였다. 당연히 딱딱한 물질은 펌프질이 잘 되지 않는다. 환경 엔지니어도 이전에 접해보지 못했던 이 곤란한 문제를 해결하기 위해 A기업은 크라우드소싱 플랫폼 중 하나인 이노센티브InnoCentive에 이 문제를 게시했다. 그리고 콘크리트 업계의 어느 엔지니어가 즉시 솔루션을 찾아냈다. 콘크리트 업계에서는 콘크리트를 부을 때 콘크리트가 굳지 않도록 진동 장치를 사용한다. 그는 동일한 접근법으로 이 문제를 풀 수 있을 것이라 생각했다. 물이 계속 움직이면 어는 데 걸리는 시간이 더 길어질 거라는 생각이었다. A기업은 이 해결책을 받아들였고 효과가 있었다. 사실 이런 방법은 이미 세상에 있었지만, 콘크리트 엔지니어가 먼저 답을 알려주지 않았다면 A기업 결코 콘크리트 엔지니어에게 조언을 구할 생각을 하지는 못했을 것이다.

6장

어떻게 통합할 것인가

통합으로서의 혁신

조합組合을 통한 혁신은 제품과 비즈니스 모델에서도 쉽게 찾아볼 수 있다. 5장에서 논의한 탐색을 잘 수행했다면 혁신을 위한 잠재적 아이디어가 모였을 것이다. 그러나 이러한 아이디어들이 개별적으로는 '혁신'이 되기는 힘들다. 하나의 아이디어에서 생겨난 혁신은 매우 드물다. 변혁적 혁신을 일으키기 위해서는 이질적으로 보이는 여러 아이디어를 하나의 개념으로 조합해야 한다. 나는 이 과정을 '통합'이라 한다. 혁신의 다른 측면과 마찬가지로 통합 과정 또한 저절로 생겨나지 않는다. 통합은 육성하고 관리해야 하는 능력이다. 바로 이러한 통합을 위한 조직적 역량을 구축하는 방법이 이번 장의 주제다.

우리는 혁신을 과거와 단절하는 것이라 착각하기도 한다. 트랜지스터는 진공관과는 전혀 다른 방식으로 작동했다. PC는 미니컴퓨터나 메인 프레임 컴퓨터와는 매우 다르게 보였고, 작동 방식도 전혀 달랐다. 아이폰이 처음 생겨났을 때 당시의 휴대전화들과는 전혀 비슷하지 않았다. 비즈니스 모델 혁신도 그렇다. 몇 번의 클릭만으로 온라인상에서 책을 주문하는 것은 아마존이 생기기 전에는 아무도 경험하지 못한 세상이었다.

그러나 어디서도 본 적 없는, 완전히 '새롭다'고 생각하는 혁신들도 잘 생각해보면 과거에 깊은 뿌리를 두고 있는 경우가 많다. 1970년대 후반 상업적으로 성공한 최초의 PC인 애플2는 컴퓨터 아키텍처, 마이크로프로세서, 메모리, 소프트웨어 운영체제, 컴퓨터 그래픽, 입출력 장치와 사용자 인터페이스에 관한 수십 년간의 아이디어를 통합적으로 구현한 결과물이었다. 그러나 PC의 기본 개념은 1940년대부터 존재했다. PC는 이러한 요소들을 새로운 디자인 형태로 통합한 결과물일 뿐이다.

1980년대, 최초의 유전공학적 약물들은 유전학, 분자생물학, 세포생물학, 단백질 화학, 분석 화학, 면역학 및 기타 생리학 분야의 발전을 통해 생겨났다. 트랜지스터는 고체물리학, 야금학, 재료 과학, 화학, 전기화학, 전기공학 분야의 연구를 통해서 탄생했다.

혁신적인 비즈니스 모델은 이전의 개념과 새로운 개념을 결합해 발생하기도 한다. 우버는 기존의 택시 비즈니스와 동일하다. 원하는 지점까지 탑승을 요청할 수 있다. 운전자가 낯선 사람에게 운전 서비스를 제공한다는 점에서는 히치하이킹과 비슷하다. 거래와 수익 창출이 온라인 플랫폼을 통해 이루어진다는 점에서는 이베이나 아마존 같은 온라인 시장 플랫폼과 흡사하다. 기존의 택시, 히치하이킹, 온라인 시장은 그리 새롭지 않다. 그러나 이 셋을 통합한 결과물은 매우 새로웠다.

통합은 기존 구성 요소들을 합치거나 또는 결합함으로써 새로운 것을 창조하는 행위다. 혁신이란 본질적으로 통합하는 것이다. 혁신 경제학 분야의 창시자인 슘페터는 1911년에 다음과 같이 말했다.

"생산한다는 것은 우리가 도달할 수 있는 범위 내에서 물질과 힘을 결합하는 것을 의미한다. 다른 방법으로 같은 것을 생산하거나 다른 것을 생산한다는 것은 재료와 힘을 다르게 결합한다는 의미다. 개발 또는 기업가 정신은 새로운 조합을 수행함으로써 정의된다."

혁신에서 결합의 중요성을 강조하는 사례와 통계는 무척 많다. 예를 들어 200년 이상의 특허 데이터를 수집한 리 프레밍Lee Fleming과 올라프 소렌슨Olaf Sorenson은 가장 영향력 있는 혁신은 상호의존적인 기술 요소들의 광범위한 결합에서 비롯됐음을 발견했다. 즉, 발명가들은 더 다양한 재료를 사용하고 통합할 때 더 큰 혁신을 일으킬 가능성이 높아진다.

통합에는 한 분야 또는 특정 문제에 대해 수집된 지식을 다른 분야에 적용하는 것도 포함된다. 역사적으로 암과 심장병은 서로 다른 분야의 문제로 여겨졌다. 암은 손상되거나 비정상적인 유전자로 인해 통제되지 않은 세포가 성장해 생기는 질병인 반면 심혈관질환은 지방침전물로 인한 혈관 막힘의 문제였기 때문이다. 그래서 암 연구자들은 통제되지 않는 세포 성장을 유발하는 대사과정에 개입하거나 암세포 성장을 완벽히 멈추게 하는 방법을 찾는 데 집중했다. 심혈관 연구자들은 혈액 내 지질을 감소시키는 방법을 찾기 위해 노력했다. 암 연구자와 심혈관 연구자가 서로 이야기하는 일이 드문 것도 당연했다.

오늘날 사람들은 두 가지 질병 모두에서 염증이 중요한 역할을 한다는 것을 알고 있다. 그러니 암 연구자가 심혈관 질환이나 류마티즘에 관심 있는 과학자들이 수행한 염증 연구에 관심을 가질 수 있다. 레베카 핸더슨Rebecca Henderson과 이안 코크번Ian Cockburn의 「제약업계 연구개발 성과에 대한 상세한 분석」은 질병 영역을 넘나들며 연구 내용을 공유한 것이 제약업체의 연구생산성에 크게 기여했음을 보여준다.

학계 내에서도 사회적 파장을 크게 일으키는 영향력 있는 연구는 여러 분야를 아우르는 통합 과정에서 비롯된다. 지난 세기 가장 위대한 과학적 업적 중 하나인 인간 게놈 지도Genome Map

가 대표적인 예다. 게놈 지도는 분자생물학, 유전학, 생화학, 단백질 화학, 수학, 컴퓨터 과학 및 소프트웨어 공학, 계측 공학 등 여러 분야의 통찰력이 통합한 결과물이다. 여러 분야의 많은 사람이 필요했을 뿐만 아니라 그들의 통찰력을 새로운 방식으로 가져와야 했다. 인간 게놈 지도 작성에 약 50년 앞선 DNA 구조 발견은 생물학자인 제임스 왓슨James Watson, 물리학자 프랜시스 크릭Francis Crick, 생물학자이자 물리학자 모리스 윌킨스Maurice Wilkins 그리고 화학자이자 X선 결정학자 로잘린드 프랭클린Rosalind Franklin의 공동 노력의 산물이었다.

창의적인 혁신에 있어 통합이 실제로 조직 내에서 어떻게 발생하는지 아는 것은 통합의 기회를 활용하는 것 못지않게 중요하다. 아이디어의 통합은 결코 저절로 이루어지지 않는다. 그런데도 프로세스를 통합을 방해하고 지연하는 형태로 설계하고 관리하는 기업이 많다.

모든 조각이 충분하지 않다

나는 통합을 통한 혁신을 이루기에 이상적인 상황에 있음에도 불구하고 기회를 활용하지 못한 많은 기업을 봐왔다. 혁신에 유리한 다양한 아이디어와 기술, 시장과 고객 문제 등에 대한 정보를 쉽게 얻을 수 있는 조직들이었지만 그들은 이런 아이디어를 하나로 모을 수 없었다.

나는 다양한 금융 서비스 기업과 일했다. 그중에는 대형 기관투자자들의 문서나 유가증권 자산을 보관해주고 무역 결제 서비스를 해주는 등 거래 서비스를 하는 대형 기업도 있었다. 업계가 포화 상태가 되고 가격경쟁이 치열해짐에 따라 이 기업은 차별화 전략에 나섰다. 이들은 수익률에 조금이라도 도움이 되는 정보에는 펀드 매니저들이 기꺼이 돈을 지불할 것이고, 펀드 매니저들이 속한 기업들은 위험 측정 방법에 매우 관심이 있을 것이라 생각했다. 이 기업은 분명 이러한 부가가치 제공 서비스를 개발할 수 있는 이상적인 위치에 있었다. 커스터디 사업(외국계 투자자들이 제3국 증권에 투자할 때 자산의 보관이나 매매대행, 환전 등을 해주는 서비스-역자 주)을 하는 기업인 만큼 엄청난 양의 데이터에 접근할 수 있었기 때문이다. 이 기업은 '빅데이터'라는 말이 생겨나기도 훨씬 전부터 빅데이터의 가치를 잘 알고 있었다. 또한 필요한 거의 모든 전문 기술도 갖추고 있었다. 필요한 소프트웨어 플랫폼을 구축할 수 있는 IT 시스템 개발 전문성도 있었다. 정교한 거래 및 헤지hedge 전략을 설계하고 복잡한 파생상품을 만들고 금융 평가 및 위험에 수학적인 대응 방법을 적용하는 세계적 수준의 전문가들도 보유하고 있었다. 또한 포트폴리오 성과를 향상시키기 위해 새로운 거래 전략 및 금융 투자를 사용하는 데는 선두였다. 간단히 말해 퍼즐의 모든 부분을 가지고 있었다.

하지만 문제가 있었다. 각 팀마다 각각의 전략 목표와 이익 및 손실 인센티브 체제, 각자의 고유한 문화를 가지고 있었다는 점이다. 각 부서는 독립적으로 운영됐다. 기업 경영철학이 극도로 분권화되어 있었다. 부서 책임자는 하나하나가 독립 기업의 CEO와 같았다. 사업부끼리는 과거에 어떤 상호작용이 있었건 일정한 거리를 두고 있었다. 시스템적인 이유도 있었지만 기업

철학도 이런 현상에 한몫했다. 모든 그룹이 서로 가깝게 일했지만, 함께할 이유도 동기도 없었다. 보너스 제도도 각 사업부별 업무 성과에 따라 정해졌다.

더 많은 도전은 그룹 간의 깊은 분열을 만들었다. 투자은행그룹과 자금관리그룹의 문화는 성과급 중심의 보너스에 크게 의존했고, MBA와 박사학위에 의존했다. 또한 두 그룹 모두 속도를 매우 중요하게 여겼다. 그들은 시장 동향에 밝아야 했고 민첩하길 원했다. 반면 커스터디 그룹은 IT시스템 전문가와 회계사로 구성되어 있었다. 임금은 자릿수가 다를 정도로 앞의 두 집단과는 큰 차이를 보였다. 커스터디 그룹에서는 신뢰성이 중요했다. 시스템은 안전하고 100% 신뢰할 수 있어야 했다. 한 고위 간부는 여러 그룹의 차이를 설명하면서 "시스템 쪽 사람들은 연간 단위로 사고합니다. 재무 쪽 사람들은 분기별 결과에 사로잡혀 있습니다. 그게 각자가 평가받는 단위이기 때문입니다. 트레이더들은 초단위에 집중합니다."

커스터디 쪽 사람들은 트레이더와 자금 관리자들을 오만하다고 여겼다. 트레이더와 자금 관리자들은 동료인 커스터디 사람들을 멍청하다고 생각했다. 커스터디 사람들은 대부분의 매출을 창출했고, 기업 이익의 대부분을 만드는 것은 트레이더와 자금 관리팀이었다.

이 기업은 지난 몇 년간 새로운 서비스를 만들어내는 데 뚜

렷한 성과를 보이지 못했다. 각 부서의 전문성을 하나로 연결할 방법이 없었기 때문이다. 강력한 '분권화' 철학은 부서 간의 협력을 금지한 것과 같았다. 이런 문제를 해결하기 위해 새로운 기업 내 조직을 만들었지만 이 조직에는 예산을 비롯한 직접적인 권한이 없었다. 당연히 영향력도 제한됐다. 기업은 빅데이터를 활용할 수 있는, 시대를 수십 년 앞선 전략을 가지고 있었다. 실현될 수만 있다면 엄청난 기회를 만들어냈을지도 모른다. 그러나 그들에겐 통합 능력이 부족했다. 각각의 조각을 연결할 수가 없었던 것이다.

이는 조직 내에 여러 기능적인 그룹이 있는 기업들의 특징이기도 하다. 각 부서는 자기 부서의 자체적인 사업과 혁신 의제에 더 중점을 둔다. 나는 이런 기업들을 수도 없이 봐왔다. 실제로는 같은 기술 플랫폼을 개발하고 있으면서도 협력에 어려움을 겪고 있는 의료기기 기업 내의 두 집단, 의료 서비스 부서와 수술 부서 간의 벽을 극복하지 못해 어려움을 겪고 있는 병원, 서로 상표 소유권을 주장하는 음료기업 내의 두 조직, 심지어 대학 내에서도 이런 문제가 일어나는 것을 목격했다.

기업 내에서 지식과 기능을 통합하지 못하면 그 결과는 심각할 수도 있다. 소니가 그 대표적인 예다. 수십 년간 소니는 소비자 전자제품을 대표하는 기업이었다. 워크맨과 같은 히트상품을 만들었고, 디지털카메라 분야의 개척자이기도 했다. 「하버드 비즈니스 리뷰」를 비롯해 많은 언론 기사에서 소니는 오랜 기간 '좋은 예'로 꼽히는 기업이었다. 그러나 익히 알고 있듯이 오늘날 애플은 아이팟과 아이폰으로 소니를 압도했다. 스티브 잡스의 전기傳記에는 소니가 아이팟 개발을 위한 모든 준비를 다 마친 상황임에도 불구하고 어떻게 기회를 놓쳤는지가 생생하게 나와 있다. 소니는 이미 훌륭한 휴대용 음악 플레이어를 갖고 있었다. 디스크 드라이브, 디스플레이, 배터리 같은 핵심 구성 요소 기술에도 전문 지식이 있었다. 레코딩 기술자들로 구성된 음악 사업부도 있었다. 그러나 이들 각 사업부는 자신들의 손익을 책임져야 했고, 이에 따른 각자의 전략을 가지고 있었다. 소니는 결국 이 조각들을 하나로 모으는 힘이 없었다. 소니에서 일했던 한 임원은 스티브 잡스 전기 작가에게 이렇게 말했다. "소니가 어떻게 그 기회를 놓쳤는지는 나 스스로도 믿기 힘듭니다. 스티브 잡스라면 서로 협력하지 않는 사람들을 해고했겠지만, 소니 사람들은 그 와중에서도 서로 싸우기 바빴습니다."

아이디어를 연결하는 데 능숙한 조직

앞의 예에서 봤듯이 조직은 부서 간 아이디어의 흐름을 차단하고, 통합 과정에서 발생할 수 있는 아이디어들을 분열시키는 경향이 있다.

시장, 기술 영역과 기능 전반에 걸쳐 아이디어를 연결하는 데 능숙한 조직은 어떻게 만들 수 있을까? 이는 다른 조직 능력과 마찬가지로 사람과 프로세스, 조직 구조에 달려 있다.

1. 사람: '지적 연결자'의 필요성

모든 것을 다 잘할 수 있는 사람은 없다. 그래서 자신이 잘하는 전문 분야에 집중하는 경향이 있다. 이런 특징은 보통 개개인의 경력과 조직에 도움이 된다. 각 분야에 전문성을 갖춘 다양한 전문가가 있다면 기업은 다양한 혁신 아이디어를 얻을 가능성이 높아진다. 그러나 궁극적으로 이러한 다양한 아이디어를 잘 정리하고 연결할 수 있는 사람이 필요하다. 여러 분야의 아이디어를 넘나들며 활용하는 이런 사람들을 나는 '지적 연결자'라 부른다. 이들은 물리학 이론이 생물학에 어떻게 적용될 수 있는지, 뇌의 뉴런 구성이 어떻게 컴퓨터 공학에 적용될 수 있는지, 소비자 제품 산업을 위해 설계된 비즈니스 모델이 인터넷 기반 광고에서 어떻게 작동하는지, 소형 자동차를 위한 제품 콘셉트가 소형제트기에 어떻게 혁명을 일으킬 수 있는지를 안다. 조직이 통합을 잘하려면 지적 연결자들이 필요하다.

가장 위대한 발명가나 과학자, 기업가 중에는 이런 특징을 가진 사람이 많다. 레오나르도 다빈치, 아이작 뉴턴, 토마스 에디슨, 니콜라 테슬라, 구글리모 마르코니, 앨버트 아인슈타인, 헨리 포드, 제임스 왓슨과 프랜시스 크릭, 벨 연구소의 존 바딘, 스티브 잡스 등은 여러 분야의 지식을 넘나들고 연결해냈다. 물론 이들은 특별한 사람들이다. 그러나 다행히도 성공적인 혁신가가 되겠다고 이들 정도로 천재가 될 필요는 없다.

우리 주변에는 특별한 사람들이 있다. 그리고 혁신적인 기업은 이들을 발견해 육성한다. 제약개발에 능숙한 개발자를 업계에서는 '드러그 헌터'라고 부르는데, 이들은 지적 연결자의 대표적인 예다. 이들은 특정 질병을 치료할 수 있는 분자 구조를

'보고', 화학과 생물학, 생리학 및 임상 실험을 기반으로 하는 통찰들을 통합해낸다.

애니메이션 스튜디오인 픽사는 컴퓨터 그래픽이라는 고도의 기술 세계를 영화 애니메이션이라는 창조적인 세계와 결합한다. 컴퓨터 그래픽의 기술적인 부분을 이해하고 있는 예술가와 예술을 아는 엔지니어들이 있기에 가능한 일이다. 픽사의 공동 설립자이자 CEO인 에드윈 캣멀Edwin Catmull은 이런 융합의 전형적인 인물이다. 그는 컴퓨터공학 박사이자 어릴 때부터 애니메이터가 되고 싶다는 꿈을 꾸던 사람이기도 하다.

세계 최고급 콘서트용 피아노를 만드는 파올로 파지올리Paolo Fazioli도 서로 다른 세계를 연결해 혁신에 성공한 사람이다. 어릴 때부터 피아노에 재능이 있었던 파지올리는 로마 대학교에서 기계공학을 전공한 후로도 피아노와 작곡을 공부했으며 피아니스트가 되기를 꿈꿨다. 그는 로시니 음악학교Rossini Conservatorio에서 공부하고 세실리아 아카데미에서 작곡 석사학위를 받았다. 하지만 파지올리는 피아니스트로서의 한계를 느꼈고, 자신의 꿈을 뒤로한 채 가족이 경영하는 정밀공예 고급 가구 기업에서 일했다. 그러나 몇 년 후, 세상에서 가장 뛰어난 피아노를 만들겠다는 목표로 자신의 피아노 기업을 창업했다.

이 목표를 이루기 위해 파지올리는 세 가지 다른 지식을 통합해야 했다. 첫 번째는 음악과 피아노였다. "피아노를 연주할 때 어떤 느낌이 들까? 소리는 어떻게 들릴까?" 현대 그랜드 피아노를 연구하면서 구조와 디자인이 성능에 어떻게 영향을 끼치는지를 이해해야 했다.

두 번째는 엔지니어링이었다. 피아노는 수천 개의 부품으로 구성된 매우 복잡한 기계이자 악기다. 각 부문의 디자인, 이들 간의 기계적 연결 그리고 재료의 선택에 따라 피아노의 소리가 달라진다. 파지올리는 음악적인 특성을 더 잘 이해하기 위해 다양한 종류의 나무로 다양한 실험을 했다. 뜻하지 않은 행운도 있었다. 그의 첫 피아노 공장이 17세기 이탈리아의 현악기 장인인 안토니오 스트라디바리Antonio Stradivari가 자신만의 바이올린을 만들 나무를 공수하던 피메 계곡Fiemme Vallye의 숲에서 불과 100마일(약 161킬로미터) 거리였다는 것이다. 나무 관련 전문가였던 동생의 도움도 있었다.

세 번째 문제는 바로 제조다. 아무리 잘 설계해도 제조 공정이 잘못되면 좋은 피아노를 만들 수 없다. 제작의 모든 과정이 피아노 성능에 영향을 미치기 때문이다. 여기서 파지올리는 자신이 일했던 정밀공예 가구 기업의 도움을 받았다. 지금도 파지올리는 공장을 떠나기 전 모든 피아노를 직접 연주해본다.

그렇다면 이런 지적 연결자를 어떻게 알아보고 끌어들이고 육성할 수 있을까? 우선 알아보는 것은 생각보다 어렵지 않다. 그들을 다양한 분야로 이끈 교육 배경, 경력, 개인적 관심사 등을 살펴봄으로써 알 수 있다. 예를 들어 그들은 캣멀처럼 한 분야에 이미 능숙하지만 다른 분야에 꿈이 있을 수도 있다. 또는 음악과 공학처럼 언뜻 보기에는 관계가 없어 보이는 분야를 동시에 연구하고 있는 파지올리 같은 사람도 있다. 아니면 내가 최근에 인터뷰한 이스라엘 과학자의 예도 있다. 그는 물리학과 컴퓨터 공학 분야를 공부했지만 이 분야의 원리들이 박테리아의 진화 연구에 어떻게 사용될 수 있을지 관심이 있었다. 그는 생물학을 정식으로 공부하지는 않았지만, 자신을 '시스템 생물학자'라 표현했다. 이런 경력들은 지적 연결자로서의 자질을 드러낸다. 이들은 대부분 같은 산업이나 동일한 업무만을 하지 않았다. 만약 이들이 한 분야에서만 깊이 있게 일했다면 오히려 다른 산업이나 업무에 대한 통찰력을 이해하고 이를 창조적으로 활용하는 데 한계가 있었을지도 모른다.

그런데 이런 지적 연결자들을 채용하는 과정에서 많은 조직이 같은 문제를 겪는다. 바로 인사부서에서 정한 '기준'에 '부적합한' 사람들을 과소평가하는 것이다. 기준은 획일성을 만들고 자신들의 틀에 딱 들어맞지 않는 사람들을 걸러낸다. 많은 기업이 지금도 그렇게 잠재적인 지적 연결자를 걸러내고 있다.

조직 내의 다양한 일을 해보게 하면 지적 연결자를 육성하는 데 도움이 된다. 기업 컨설팅을 할 때마다 나는 조직 내에서 성장한 임원들에게 어떻게 오늘의 위치까지 왔는지를 묻는다.

그들이 사다리를 어떻게 올라갔는지가 아니라 어떻게 횡적으로 움직였는지가 궁금하기 때문이다. 그러나 이들의 대답에 놀랄 때가 많다. 대부분이 '경직된 사다리'만을 올랐기 때문이다. 영업 및 마케팅 담당자는 그 직군의 사다리를 통해서만 상승하는 경우가 많다. R&D 인력은 R&D 부서에만 머무른다. 오히려 기업 내에서 자신의 전문 분야를 벗어나 이동하는 것은 실패로 간주된다. 그러나 혁신의 관점에서 본다면 이러한 인적자원 관리 모델은 재앙에 가깝다. 이 과정에서 지적 연결자를 개발하는 능력이 완전히 파괴되기 때문이다.

통합의 과정은 결코 쉽지 않다. 지적 연결자는 정말 유능한 사람이어야 한다. 복잡성과 모순, 모호함을 즐길 수 있는 지적 능력은 물론 여러 영역을 넘나들 수 있는 지적 열정이 있는 사람만이 지적 연결자가 될 수 있다. 또한 그들에게는 다양한 분야의 전문가와 소통할 수 있는 역량이 필요하다. 이런 일에 적절한 배경과 기질을 가진 사람이어야 하고, 주변 사람들의 인정도 받아야 한다. 이들은 조직 내에서 모두가 원하는, 또한 최고의 보상을 받을 수 있는 위치에 있어야 한다.

2. 프로세스: 탐사 및 실험 설계

지식과 경험의 다양한 흐름을 결합하는 행위는 본질적으로 예측이 불가능하다. 변수가 다양할수록 프로세스의 결과는 더욱 예측하기 어렵다. 요리를 생각해보자. 이탈리아 요리를 많이 만들어본 사람이라면 이탈리아 음식을 만들 때는 조리법을 찾아볼 필요도 없고 어떤 재료가 서로 어울리는지 잘 알고 있을 것이다. 그런데 오늘 밤 친구들을 깜짝 놀라게 해줄 생각으로 이탈리아 음식 재료 매장으로 향했는데 지역 축제 때문에 매장이 문을 닫았다고 해보자. 주위에는 다른 이탈리아 음식 재료 매장이 없어 어쩔 수 없이 유일하게 문을 연 인도 음식 재료 매장에서 재료를 샀다. 그리고 아직 한 번도 만들어보지 않은 인도 음식을 만들기로 결심한다. 그렇다면 혁신의 필요성을, 매장에서 다양한 재료와 향신료를 광범위하게 검색하는 것이 좋다는 사실을 깨닫게 될 것이다. 여러 가지 재료를 조합해 몇 가지 실험을 해볼 수도 있다. 예상했겠지만, 이는 매우 위험한 전략이다. 이탈리아 음식을 준비할 때와 달리 어떤 재료가 서로 어울리는지 모르니 시행착오를 통해 배워야 하고, 무엇부터 시작해야 할지도 모를 것이다. 재료 종류가 많다면 여러 조합을 찾아볼 수는 있다. 이는 좋은 소식인 동시에 나쁜 소식이기도 하다. 테스트할 수 있는 조합이 많으면 의외로 특별한 결과가 나올 수도 있지만, 끔찍한 결과를 낳을 확률은 더 높아진다. 즉, 의외의 성공을 거둘 수도 있지만 그 반대일 가능성이 훨씬 높다.

앞서 혁신을 위해 서로 다른 구성 요소를 결합하는 과정에서도 비슷한 상황이 발생할 수 있다고 했다. 뛰어난 혁신은 상호

의존성이 높은 기술의 새로운 조합을 모색하는 과정에서 생겨난 결과다. 그러나 일반적으로 이런 방법은 실패로 이어질 위험이 매우 크다. 만약 '올바른' 조합을 얻는다면 큰 승자가 될 수도 있지만, 친숙하지 않은 것들로 올바른 조합의 결과물을 얻기란 매우 어렵다. 구성 요소간의 올바른 결합을 미리 예측하기가 매우 어렵기 때문이다. 따라서 창조적 결합에는 구조화된 프로세스보다는 유동적인 프로세스가 필요하다.

구조화된 프로세스는 일반적으로 일련의 세부 단계와 활동을 정의한다. 그리고 프로젝트를 한 과정에서 다음 과정으로 이동시키기 위해 특정 기준에 따라 단계별로 그룹화한다. 이렇게 구조화된 모델은 주로 제조공정에서 영감을 받은 모델이다. 실제로 혁신을 목표로 하는 사람 중에는 혁신 역시 제조과정과 같이 예측 가능하길 원하는 경우가 많다.

그러나 본질적으로 불확실한 프로세스가 예측 가능한 프로세스로 변환될 수는 없다. 제조 과정에서는 부품의 목록과 구체적인 단계를 미리 알 수 있으니 예측이 가능하다. 그러나 완전히 생소할 수도 있는 변혁적 혁신에서는 불확실성을 제거하기 힘들다. 오히려 불확실한 것에 구조화된 과정을 끼워 맞추다 보면 잘못된 통제 때문에 상황이 악화될 수도 있다.

따라서 지식의 다양한 흐름을 통합하는 불확실한 과정에서는 신속한 실험과 반복 및 학습을 중심으로 설계한 유동적 프로세스가 필요하다. 실험과 반복 및 실패를 통한 학습은 '변혁적인 기술 혁신'과 '비즈니스 모델 혁신' 두 가지 모두에서 중요한 주제다. 5장에서 살펴본 플래그십 피어니어링의 이야기를 상기해보자. 플래그십은 엄격한 실험 과정을 통해 초기 벤처 가설을 빠르게 테스트했다. 이 실험의 목표는 신속하게 타당성을 평가하기 위한 것이기도 하지만, 아울러 다른 아이디어로 갈 수 있는 길을 점검하는 과정이기도 하다. 아페얀은 '만약'이란 '우리가 이것을 할 수 있음을 밝혀내는' 과정이라고 했다.

이는 다른 혁신적인 조직들에서도 나타나는 주제다. 에드 캣멀은 저서에서 픽사의 '무한반복'을 강조했다.

"픽사에서 우리는 솔직한 피드백과 반복적인 프로세스를 통해 결함이 있는 이야기에서 돌파구를 찾아내고 또 평이했던 인물에 영혼을 불어넣을 때까지 작업하고 또 작업한다. 우리는 그런 반복의 힘을 믿는다."

비즈니스 모델 또한 반복을 통해 발전한다. 1994년 창업 이래 아마존의 비즈니스 모델은 크게 진화했다. 하지만 아마존의 '제3자 판매자'를 위한 첫 시도는 실패했다. 제프 베조스는 첫 시도에 참여한 이가 자신의 부모님과 형제자매를 합쳐 총 7명뿐이었을 거라고 회상했다. 두 번째 시도이자 옥션의 고정가격 버전이었던 지숍스zShops 역시 실패했다. 그러다가 제3자 소매업체들에게 아마존 내에서의 경쟁을 허락하면서부터 비로소

성장하기 시작했다. 구글 역시 초기 비즈니스 모델은 명확하지 않았다. 실험과 경험, 실수를 통한 학습을 통해 진화했다.

기업은 '자체 기준'이라는 틀을 만들어 반복 과정을 억압한다. 내가 컨설팅했던 한 제약 기업은 약물 연구 개발을 목표로 각 치료 영역별 그룹마다 5년 계획을 세우고 각 그룹 책임자들에게는 2년마다 진행사항을 보고하도록 했다. 계획을 세우는 것도, 중간보고도 문제가 되지 않는다. 계획에 따라 얼마나 잘 진행되고 있는지를 평가하고 평가받는다는 사실이 문제다. 상세히 기술했던 계획대로 진행되지 않는 것은 문제로 평가됐다. 기업은 프로세스가 계획대로 진행되어야 한다고 가정했고, 중간에 계획을 수정하는 것을 도전의 과정이 아닌 실패의 징조라고 생각했다. 본질적으로 이런 프로세스에는 학습의 여지가 없다. 그러니 이런 식으로는 변혁적 혁신이 불가능하다.

3. 조직 구조: 침투 가능한 경계 만들기

제품 디자인이 그것을 만든 기업의 조직구조를 반영한다는 이론이 있다. 제품을 해체해보면 해당 제품을 만든 조직의 구조를 파악할 수 있다는 것이다. 실제로 제품을 구성하는 각 요소들이 미적으로나 기능적으로 잘 어울리지 않을 때가 있다. 이런 제품을 볼 때면 "A를 설계한 사람이 B를 설계한 사람과 소통한 적이 있을까?"라는 의문이 든다. 이 질문에 대한 내 답은 언제나 "아니오"였다. 우리는 앞에서 다양한 전문 기술과 지식, 인재를 보유하고 있음에도 불구하고 기업 내의 보이지 않는 장벽으로 인해 혁신 기회를 날려버린 많은 기업의 예를 살펴봤다.

조직을 재구성하는 것도 이러한 장벽을 극복하는 한 가지 방법이다. 벨 연구소는 여러 분야의 통합을 구조화하는 일이 기업에 얼마나 큰 이익을 가져다줄 수 있는지를 잘 보여주었다. 1942년 뉴저지 머레이힐의 새 캠퍼스를 시작으로 벨 연구소는 다양한 분야에서 탁월한 과학자와 엔지니어 간의 소통을 위한 시설들을 만들었다. 시설물은 다른 부서 사람들이 서로 마주칠 수밖에 없도록 설계됐다.

제2차 세계대전 이후에 새로 임명된 연구소장 멜빈 켈리Mervin Kelly는 특정 부서가 하나의 연구에 중점을 두는 구조를 다양한 부서의 협력과 교차 연구가 가능한 구조로 바꾸었다. 트랜지스터를 탄생시킨 고체 전자공학 프로그램도 이 과정에서 탄생한 결과물 중 하나다. 고체 전자공학 그룹 프로그램에는 윌리엄 쇼클리William Shockley와 존 바딘John Bardeen처럼 이론에 강한 물리학자들과 월터 브래타인Walter Brattain, 제라드 피어슨Gerald Pearson처럼 실험에 강한 물리학자들을 비롯해 다양한 화학자, 재료공학자, 금속공학자, 전기기술자 등이 함께했다. 끊임없이 아이디어를 나누고 문제와 가설을 논의하기 위한 회의가 자발적으로 열렸다. 이들은 20세기 과학계에서 가장 뛰어난 두뇌들이었다.

예를 들면 윌리엄 쇼클리와 존 바딘은 후에 노벨상을 수상했다. 존 바딘은 이후 초전도 이론을 통해 두 번째 노벨 물리학상을 받았고, 제라드 피어슨은 태양전지를 발명했다. 그럼에도 불구하고, 만약 이들이 각자의 연구에만 몰두했다면 트랜지스터는 결코 발명되지 못했을 것이다.

물론 조직 설계 과정에서는 상충되는 문제가 있다. 그 어떤 기업도 유용 가능한 모든 능력, 기술, 전문 지식 등을 다 안고 갈 수는 없다. 만약 그런 시도를 하다가는 오히려 아무것도 할 수 없는 비대한 조직이 될 것이다. 집을 지을 때처럼 '벽'을 어디에 둘 것인지 정확히 선택해야 한다. 이런 선택은 조직이 특히 잘할 수 있는 일이 무엇인지를 밝혀내는 것과 같다. 시도할 가능성이 있는 기능과 기술의 특정 조합을 만들어낼 것이고, 결과적으로 향후 생겨날 혁신의 종류에 영향을 미칠 것이다.

하지만 변혁적 혁신을 가져올 수 있는 가장 매력적인 조합도 기술이나 시장 상황의 역동성으로 인해 자주 바뀔 수 있다. 벨 연구소에서와 마찬가지로 물리학자, 화학자, 재료공학자와 금속공학자 등 여러 분야 사람들을 한곳에 모으는 것은 좋은 생각일 수 있다. 그러나 만약 이렇게 의도치 않게 한곳에 모인 이들 중 먼 미래의 혁신을 담당한 사람과 가까운 미래의 혁신을 담당한 사람이 마구잡이로 섞여 있다면 어떻게 될까? 조직은 다시 쓸모없이 무거운 구조가 될 수도 있다.

그래서 조직 구조를 '혁신 기회'를 중심으로 프로젝트팀과 같이 유연하게 만들 필요가 있다. 원한다면 쉽게 이동시켜 공간을 재구성할 수 있는 파티션처럼 말이다. 그렇게 하면 기술 또는 시장 상황의 변화에 보다 유연하게 대응할 수 있을 것이다.

아마존 웹서비스Amazon Web Services의 탄생이 이러한 접근 방식의 좋은 예다. 아마존 웹서비스는 현재 120억 달러(약 14조 5,920억 원) 규모의 사업이자 클라우드 컴퓨팅 서비스의 선두주자다.

IT업계의 중요한 비즈니스 모델 혁신 중 하나였던 아마존의 이 혁신은 2002년 기업 내의 작은 실험처럼 시작됐다. 초기 아이디어는 아마존닷컴Amazon.com에서 제품을 판매 중인 기업들이 자신들이 판매하고 있는 제품의 사진과 정보 등을 좀 더 직접적으로 제어할 수 있게 만드는 것이었다. 판매자가 자신들의 제품을 가장 잘 이해하는 주체이니 이들에게 프레젠테이션 통제권을 부여하면 판매량 증가에 도움이 될 것이라는 생각이었다. 단, 이를 위해서는 타사 개발자들이 아마존의 응용 프로그램 인터페이스에 접근할 수 있어야 했다. 아마존은 웹 인프라의 일부를 일시적으로 열어 작게 실험을 했다. 그런데 실험의 결과는 놀라웠다. 타사 개발자들이 아마존의 플랫폼을 활용하는 데 매우 관심이 높다는 사실을 알게 된 것이다. 이후 아마존 웹서비스를 운영하게 된 아담 제시Adam Jassey는 이렇게 말했다.

"이 일로 우리는 향후 어떤 일이 더 진행 가능할지 궁금해졌다. 타사 개발자들이 웹서비스를 사용해 응용 프로그램을 개발하고, 이렇게 광범위한 웹서비스가 존재하게 된다면 인터넷은 그 자체가 곧 운영체제가 될 것이다. 우리는 그렇게 된다면 무엇이 우리에게 가장 중요한 요소가 될지 스스로에게 물었다. 2003년에 우리가 새롭게 마주했던 새로운 세상에는 오늘날 인터넷 운영체제의 핵심 요소 중 그 어느 것도 존재하지 않았다. 아마존은 지난 10년 동안 그저 소매 공간에서 기술을 잘 운영해온 기업이었을 뿐임을 자각했을 때, 우리는 비로소 우리가 더 많은 것들을 만들 수 있음을 깨닫기 시작했다."

그러나 많은 조직에서는 바로 이 시점에서 이런 아이디어가 사라졌을 것이다. '운영체제로서의 인터넷'은 당시 아마존의 핵심 사업이었던 소매업과 관련이 없었으니 말이다. 그리고 아마존이 이 기회를 이용하기에는 구조적으로도 적절하지 않았다. 당시 아마존에는 이런 새로운 서비스를 개발할 부서가 없었다. 그러나 바로 이때 아마존의 '소프트' 구조 접근법이 등장했고, 이 아이디어는 2003년 말 고위 경영진에게 전달됐다.

아마존 고위 경영진은 이 개념을 좀 더 개발해보기로 결정하고, 1997년부터 아마존에 합류한 아담 제시를 웹서비스팀 책임자로 임명했다. 아담 제시와 팀의 목표는 '통합'이었다. 이 팀은 여러 출처의 정보와 노하우를 통합했다. 이들은 아마존의 다양한 기술그룹에서 응용 프로그램을 만들면서 발생할 수 있는 문제들을 조사했다. 또한 아마존 그룹 전체에서 20명의 비즈니스 및 기술 리더를 모아 어떤 인터넷 응용 프로그램이 존재하는지, 어떤 응용 프로그램이 있어야 하는지를 파악했다. 나아가 사전 실험에 적극적으로 참여했던 외부 개발자들과도 적극적으로 소통했다. 각각의 서비스가 제시될 때마다 이를 검토하기 위해 아마존 내부의 다양한 팀에서 모인 기술 및 관리자원 그리고 외부 개발자들을 결합한 새로운 하위 팀을 만들었다.

앞서 살펴본 금융 서비스 기업이나 그동안 흔히 봐왔던 조직들과는 달리 아마존은 새로운 아이디어를 탐구하고 통합해 개념을 개발하고 테스트하기 위한 작고 민첩한 팀을 만들어 높은 수준의 자율성과 자원을 부여했다. 이를 위해 다양한 곳에서 자원을 모았는데 그 경계는 매우 유동적으로 운영했다.

아마존의 사례는 부서 또는 기능적 구조를 중심으로 운영하는 조직의 구조적 한계를 벗어나기 위해 만든, 많은 기업에서 흔히 볼 수 있는 기형적인 '매트릭스팀'과는 전혀 다르다. 이런 접근법도 이론상으로는 나쁘지 않다. 그러나 대부분의 경우 매트릭스팀에는 '진짜'가 없다. 우선 예산과 권한이 절대적으로 부족하다. 대부분의 매트릭스팀은 기존 비즈니스 구조의 철저한 통제하에 있다. 이렇게 되면 당연히 팀원들의 충성도가 떨어진다. 매트릭스팀원들은 보통 두 가지 역할을 맡게 된다. 기존 부서에서 맡은 기능적 역할과 매트릭스팀에서 맡은 역할이다. 그러니 이들에게는 두 명의 상사가 있는 셈인데, 이 경우 대부분의 직장인들은 실제로 자신의 임금이 결정되는 데 중요한 역할을 하는 이를 진짜 상사라 생각한다.

아담 제시의 팀은 그런 매트릭스팀이 아니었다. 유연한 조직이라고 해서 절대 느슨한 조직을 뜻하는 것은 아니다.

유연한 구조를 사용해 변혁적 혁신을 주도한 또 다른 사례로는 다르파DARPA(미 국방고등연구사업국)가 있다. 다르파는 정부기관 중 하나로 군의 기술 개발을 담당한다. 인터넷, 매우 큰 규모의 집적 회로VLSI, GPS, 탄소복합체 등의 기술을 개발하는 것으로 잘 알려져 있다. 많은 면에서 다르파는 벨 연구소 같은 곳으로 인식되고 있지만 그 구조는 전혀 다르다. 현재 다르파의 연간 예산은 약 30억 달러(약 3조6,480억 원)에 이른다. 다르파가 기업이라면 R&D 지출에서 세계 50위 안에 드는 기업인 셈이다. 그러나 다르파에는 자체 R&D 연구소가 없고, 비교적 적은 인원으로 운영되고 있다. 다르파는 해당 산업군과 학계의 협력자 네트워크로 구성된 임시 프로젝트팀을 중심으로 운영된다. 각 팀은 다르파의 프로그램 리더가 이끄는데, 이들은 적절한 조합을 구성하고 그들의 능력을 조율하는 데 뛰어난 과학자들이다. 이들은 각 프로그램의 예산을 관리·통제하고, 내부 구성원들을 관리하며, 내부에서 발생하는 문제를 처리하는 등 프로그램의 주요 사안들에 대한 결정권을 갖는다. 모든 프로젝트는 보통 2~5년 정도의 고정된 기간 동안 운영되는데, 이는 각 프로그램 리더의 임기이기도 하다. 네트워크는 유동적이고, 필요에 따라 외부 연구자도 참여 가능하다. 다르파의 두 전임 리더에 따르면, 다르파의 고용 계약은 유연성이 매우 높다.

"다르파 모델은 기업의 내부 연구 조직보다 훨씬 빠르고 저렴한 비용으로 프로젝트 포트폴리오를 변경할 수 있게 한다. 다르파에 재직한 동안 우리는 우주 관련 프로그램에서 사이버 보안 문제, 합성생물학에 관련된 프로그램으로 1년 내에 상당한 투자를 전환할 수 있었다."

아마존과 다르파에서 볼 수 있듯이 유연하다는 것은 결코 약한 것이 아니다. 프로그램 리더는 말 그대로 리더다. 코디네이터나 조력자가 아니다. 중요한 결정을 내리고 예산을 통제한다. 다양한 곳으로부터 아이디어를 모으는 창의적 통합은 결코 쉽지 않다. 강력한 리더십과 의사결정 권한이 필요하다. 약한 팀은 혁신으로 이어지는 창의적인 통합을 이뤄낼 수 없다.

어떤 접근 방식을 채택하고 있는가? 또는 채택할 것인가? 벨 연구소와 같은 기술·기능 및 경험을 적절하게 혼합하여 조직을 구성할 것인가? 또는 아마존과 다르파처럼 프로젝트팀 같은 보다 유동적인구조를 선택할 것인가?

정답은 이 둘이 보완적인 도구가 될 수 있다는 것이다. 조직 구조는 집의 기초와 같다. 무엇을 그 위에 올려놓을지에 따라 디자인 선택이 달라질 수 있다. 변혁적 혁신을 원한다면 다양한 기술적·기능적 전문성과 경험 및 관점을 가진 사람들이 활발하게 연결될 수 있는 구조를 만들기 위해 고민해야 한다. 현재의 조직 구조에 대해 다음과 같은 질문을 해볼 필요가 있다. 미래의 성공에 결정적인 요소가 되는 시장들 사이의 또는 부서 사이의 협력을 방해하는 요소가 있는가? 있다면 구조조정을 고려해볼 필요가 있다. 그러나 아울러 조정 이후에도 구조가 결코 완벽해질 수는 없음을 인정해야 한다.

기술 및 시장 환경이 변하면서 기회와 위협은 끊임없이 발생한다. 아마존과 다르파는 유연한 구조 속에서 새롭게 결성된 조직이 어떻게 적절하게 자원을 확보하고 동일한 권한을 부여받으면서 강력해질 수 있는지를 보여준다.

다양한 자원들로부터 일관된 혁신 개념을 일관되게 융합시키는 통합 활동은 변혁적 혁신의 결정적인 요소다. 물론 통합은 저절로 이루어지지 않는다. 특히 기업이 클수록 통합 과정에는 어려움이 따른다. 기업은 흔히 조직관리라는 명목으로 내부 각 조직을 더욱 고립될 수밖에 없도록 나눈다. 각 비즈니스 단위로 조직을 나누거나 R&D기능을 가진 조직을 보다 전문적인 하위 단위로 나누기도 한다. 또한 특정 기술이나 시장에 전문화된 사람들을 고용한다. 기업은 '당신 부서의 시장 점유율은 얼마인가?' 또는 '당신의 부서는 얼마만큼의 비용을 절감했는가?' 같은 잘게 쪼개진 목표를 기준으로 보상체계를 정하기도 한다.

이 모든 것은 본질적으로 나쁜 게 아니다. 그러나 불행히도 혁신으로 이어질 수 있는 아이디어와 재능, 전문 지식과 경험의 교차적인 흐름에는 방해가 된다. 물론 기업의 규모가 클수록 혁신을 가능하게 할 더 많은 자원을 가지고 있는 것은 맞다. 그러나 불행히도 그 자원들을 각각의 조각으로 가지고 있는 것만으로는 혁신이 불가능하다. 서로 녹아들고 뭉쳐져야 한다.

통합은 결코 행운으로 이뤄지지 않는다. 조직이 사람과 프로세스, 구조에 대한 일련의 상호 연관된 선택을 통해 역량을 구축할 때 발생한다. 종합적인 역량은 다양한 지식 분야와 전문 분야를 연결할 수 있는 사람들, 실험과 학습이 가능한 프로세스 그리고 다양한 분야의 아이디어들이 유기적으로 잘 공유될 수 있는 구조에 따라 결정된다. 물론 이 모든 것은 철저히 경영자의 손에 달려 있다. 통합을 잘하는 기업의 능력은 규모가 아니라 경영의 영역인 것이다.

7장

언제 불잡고 언제 접을 것인가

결국 선택의 문제다

2003년 10월 버텍스 파마슈티컬Vertex Pharmaceuticals의 CEO인 조슈아 보거Joshua Boger는 어려운 문제에 직면했다. 질병 치료가 가능한 여러 화학물질을 개발 중으로, 각 후보는 동물 또는 소그룹의 환자들에서 임상실험을 마쳤고, 대부분은 가능성이 높게 평가된 상태였다. 이 분자들을 약으로 만드는 데는 현재까지 해온 일보다 훨씬 더 비싼 임상실험이 필요했지만, 기업이 투자 가능한 것은 단 두 개의 프로그램뿐이었다. 그러니 보거와 그의 팀은 단 두 가지만을 선택해야 했다. 잘못 선택하면 재정적인 파멸로 이어질 수 있고, 제대로 선택한다면 수십억 달러 가치의 상품이 탄생할 수도 있는, 매우 중요한 결정이었다. 다양한 기준에 따라 평가했고, 여러 가지 평가 결과가 나왔다. 참고로 의

약품 연구개발은 위험성이 크기로 악명 높다. 대부분의 잠재적 제품은 개발 과정에서 안전성 또는 효과에 있어 기준에 미달하고, 그 과정을 통과해 정부 승인을 받는다 해도 수요를 예측하기란 극도로 어렵다. 더구나 조직 내에서도 서로 전망이 다른 경우가 많았다. 특히 영업 쪽과 개발 쪽 사이의 의견차가 컸다.

보거와 그의 팀에게는 어느 프로젝트를 선택해야 할지 그 자체도 중요했지만 선택하는 방법 역시 중요했다. 프로젝트 가치와 재무 수익의 정량적 분석, 각 약의 임상적 효능에 대한 개발자들의 판단, 미래의 시장 잠재력에 대한 판단 등. 그중 어떤 것을 가장 중요하게 고려해야 할까? 그리고 그와 그의 팀은 어떻게 최상의 정보를 얻을 수 있을까?

보거의 딜레마는 사업에 내재된 불확실성을 극단적으로 부각시킨 것처럼 보이겠지만, 실은 내가 다양한 업계의 수많은 조직에서 보아온 전형적인 모습이다. 선택은 항상 어렵다. '최상의' 대안을 알려주는 정보란 없다. 각기 다른 방향에서 다르게 측정한 결과들은 서로 다른 방향을 가리키며, 지식 배경이 다른 사람들은 각기 다른 판단을 한다.

선택을 잘하지 못하는 조직은 결국 탐색 및 통합 분야에서 제아무리 훌륭해도 혁신적일 수 없다. 1970년대의 제록스가 좋은 예다. 제록스의 팔로알토 리서치센터Palo Alto Research Center, PARC는 탐색과 통합 역량이 뛰어나 디지털 시대의 핵심 기술 다수를 개발한 것으로 알려졌다. 비트 맵핑을 사용한 레이저 인쇄기술(1971), 객체 지향 프로그래밍 기술(1972), 이더넷(1973), 퍼스널컴퓨터(1973), 그래픽 사용자 인터페이스 창(1975)과 데스크톱 출판에 사용된 페이지 설명 언어(1978) 등을 내부적으로 개발하는 데 성공했다. 그러나 그중 레이저 인쇄기술을 제외한 개발품은 다른 기업들이 상용화했다. 예를 들어 그래픽 사용자 인터페이스 기술은 애플의 첫 번째 매킨토시의 기초가 됐다. 이더넷과 페이지 설명 언어는 제록스 직원이 설립한 신생 기업 스리컴3Com과 어도비Adobe에서 각각 상용화됐다.

이런 예가 제록스만 있는 것은 아니다. 1980년대, 에이티앤티는 '2000년까지의 미국 휴대전화 시장'을 90만 대 정도로 예측한 탓에 결국 휴대전화 기술을 상용화하는 데 뒤처졌다. 2000년도까지 이 시장의 실제 규모는 1억900만 대였다. 후에 에이티엔티는 자신들의 예측이 잘못됐음을 깨달았지만, 그때 그들이 시장에 진입할 수 있는 유일한 방법은 맥코 셀룰러McCaw Cellular를 126억 달러(약 15조2,775억 원)에 인수하는 것뿐이었다.

또한 폴라로이드는 디지털 이미징 기술의 조기 개척자였지만, 본격적인 개발에 자원을 투입하는 데 실패했다.

제록스와 에이티앤티, 폴라로이드는 문제를 발견하거나 또는 다양한 아이디어를 모아 새로운 해결책으로 전환시키는 능력이 부족해 실패한 게 아니다. 이들은 결국 선택을 제대로 하지 못해 실패한 것이다. 잘못된 결정은 '선택해야 할 것을 선택하지 않아서' 발생하는 것만은 아니다. 반대로 '해서는 안 되는 선택을 해서' 일어나는 경우도 많다. 나쁜 선택은 결국 두 가지 가능성을 모두 높인다. 될 사업을 잘라내거나, 되지 않을 사업에 돈을 쏟아붓거나.

불확실성과 모호성에 대하여

원칙적으로 혁신 프로젝트를 선택하는 일은 공장 건설 또는 장비 구입을 결정하는 일과 크게 다르지 않다. 모든 혁신 프로젝트에는 돈과 사람 그리고 시간 같은 자원이 필요하다. 자원은 유한하기 때문에 최대한 효율적으로 활용해야 한다. 경험을 토대로 한 결정이 필요하고, 대안적인 방법보다는 확실한 가치를 창출할 가능성이 높은 프로젝트를 추구하게 된다.

그런 선택은 일견 간단해 보인다. 그러나 혁신 프로젝트는 단순한 경험 이상의 무엇인가를 선택해야 한다는 특징이 있다. 첫 번째 이유는 버텍스 파마슈티컬의 예에서 이야기한 불확실성과 관련된 문제다. 누구도 프로젝트를 완료하는 데 필요한 자원의 양이나 소요되는 시간 등을 정확히 알 수 없다. 새로운 기술이라면 특정 문제를 해결하는 데 걸리는 시간은 물론 실제로 문제가 해결될 수 있을지도 알 수 없다. 생각지도 못했던 새로운 문제가 발견될 수도, 더 많은 시간과 자원이 필요할 수도 있다. 아울러 수익과 이익 등을 추정하는 일도 매우 어려울지 모른다. 기술 관점이든 시장 관점이든, 혁신의 방향이 새로울수록 필요한 자원과 잠재적 수익 모두 불확실성이 커진다.

모호성은 혁신 프로젝트를 선택하는 두 번째 과제로, 첫 번째 이유인 불확실성과는 다르다. 불확실성은 대개 확률로 측정할 수 있다. 내일 비가 올 것인가? 일기예보는 보통 40%와 같은 확률로 말한다. 반면 모호성은 변수 자체에 대한 지식 부족을, 미처 알지 못하거나 소위 '미지의 것을 모르는' 상황을 뜻한다. 잠재적인 혁신에 따르는 내년의 수요를 정확하게 말할 수 없는 것은 불확실성이다. 그러나 어떤 시장이 적합할지 자체를 모르는 경우는 모호성이다. 불확실성 상황은 최소한의 선택지는 알고 있지만 어떤 선택지가 가장 매력적일지 평가하는 데 필요한 정보를 정확히 얻을 수는 없는 경우다. 모호성의 상황은 아직 선택지 자체를 발견하지 못한 경우다.

물론 불확실성과 모호성의 수준은 혁신의 유형에 따라 다르다. 애플이 차세대 아이폰을 출시하는 것과 같은 일상적 혁신에서는 불확실성과 모호성이 비교적 낮다. 애플은 스마트폰 시장에서 고객이 원하는 것을 잘 이해하고 있고, 특정 기능에 어떻게 반응하는지도 어느 정도 예견하고 있다. 이미 고객들의 사용 및 구매 패턴에 대한 방대한 데이터를 수집했을 가능성도 높다. 기본 디자인은 이미 상당한 수준에 도달해 있다. 물론 그렇다고 불확실성이 전혀 없다는 것은 아니다. 새로운 구성 요소와 소프트웨어에는 항상 예상 밖의 반응이 나올 수 있다. 고객의 취향이 달라질 수도 있다. 또 삼성과 같은 경쟁자들이 어떤 제품을 어떻게 제공할 것인지, 가격을 어떻게 책정할 것인지도 정확히 알 수 없다. 일부 기능은 사랑받을 수 있으나 다른 기능은 그렇지 않을 수도 있다. 그러니 불확실성은 항상 존재한다. 다만 이는 매우 한정적으로, 판매 예측도 예상을 크게 빗나가지 않을 수준이다.

그러나 파괴적, 근본적, 획기적 혁신에서는 보다 큰 모호성이 있다. 기업이 자신들이 원래 잘했던 전문 영역에서 처음으로 완전히 벗어나 새로운 시장에 도전할 때는 새로운 시장의 기술을 충분히 알지 못할 가능성이 높다. 이것을 시도했을 때 성공 가능성이 얼마나 되는가? 시장 규모가 얼마나 되는가? 이런 질문에 답할 수 없을 뿐만 아니라, 심지어 이런 질문 자체가 의미 없을 수도 있다. 기술 그 자체도 무엇이 실현 가능하거나 그렇지 않은지 평가할 수 없을 만큼 잘 정의되지 않았을 수 있고, 심지어 시장 자체가 아직 없을 수도 있기 때문이다.

이런 모호성은 비즈니스 모델 혁신에도 있다. 기술과 마찬가지로 비즈니스 모델의 초기 버전은 종종 실현 가능성, 고객 수용성 및 시장 규모와 관련한 불확실성이 본질적으로 무한하다. 따라서 이해 자체가 어려울 수 있다. 1990년대 중반 시작된 이래 전자상거래가 어떻게 진화했는지 보면 알 수 있다. 초기 단계에는 "누가 전자상거래를 통해 구매할 것인가?"와 같은 기본적인 질문에도 답할 수 없었다. 래리 페이지Larry Page와 세르게이 브린Sergei Brin이 구글을 시작했을 때, 많은 전문가가 검색 시장은 돈이 될 수 없다고 했다. 초창기 구글의 선택지는 명확하게 정의되지 않았기에 브린과 페이지는 그것들을 찾아내야 했다.

불확실성과 모호성은 혁신 프로젝트 선택의 위험성을 높인다. 자원을 쓰는 데 있어서 무지無知란 두려움 그 자체다. 두 종류의 오류 사이에서 칼날을 타고 있는 것과 같을지도 모른다. 프로젝트가 실제로 실패했는데도 오히려 성공했다고 잘못 판단할 수도 있고, 한편으로는 실제로 프로젝트가 성공했음도 불구하고 실패한 것으로 잘못 판단할 수도 있다. 프로젝트를 시작하기에 앞서 확실성의 수준을 높이면 나쁜 프로젝트에 투자할 가능성은 줄어든다. 그러나 동시에 언젠가 성공할 수도 있었을 몇몇 프로젝트를 잘라버릴 가능성 역시 커진다. 반대로 프로젝트 선택 기준을 느슨하게 하면 후에 성공할 수도 있는 프로젝트를 잘라버릴 가능성은 낮출 수 있겠지만, 아울러 실패할 프로젝트에 많은 자원을 낭비하게 될 수도 있다.

더 나은 판단을 위한 몇 가지 원칙

판단은 제한된 정보를 토대로 내려진 결정이다. 이러한 종류의 결정은 흑백과 같은 선택이 아니다. 프로젝트의 결과를 완벽하게 예측할 수 있는 충분한 정보를 사전에 갖기란 불가능하다. 제한된 정보에는 많은 회색 음영지대가 있기 때문에 일부 혁신 프로젝트는 다른 것보다 더 복잡한 판단을 필요로 한다. 홈코트 밖의 혁신은 일반적인 혁신보다 불확실성과 모호성이 더 커지고, 따라서 판단도 더 복잡해진다.

의사결정자의 목표는 합리적인 판단을 내리는 것이다. 원하는 결과를 얻을 수 있도록 모든 장단점, 비용과 이익, 위험과 보상의 무게를 측정해야 한다. 이는 정신적으로 매우 힘든 과제다. 관련성이 있을 만한 모든 요소를 생각하고 이것들 각각이 얼마나 중요한지를 평가하려고 노력해야 한다. 미래의 시나리오들을 생각해내고 다양한 출처의 정보를 모아 각각에서 얻는 다양한 신호에 대해 고민해야 한다. '만약에~'와 '~하면 어때?' 같은 질문을 지속적으로 스스로에게 던져야 한다. 답이 나오지 않을수록 더욱 답을 갈망하며 원하게 된다. 모두가 매우 지치는 과정이다.

우리는 행동경제학과 심리학 등을 통해 우리의 판단이 여러 가지 인지편향과 왜곡에 의해 흐려진다는 것을 알고 있다. 우리는 생각만큼 냉정하지도, 데이터 및 정보를 사실 그대로 보지도 않는다. 초기 가설에 집착하는 경향이 있으며, 자신의 견해를 뒷받침할 만한 증거만을 보려 하는 경우가 많다(확증편향). 특정 프로젝트가 성공할 것이라고 생각하면 이 견해와 모순되는 데이터보다는 이 견해를 뒷받침하는 데이터를 더욱 신뢰하려는 경향이 있다. 또한 프로젝트의 초기 느낌이 지속되는 경향도 있다(앵커링 효과). 프로젝트에 '성공'이라는 표식을 붙인 후에는 해당 관점을 고수하려 한다. 흔히 성공을 자신의 능력 덕분이라 믿으면서도 실패는 불운 탓으로 돌리는 경향도 있다(귀인편향). 이로 인해 우리는 프로젝트를 수행하는 데 있어 자신의 능력을 과대평가하곤 한다. 예를 들어 마지막 프로그램에서 예측이 매우 정확한 것으로 입증된다면 자신의 예측 능력에 대한 믿음이 보다 커져서 앞으로의 예측 역시 정확할 것이라 확신하게 된다.

그러나 반대로 자신의 마지막 예측이 완전히 잘못된 것으로 판명나면 이는 그저 불운으로 치부하려 한다.

또한 우리는 최근 일어난 일에 좀 더 가중을 두기도 하고, 최근의 프로젝트가 실패하면 현재 진행 중인 프로젝트의 위험을 과대평가하기도 한다. 반대로 최근 프로젝트를 성공했다면 현재의 위험을 과소평가하곤 한다.

이러한 편견들은 합리적 결정에 이르는 사고에 전반적으로 작용한다. 물론 이런 위험에도 불구하고 프로젝트의 선택은 피할 수 없는 일이다. 이 모든 과정은 불완전하지만, 결정권자는 반드시 자원의 일부 또는 전부를 어떤 프로젝트에 투입해야만 한다. 프로세스를 가능한 한 합리적으로 만들기 위해 기업은 다양한 분석 도구와 기술을 배치하고 이들의 사용과 한계를 검토해야 한다.

더 나은 판단을 하는 데 정답은 없지만 몇 가지 원칙은 있다.

재무 분석 도구의 (부분적) 방어

혁신에 있어 현금흐름할인법, 순현재가치, 내부수익률 등과 같은 재무 분석 방법은 악당처럼 여겨지는 경향이 있다. 하버드 경영대학원 동료인 클레이 크리스텐슨과 스티븐 카우프만Stephen Kaufman, 윌리 슈Willy Shih는 2008년 「하버드 비즈니스 리뷰」에서 '혁신의 킬러들Innovative Killers'이라는 글을 통해 이러한 금융 도구들을 '혁신의 킬러'라고 칭하기도 했다. 이러한 금융 도구들은 관리자가 혁신에 대한 향후 수익을 과소평가하게 하고, 경쟁자들에 대한 기업의 반응을 무디게 만들며, 단기적으로 성과가 나오는 프로젝트에만 자원을 집중하게 만든다. 재무 분석 반대론자들은 이러한 도구들이 인간의 편견 문제를 보완하기보다는 악화시키고, 특히 관리자가 자원 배분 결정에 있어 지나치게 보수적인 태도를 취하게 만든다고 주장한다. 그러나 이러한 주장은 좀 더 조사가 필요하다.

재무 분석의 목적은 희소 자원이 가장 가치 있는 곳에 쓰일 수 있도록 돕는 것이다. 이런 기본 동기는 반론하기 어렵다. 현금흐름할인법, 순현재가치, 내부수익률은 자원이 적절히 사용되고 있는지를 평가하는 가장 일반적인 방법들이다. 기법의 차이에도 불구하고 대부분은 비슷한 논리에 따라 작동한다. 프로젝트에서 소비할 것으로 예상되는 자원과 미래에 기대되는 수익(현금흐름, 이익 등)을 비교한다. 그 과정에서 미래에 얻을 수 있는 1달러는 현재 내 손에 있는 1달러보다 가치가 낮기 때문에 그 가치를 할인(디스카운트)한다. 이러한 계산을 수행하는 데 사용할 수 있는 방법이 여러 가지 있지만, 본질은 현재 자원과 잠재적 미래 수익을 비교하는 것이다. 이 모든 기술은 논리를 구성하는 방법일 뿐이다.

주의해야 할 것은 여느 도구와 마찬가지로 재무 평가 도구

역시 만능은 없다는 사실이다. 망치는 나무에 못을 박기에는 좋다. 그러나 건물을 철거할 때는 해머가 더 적당하다. 그리고 금속 표면에 나사를 박을 때는 전혀 역할을 할 수 없다. 망치가 됐건 재무 분석 툴이 됐건, 어떠한 도구가 쓰임을 하기 위해서는 해당 문제에 어울려야만 한다.

전통적인 재무 분석 도구의 결함은 도구 자체가 아니라 사용 방법에 있다. 기업이 나쁜 프로젝트를 선택한 것은 현금흐름할인법의 문제라기보다는 도구를 사용하면서 잘못 해석한 관리자의 문제일 수도 있는 것이다.

혁신 프로젝트 고유의 불확실성과 모호성 때문에 현금흐름할인법과 순현재가치 같은 기법의 사용이 복잡해진다. 불확실성은 비용 및 미래 수익의 가능성을 추정해 계산한다. 이 과정에서 불확실성이 클수록 미래 현금흐름의 양을 줄인다. 위험도가 높게 인식되는 프로젝트는 할인율이 높아지고, 결과적으로 수익률은 낮아진다. 이론상으로는 틀린 게 아니지만, 현실에서는 그 규모에 대한 예측이 문제다. 불확실성을 할인율에 어느 정도 반영해야 할까? 불확실성은 얼마나 높은 걸까? 해당 프로젝트가 특정 목표점까지 도달할 가능성은 얼마나 될까?

미래의 사건, 특히 한 번도 경험하지 못한 사건의 가능성을 예측하기란 정말로 어렵다. 일상적 혁신이라면 유사한 과거 프로젝트의 데이터를 통해 합리적인 확률을 추정할 수 있다. 그러나 그 외의 혁신들은 충분한 경험이나 지식이 없어 일반적으로 데이터를 기반으로 확률을 추정하기 어렵다. 실제로 이 분석에 사용된 확률 추산치는 사람들의 주관적인 판단이다. 그러니 그게 현재 상황에서 최선의 방법이라 할지라도 절대 이 숫자가 곧 객관적인 분석이라고 믿어서는 안 된다. 미래의 불확실한 예측에 대한 확률 추정치를 도출하거나 위험 수준을 예측하는 일은 앞서 언급한 모든 인지적·행동적 편견에 따른 판단일 수 있다. 분석 안에도 편향적 사고가 존재하는 것이다.

모호성의 영향을 고려하면 재무 분석 도구의 한계는 더욱 분명해진다. 모호하다는 것은 우리가 문제의 구조에조차 손도 댈 수 없는 단계임을 의미한다. 이 단계에서는 선택지 자체가 없다. 앞으로 일어날 일들의 범위 자체를 모른다. 무엇이 결과를 이끄는 핵심 변수인지도 알지 못한다. 구축한 재무 모델은 그저 미래의 잠재적인 상태일 뿐이다. 이 단계의 모델은 사실상 허구에 가깝다.

재무 분석 사용을 지지하는 사람들은 현금흐름할인법 또는 순현재가치와 같은 기본 도구보다 R&D 프로젝트를 평가하는 데 더 적합한 실물옵션평가모델 등의 더 진보된 분석 기법이 있다고 반론할 수도 있다. 실물옵션평가모델에서는 더 많은 정보를 이용해 프로젝트를 포기할 가능성을 고려하기 때문에 프로젝트의 위험을 과대평가하는 것을 피할 수 있다. 또한 프로젝트가 진행될 때에만 명확해지는 이점들을 수량화하는 데도 도움이 된다.

실물옵션평가모델이 분명 전통적인 도구들보다 개선된 도구는 맞다. 하지만 이 역시 만병통치약은 아니다. 단계마다 불확실성과 그것을 해결할 수 있는 논리적 구조를 제공하지만, 여전히 미래의 수익과 비용 같은 중요 변수에 대한 주관적 추정치가 필요하다. 또한 실물옵션평가모델에서도 모호성은 있고, 분석자가 문제의 구조와 기본 의사결정 트리를 합리적으로 잘 이해하고 있어야만 한다. 그러지 않으면 적용 자체가 까다로워지고, 보이지 않는 선택지의 가치를 평가할 수 없다.

문제는 이런 결함과 한계에도 불구하고 많은 기업이 재무 분석 도구를 끊임없이 고집한다는 것이다. 나는 재무 분석 도구를 통해 매겨진 순위 앞에서 잘려나간 수많은 프로젝트들을 봐왔다. 고위 경영진들은 이런 회의 준비를 위해 재무 모델을 계산하고 또 계산한다. 10년 앞으로 다가온 혁신적인 의약품 매출 예측에 대해 치열하게 논쟁하는 것을 보기도 했다.

결코 이들이 어리석거나 순진해서가 아니다. 그들 대다수는 이러한 종류의 분석에 한계가 있음을 안다. 자신들이 만들어낸 숫자가 추정치라는 것도 잘 알고 있다. 성공 확률, 시장 진입 시간, 개발 비용 및 미래 수익 흐름과 같은 주요 매개변수에 대해 많은 판단이 필요하다는 것 또한 안다. 이들은 이사회가 제시하는 숫자가 너무 낙관적이거나 너무 비관적일 수 있음을 인지하고 있다. 그럼에도 불구하고 왜 이런 방법들에 지나치게 의존하느냐고 물으면 언제나 두 가지 대답이 돌아온다.

첫째, 정량분석의 정확성을 중요하게 생각한다는 점이다. 정량적 분석 방법은 주관적인 입력이 개입될 수 있지만, 모든 것을 특정 수치로 표현하다 보니 그 결과가 정확하다는 느낌이 든다. 그러나 숫자는 숫자일 뿐이다. 정확하다는 말에는 논리적이고 세심하고 철저하다는 느낌이 있다. 학계에서도 마찬가지다. 정확한 분석이란 '사실에 기인한' 분석이다. 따라서 정확함이란 반드시 양적인 의미만은 아니다. 그리고 정량적인 것이 정확함을 보증하지도 않는다. 투자수익을 계산하는 데 필요한 가장 기초적인 정보조차 부족한 상황이라고 해보자. 실제로 작동하는지 그리고 어떤 용도로 사용되는지 아무도 이해할 수 없는 새로운 기술이다. 이 시점에서 예상 투자수익에 대해 묻는다면 정확한 대답은 "잘 모르겠습니다만, 여기 내가 더 배워야 할 것이 있긴 합니다" 정도일 것이다. 수십 가지 임의의 가정을 포함한 엑셀시트 위의 1.56% 같은 숫자는 결코 답이 될 수 없다. 그러나 사람들은 너무도 쉽게 숫자와 정확함을 혼동한다. 재무 분석 도구는 객관성과 확실성이라는 환상을 만들기도 한다. 많은 사람이 바로 이 객관적으로 보이는 숫자를 통해 안도하지만, 이는 잘못된 안도감이다. "정확해 보이지만 틀린 것보다는 어렴풋

하게 보이지만 옳은 것이 낫다"는 격언이 있다. 숫자를 보고 프로젝트를 선택하는 사람이 새겨야 할 말이다.

재무 분석 도구에 의존하는 사람들의 두 번째 답변은 "대안이 없습니다"이다. 완벽하지 않더라도 아무것도 하지 않는 것보다는 낫다는 논리다. 무수한 관리자들이 재무 모델이라는 원칙 없이는 전체 자원 배분 프로세스가 추측과 감에 의존하는 무질서한 상황으로 변질될 수 있다고 말한다. 또한 결함에도 불구하고 재무 모델은 서로 다른 프로젝트를 비교할 수 있는 공통 언어와 표준화된 기준을 제공한다고 주장한다. 그러나 이 주장은 마치 '내가 가지고 있는 것이 망치뿐이라면 어떤 작업에든 망치를 쓰겠다'는 것과 같다. 물론 그들을 이해하지 못하는 것은 아니다. 복잡한 선택에서 직감은 사람이나 조직을 큰 혼란에 빠뜨릴 수 있는 반면 재무 분석 도구들은 비교에 적합한 공통의 논리 구조를 제공하기 때문이다. 그러나 나는 재무 모델링의 유일한 대안이 '직감'이라는 견해에 동의하지 않는다. 앞에서 말했듯이 정확함이란 프로젝트 평가의 '정성적 분석'도 포함한다. 정량적 재무 분석 모델과 정성적 분석 모델은 서로 대안이 될 수는 없지만 보완이 될 수는 있다. 재무 분석을 포기하라는 것은 아니다. 재무 분석 모델 기법을 탐사, 조사 및 학습과 관련해 보다 통합적인 프로세스의 일부로 어떻게 사용할 수 있는지 이야기해보려는 것이다.

학습 과정으로서의 선택

불확실성과 모호성 앞에서 '어떤 프로젝트에 언제 투자할 것인가' 같은 결정은 보편적인 상황에서와는 다른 접근법이 필요하다. 옛 동료 데이비드 가빈David Garvin은 의사결정이 흔히 별개의 사건으로 잘못 관리되고 있다고 주장했다. 이 때문에 리더들이 정보를 수집하고 의견을 수렴해 세부 분석을 하는 데 많은 시간을 할애하는 반면, 실제 결정 자체에는 짧은 시간만을 쓰게 되면서 결과적으로 이분법적인—'한다', '하지 않는다' 같은—선택을 하게 된다는 것이다. 물론 대안들이 비교적 명확하고 의사결정에 필요한 관련 데이터들이 잘 정리되어 있다면 별개의 사건화를 통한 의사결정도 나쁘지 않다. 예를 들어 새로운 장비를 살 경우, 장비의 성능과 사양을 이미 많이 알고 있고 이전에 유사하거나 동일한 장비를 써본 경험이 있다면 결정은 명확해진다. 사거나, 사지 않거나, 일정 기간 후에 구입하거나.

별개 사건 관점으로 접근하는 것은 비교적 작은 변화를 예상하는 일상적 혁신에서도 가능하다. 시장 규모는? 투자수익은? 시장이 반응할 시점은? 예상 고객은? 이런 질문들에 과거 경험을 통해서 답하고 판단에 따라 비교적 쉽게 투자결정을 진행할 수 있다.

하지만 변혁적 혁신 프로젝트에서는 이러한 예측이 쉽지 않다. 대안을 제대로 이해하지 못했을 수도 있다. 불확실성이 높고 미래의 기술적 성능과 시장 잠재력에 대한 예측은 매우 가변적일 수 있으며, 프로젝트를 파고들 때까지도 자신들이 모르는 것이 무엇인지조차 알지 못할 수도 있다. 그런데 이런 경우도 별개의 사건 중심으로 접근하면 문제가 더 어려워진다. '시장의 크기는?' 또는 '투자수익은?' 같은 질문에 쉽게 답할 수 없다. 너무 많은 미지의 가능성이 있기 때문이다. 기껏해야 '정확히 모르겠음'이라 답할 수 있을 텐데, 이러한 답변은 오히려 많은 이들의 편견을 불러올 수 있다. 따라서 변혁적 혁신 과정에서는 별개 사건 중심이 아니라 학습 과정으로 구조화되고 관리되어야 한다. 여기에 정답은 없지만, 과거 연구에서 제시된 몇 가지 원칙에 대해 이야기해 볼 수는 있다.

조직이 이를 수행할 수 있는 구체적인 방법과 이러한 접근 방식을 지원하는 데 필요한 리더십에 대해 살펴보자.

가설에 관한 제안서 작성

프로젝트 제안서는 일반적으로 프로젝트를 지지하는 형태로 쓴다. 즉, 제안자 자신이 프로그램을 제안하는 이유를 설명한다. 당연하다. 일반적으로 제안자는 자신의 프로젝트를 진정으로 믿고 있고, 기업에 좋은 기회가 될 것이라 여기기 때문이다. 그래서 이야기에는 진정성이 있다. 그러나 접근이 잘못되면 정보를 왜곡하게 될 수도 있다. 옹호론자들은 자신이 알고 있는 것, 긍정적인 것들만을 강조함으로써 주장을 뒷받침하려 한다. 이들은 프로그램을 지원하기 위해 자신의 임무를 적극적으로 설명한다. 물론 제안을 듣는 고위 관리자 역시 바보는 아니기에 이들은 회의론자의 역할을 자청할 때도 있다. 따라서 이런 검토 회의는 옹호론자들이 이유를 설명하고 관리자들이 교차 검토하는 것이 일반적이다. 그 결과 승자(프로젝트가 선정된 자) 또는 패자(프로젝트가 거절당한 자)가 생긴다. 진짜 문제는 그 이후 더 깊은 학습과 탐구의 장이 열리지 않는다는 것이다.

제안을 기술, 시장, 고객, 가치 흐름, 비즈니스 모델 및 전략 선택에 관한 일련의 작업 가설로 구체화하면 프로세스 방향을 학습과 탐구에 맞출 수 있다. 가설은 질적 또는 양적 데이터로 실험될 수 있는 명제로, 일반적으로 기술, 고객, 경제 상황 등에 대한 구체적인 가정에 기초한다. "자율주행자동차 공유 시장을 새롭게 열 것이며, 향후 10년 동안 개인 소유 차량에 대한 수요는 30%가량 감축할 것이다"라는 것은 가설이다. 만약 자동차 기업에서 일하는 사람이 자율주행자동차에 대한 R&D 제안서를 이런 식으로 쓴다면 이는 스스로 제안한 프로그램에 대한 정보와 이해가 매우 불완전함을 인정하는 셈이다. 게다가 제안의 목표는 이 내용이 옳은지 그른지를 판단하는 것보다는 검토 과정에서 불완전성을 최대한 없애는 것이다. 플래그십 피어니어링의 예를 다시 떠올려보면, 새로운 벤처 제안서에는 '만약 그렇다면'이라는 가설이 포함돼 있었다. 누바르 아페얀이 말한 것처럼 '만약'이란 '우리가 이것을 할 수 있음을 밝혀내는' 과정이다.

초기 가설이 반드시 사실일 필요는 없다. 혼다의 경량 제트기 프로그램 초기 가설 중 하나는 혼다의 자동차 기술 및 엔지니어링 기능의 일부가 경량 제트기 설계에 적용될 수 있다는 것이었다. 이는 사실이 아니었다. 혼다는 항공기 기술을 연구하기 시작하면서 자동차공학과 항공공학 사이에 중요한 차이점이 있음을 이해하게 됐다. 그러나 분명한 가설을 전면에 세우면 리더들이 프로그램을 시작해야 하는 근거를 판단하고, 또 정보가 바뀌면 프로그램을 계속 진행할지를 판단하는 데 도움이 된다. 혼다에서는 초기 연구 과정에서 개인용 비행기 시장의 가능성에 대한 가설 덕분에, 자동차 기술이 항공기 설계에 적용되지 않는다는 사실을 이해한 후에도 항공기 프로그램을 계속 진행할 수 있었다.

가설에 기반한 접근법은 엉성한 생각이나 나쁜 프로그램을 유지하기 위한 핑계가 아니다. 가설은 충분히 숙고되어야 하며, 수용 또는 거부에 대한 분명한 기준이 있어야 한다. 플래그십에서는 벤처 가설을 제안한 팀은 과학적으로 엄격하게 고안된 '킬러 실험'을 명시한다. 이처럼 기술과 시장에 관한 가설을 세우는 데는 엄격함이 있어야 하고, 리더들은 각 가설을 뒷받침하는 가정에 대해 묻고 그 논리의 명확성을 요구해야 한다. 또한 몇 가지 중요한 가설은 빠르고 정확하게 테스트할 수 있어야 한다. 가설을 바탕으로 하는 접근법이라고 해서 프로젝트가 승인된다는 의미는 아니다. 일부 가설은 기업의 자원 제약이나 전략적인 이유로 검증이 불가능할 수도 있다.

버텍스에서 4가지 제약 개발 프로그램은 불확실성을 수반했다. 각 프로그램은 몇몇 임상 테스트만을 거친 상태였다. 예비 임상 테스트가 프로그램 성공을 보장하지 않음은 제약업계 종사자가 아니라도 알고 있다. 대부분의 제약 연구 개발 프로그램은 안전 문제나 치료 효능 부족으로 인해 결국 실패하고, 시장 규모도 예측하기 어렵다. 따라서 버텍스 경영진은 다음과 같은 가설을 토대로 내부논의를 진행해 보는 편이 옳았다.

우리는 질병에 관해 충분히 이해하고 있는가? 특정 분자가 질병 과정에 어떻게 개입하는지 이해하는가? 분자 자체와 관련된 위험은 무엇일까? 이 약물을 상업화할 때 발생할 수 있는 문제는 무엇인가?

물론 어느 것에도 쉽게 대답할 수는 없다. 그저 예비 자료와 단서를 제공할 수 있는 과학 문헌들이 있을 뿐이다. 어떤 가설이 다른 가설에 비해 더 그럴듯한지에 대한 판단은 조직원마다 다를 수 있다. 그러나 각 프로그램의 중요성을 가릴 수 있는 가설의 명확성은 경영진이 중요한 문제와 장단점에 집중하는 데,

나아가 관련 내용에 대해 자문하고 위험을 고려하며 대안을 찾는 데에도 도움이 될 수 있다.

정답을 제공하기보다는 분석을 통해 질문을 유도하라

전통적인 자원 분배 프로세스에서는 재무 분석 및 정량 분석을 통해 답을 찾는다. 이것들은 주장을 뒷받침하는 과정에서 중요한 도구가 된다. 학습 중심적 접근 방식에서 분석은 답을 찾을 때가 아니라 질문을 찾는 데 사용되므로 전통적인 과정만큼 많이 쓰이지는 않는다. 정량적 접근 방법의 강점은 문제를 통해 생각할 수 있는 구조적이고 논리적인 방법을 제공한다는 것이다. 재무 분석을 제대로 하기란 정말로 어렵다. 미래의 가격, 미래의 경쟁 조건, 미래의 고객 취향, 미래의 비용 및 대체 기술 같은 수많은 세부 사항을 고려해야 한다. 이러한 이슈에 대해 깊이 생각하고, 경영진이 이 문제들을 둘러싼 불확실성을 인식하도록 하는 것이 구조화된 분석에서 매우 중요하다. 우수한 분석은 하나의 과정이지 결과물이 아니다.

버텍스는 4개의 후보 프로그램을 평가하는 과정에서 비교적 정교한 분석 도구인 몬테카를로 시뮬레이션을 실물옵션분석과 결합해 활용했다. 그러나 결정 자체는 이러한 도구들을 통해 나온 결과물들로 내리지 않았다. 재정 분석은 조사 도구로만 사용한 것이다. 분석을 수행했지만 이를 기초로 특정 의사결정을 하기 보다는 또 다른 가정과 대안에 대한 질문을 던졌다. 분석은 계속해서 새로운 수치와 다른 가정에 기초하여 반복됐다. C형 간염 바이러스를 표적 가정한 한 프로그램은 고려 중인 다른 3가지 프로그램보다 상업적 가치가 훨씬 낮게 나왔다. 경제적인 측면에서 C형 간염 바이러스를 표적으로 한 이 프로젝트는 실패처럼 보였다. 이 경우, 내가 보아온 대부분의 조직에서는 더 이상 조사를 하지 않는다. 그러나 버텍스의 경영진은 조사를 중지하는 대신 더 많은 질문을 했다. '왜 상업성 평가가 그렇게 낮은가? 시장의 규모 때문인가, 아니면 경쟁사 때문인가? 약물의 잠재적인 치료 효과는 어떤가?' 계속해서 파고들자 이유는 필요한 분자의 제조비용이 매우 높기 때문임이 밝혀졌다. 일반적으로 의약품 산업에서 제조비용은 매출액의 10% 미만이라 프로젝트 착수 여부에 큰 영향을 미치지 않는다. 그러나 이 경우에는 사용되는 분자 때문에 매우 복잡한 제조 공정이 필요할 것으로 예상됐다. 시장과 예상 가격에 대한 가정에 따르면 높은 제조 원가는 이익에 있어 큰 문제가 될 것 같았다.

대부분의 기업들은 여기서 멈췄을 것이다. 그러나 버텍스는 더 많은 질문을 했다. '대체 가능한 공정은 없을까? 있다면 비용은 얼마나 들어가고 기간은 얼마나 걸릴까?' 이 과정에서 그들은 제조비용을 낮출 수 있는 확실한 대안이 있음은 물론 제조 원가를 일정 수준으로 줄이면 향후 상업적 가치에 큰 영향을 미칠 수 있음을 알게 됐다. 명확한 것은 없었지만 이 분석은 경영진이 새로운 기회와 위험을 이해하는 데 큰 도움이 됐다.

금융 분석을 조사 도구로 사용하는 것은 정량 분석과 경영적 판단 사이에 반복적으로 대화를 하는 것과 같다. 전통적인 금융 분석 접근과는 달리 학습 중심의 접근법에서는 숫자가 결정적인 요소가 아니다. 그렇다고 전적으로 감에 모든 것을 맡기지도 않는다. 분석은 대화를 위해 사용되고, 가설과 가정에 대한 심층적인 조사를 추진하며, 대안 시나리오들을 시뮬레이션하고 중요한 불확실성을 해결하기 위한 프로젝트 계획을 구조화하는 데 사용된다.

활발한 토론을 촉진하라

많은 기업에서 '팀워크'와 '협력'을 방해한다는 이유로 토론을 꺼린다. 그러나 이는 토론의 본질을 오해한 것이다. 토론은 일종의 갈등이며, 갈등은 누군가를 불편하게 만들기도 한다. 그러나 적절히 관리할 수 있다면 토론과 그에 따르는 갈등은 매우 생산적일 뿐만 아니라 탐구와 학습의 중요한 도구로 사용될 수도 있다.

선택과 결정 과정에서 격렬한 토론은 필수 요소다. 토론을 통해 가정과 논리를 면밀히 살펴볼 수 있고, 격렬한 토론은 추가적인 정보와 대안을 제시하는 데 도움이 된다. 프로그램이 복잡할수록 토론은 더욱 필요하다.

만약 사람들이 토론을 원치 않는다면 이는 사람들이 그 사안에 있에 몰입되지 않았거나 토론에 참여해 자신의 의견을 개진할 만큼 조직이 열려 있지 않다는 징조일 수 있다. 의사결정에 관해 연구한 많은 연구자들은 구성원들이 특정 문제에 있어 토론에 적극적으로 참여할수록 해당 조직의 리더들이 더 나은 판단을 내릴 가능성이 높아진다고 한다. 케네디 대통령이 쿠바 미사일 위기Cuban Missile crisis(1962년 중거리 핵미사일을 쿠바에 배치하려는 소련의 시도를 둘러싸고 미국과 소련이 대치하여 핵전쟁 직전까지 갔던 국제적 위기-역자 주)를 어떻게 해결했는지가 좋은 예다. 케네디 대통령은 쿠바 미사일 위기 상황에서 국무부, CIA, 국방부, 합참 의장들이 치열하게 토론하도록 했다. 그리고 이들이 공습 외의 다양한 대안을 생각해 보도록 요구했다.

조직 내에서 활발한 토론은 결코 쉽게 일어나지 않는다. 리더십이 필요하다. 건강한 논쟁을 촉진하기 위해서는 리더가 몇 가지 역할을 해야 한다.

우선 충돌하는 조직과 사람들로부터의 의견을 적극적·공개적으로 요청하는 것이다. 많은 기업에서는 일부 팀이나 개인들이 프로젝트 프로세스를 사실상 지배하는 경향이 있다. 이는 결코 바람직하지 않다. 이런 상황은 다양한 사람들의 의견을 차단하고 결과적으로는 나쁜 선택을 하게 만들 수 있다. 리더는 이와 관련해 다양한 사람이 여러 방식으로 토론에 참여할 수 있도록 해야 한다. 그동안 선택 과정에서 떨어져 있던 그룹과 사람들에게 참여를 요청하는 것도 좋다. 리더로서 진심으로 다양한 이들의 생각을 필요로 한다는 것을 분명히 해야 하며, 프로세스 참여에 주저하거나 침묵해서는 안 됨을 명확히 해야 한다. 버텍스의 CEO는 R&D 프로그램에 대한 아이디어가 꼭 R&D 팀만이 아니라 어디에서도 나올 수 있음을 분명히 했다. 그는 인터뷰에서 기업이 성장함에 따라 나중에 들어온 직원들이 창립 멤버들보다 덜 중요한 것처럼 여겨지는 경향이 있음을 알고 변화하도록 노력했다고 말했다. "가장 최근에 입사한 사람도 처음 입사한 사람만큼이나 중요하게 생각합니다. (…중략…) 하역장에서 일하는 사람들도 임상 프로그램에 대해 생각하기를 원했습니다."

또한 좋은 토론에는 비판 의지가 필요하다. 사실 비판은 많은 사람이 피하고 싶어 하는 잠재적 갈등 유발 행위의 하나다. 특히 기업에서 자신보다 높은 이들의 아이디어나 제안을 비판하는 것은 더욱 어렵다. 그러나 리더들은 자신의 제안조차도 비판받을 수 있음을 밝히고 받아들여야 한다. 드와이트 아이젠하워 장군General Dwight Eisenhower은 제2차 세계대전에서 노르망디 공격 작전을 수행하기 약 3주 전, 연합군 부대 100명의 장성들에게 전투 계획을 브리핑했다. 알다시피 군대는 극도로 수직적이고 명령 체계가 신성하기까지 한 조직이다. 상급자의 명령을 따르지 않으면 군법으로 다뤄질 수도 있다. 그런 군에서 아이젠하워가 어떻게 그 중요한 회의를 시작했을까?

"계획에 문제가 있다고 생각한다면 누구든지 주저하지 말고 말하는 것이 의무다. 나는 비판을 용납하지 않는 사람에게는 그 어떤 동정심도 갖지 못한다. 우리는 최상의 결과를 얻기 위해 여기에 왔다."

아이젠하워는 그저 계획을 비판해도 좋다는 정도가 아니라 비판은 의무이며, 그게 모두가 이곳에 모인 이유이자 최상의 결과를 얻기 위한 방법이라고 했다. 그는 실제로 비판을 받아들였고, 계획은 마지막 순간까지 보완됐다. 그러나 경계는 있었다. 노르망디를 침략하려는 전략적 결정 자체는 논의 대상이 아니었다. 그 결정은 재검토 사항이 아니었던 것이다. 이처럼 비판은 관련된 문제에 정확히 맞춰졌을 때 가장 생산적이다.

건전한 논쟁의 또 다른 특징은 투명성이다. 토론은 관련 당사자들이 다른 사람들의 주장과 견해를 듣고 대응할 수 있는 상황에서 해야 한다. 그러나 많은 조직에서 여러 이유—특히 정치적인 이유—로 그러지 않는 경우가 많다. 회의실에서는 다들 예의를 갖추느라 동의해놓고 회의가 끝나면 복도나 주차장에서 토론이 시작된다. 진짜 의견은 여기에서 펼쳐진다. "A부장의 데이터는 조금 의심스러워", "C과장의 분석은 가정 자체가 억 지야" 같은 지적들이 난무한다. 이런 행동은 특히 학습 측면에서 큰 문제다. 만약 A부장의 데이터가 정말로 의심스럽다면 모두가 이 사실을 아는 편이 더 좋지 않을까? 이 문제가 수면 밖으로 나타난다면 기업은 보다 다양한 정보를 바탕으로 필요한 새로운 데이터가 무엇인지 함께 생각해볼 수 있다. 그리고 만약 비판이 틀렸다면, A부장의 데이터가 옳고 C과장의 가정이 실제로는 꽤 합리적이라면, 당사자들은 보다 자신감을 가질 수 있다. 또한 경영진은 더욱 확신을 갖는 기회가 될 수도 있다. 물론 현실적으로 모든 토론이 지정된 시간에 할당된 형식으로 수행될 수는 없다. 두 사람이 복도에서 마주쳤을 때 또는 점심을 먹으면서 프로그램에 관해 이야기를 나눌 수도 있다. 아니면 필요에 따라 누군가를 따로 불러서 프로젝트에 대한 질문을 할 수도 있다. 토론은 다양한 방식으로 일어날 수밖에 없는 것이다. 하지만 토론의 내용만큼은 적절한 때에 모든 사람이 공유할 수 있도록 해야 한다. 그렇게 되면 투명성이 확보됨은 물론 의사결정의 근거를 설명하는 리더들의 임무도 훨씬 쉬워질 것이다. 최종 결정을 지지하든 그렇지 않든 모두는 동일한 사실, 분석, 주장과 반대 주장에 접근할 수 있기 때문이다.

마지막으로, 활발한 토론은 아이디어, 가정, 가설, 데이터, 분석 및 판단에 관한 것이어야지 사람에 대한 것이어서는 안 된다. 토론이 개인 영역의 문제로 향해 논쟁이 인식공격으로 변질

되면 분위기 자체가 오염되기 때문에 생산적 학습은 이후로도 불가능해진다.

가능한 한 오랫동안 마음을 열어두어라

학습 환경을 만들고 싶다면 리더로서 진정으로 배울 준비를 해야 한다. 학습은 사고방식을 변화시키고 때로는 마음을 바꾸는 것이다. 누구나 각자의 의견을 가지고 결정을 내린다. 때로는 특정 프로젝트가 정말 마음에 들어서 흥분하고 진정 '정답'이라 믿기도 한다. 그러나 자신의 의견과 논리, 관점과 충돌하는 것들에도 마음을 열어둘 수 있다면 더욱 좋다. 그러지 못한다면 아직 배울 준비가 되어 있지 않은 것이다. 리더가 편견에 사로잡혀 있으면 조직원들은 이를 빠르게 감지한다. 이 경우 '학습'과 '탐험'은 그저 가식이자 웃음거리가 될 뿐이라 조직원들은 적극적으로 참여하지 않거나 리더가 듣고 싶은 말만을 할 것이다.

프로젝트에 대한 여러 사람의 이야기를 듣는 과정에서 리더의 마음이 정리될 수도 있다. 이는 자연스러운 것이다. 그러나 이때 리더가 자신의 생각을 이야기하면 토론이 왜곡될 수도 있고, 아예 끝나버릴 수도 있다. 단, 이용 가능한 모든 정보와 주장, 견해가 제시된 상황에서 추가 학습의 기회가 미미하다고 생각된다면 그렇게 하는 편이 나을지도 모른다.

불필요한 상황에서 토론을 연장할 필요가 없으나, 마무리되기도 전에 끝내지 않도록 언제나 조심해야 한다. 리더의 마음이 바뀔 여지가 조금이라도 있는 정보가 있다고 생각되면 토론을 이어갈 필요가 있다. 이는 위에서 언급한 '완전한 투명성' 원칙의 예외이기도 하다. 토론을 계속하고 싶다면 리더의 생각을 이야기하지 않는 것도 하나의 방법이다. 대신 여전히 질문이 있거나 특정 옵션에 대해 완전히 확신하지 못했다는 신호를 보내야 한다.

버텍스 CEO는 토론을 이어가기 위해 자신이 지지하는 팀을 공개하지 않았다.

"나와 비키 사토는 지난 몇 개월간 어떤 프로젝트를 선택해야 하는지에 대해 많은 이야기를 해왔고 또 어느 정도 마음을 정했습니다. 그러나 여전히 정보의 통로를 열어놓고 토론을 계속하기를 원합니다. (…중략…) 누군가가 설득력 있는 새로운 정보를 내게 들고 온다면 내일 내 마음을 다시 바꿀 수 있을지도 모릅니다."

실제로는 마음을 열어두는 것은 매우 어려운 일이다. 사람들은 자기 확신을 갖고 있다. 무엇을 해야 할지를 아는 쪽과 모르는 쪽 중 하나를 선택하라면 대부분은 전자를 택한다. 불확실성이 우리를 불안하게 만들기 때문이다. 게다가 리더라면 더욱이 결정에 압박감을 느낀다. 그래서인지 리더십에 관한 글에서는 '결단력'을 강조할 때가 많다. 리더는 불확실성에도 불구하고 결정을 내릴 용기가 있어야 하며 선택을 두려워하지 않아야 한다고 말한다. 이런 조언은 그럴듯해 보이지만 '얼마나 훌륭한 의사결정을 내릴 것인가'라는 관점에서 보면 멍청한 충고일 뿐이다. 훌륭한 리더들은 실제로는 그렇게 하지 않는 경우가 더 많았다. 가능한 한 마지막 순간까지 최대한의 정보를 듣기 위해 노력했다. 버텍스의 보거처럼 조급하게 결정을 내리지 않으려 노력해야 한다.

"나는 모호함에 대해 참을성을 가지려 노력합니다. 이는 망설임과는 다릅니다. 상반되는 견해에 대한 개방에 가깝지요."

파산 직전의 피아트Fiat와 크라이슬러Chrysler를 구한 CEO 세르지오 마르치오네Sergio Marchionne는 나와 인터뷰를 하던 중 이렇게 말했다.

"나는 때때로 마음을 바꿨습니다. 그리고 스스로에게 말했지요. '괜찮아, 기꺼이 기다릴 수 있어. 행동한다는 것이 언제나 옳은 것은 아니니까'라고요."

마음을 바꾸는 것이 리더의 나약함을 나타내는 것은 아니다. 오히려 기민한 마음의 신호일 수도 있다.

3부

혁신 문화 구축

Building the Culture

컴퓨터를 비롯한 과학의 발전에도 불구하고 혁신은 전적으로 인간의 활동이다. 혁신에 대한 모든 결정은 궁극적으로 사람이 한다. 어떤 문제가 가장 흥미롭고 잠재적으로 해결할 가치가 있는지 결정하는 것도 사람이다. 탐구할 기술과 매력적인 해결책을 결정하고 어떤 디자인을 포함시키거나 어떤 고객을 목표로 할지, 누구를 팀에 포함시킬지, 어떤 팀이 가장 많은 자원을 가져야 할지, 어떤 프로젝트를 중지시키고 어떤 프로젝트를 계속 진행할지 결정하는 것도 사람이다.
그리고 문화는 사람들이 생각하는 방식과 행동양식을 결정한다. 따라서 혁신은 문화와 밀접하게 연결되어 있다. 그러니 조직 문화에 대해 이야기하지 않고는 혁신 역량을 말할 수 없다. 대부분의 기업에서 문화적 규범은 오랜 시간을 거쳐 만들어진 것이라 바꾸기가 쉽지 않다. 급속하게 성장하는 젊은 기업도 혁신적인 문화를 유지하기란 어렵다. 최상의 전략과 혁신을 위한 최상의 시스템도 혁신을 위한 올바른 문화를 갖추지 못했다면 어떤 기업에게도 아무런 가치가 없다.
그렇다면 혁신을 위한 올바른 문화는 과연 무엇일까? 또 혁신 문화는 무엇일까? 모든 조직에 정답인 문화가 있을까? 리더들은 혁신에 도움이 되는 문화를 형성하기 위해 무엇을 할 수 있을까? 바로 3부에서 이야기할 내용들이다.

8장

혁신 문화의 역설

사람들이 변하는 이유

데니스는 우리 앞에 펼쳐진 거대한 회사 로비를 쳐다보며 애석해했다.

"이제 이 모든 게 형식적인 것처럼 보여요."

데니스는 10여 년 전 회사가 막 생겨났을 때 입사해 지금까지 한 회사에서만 일해왔다. 회사는 창업 이후 2개의 큰 인기 의약품을 성공시키며 성장했고 변화해 왔다. 더 많은 사람들과 더 크고 좋은 건물, 더 큰 주차장과 그 주차장을 메우고 있는 값비싼 자동차들처럼 눈에 보이는 변화 이외에도 다른 큰 변화들이 있었다. 회사가 작동하는 방식이 바뀐 것이다. 복도에서 벌어지던 자발적인 브레인스토밍은 공식적이고 구조화된 회의들로 대체됐고, 지켜야 할 절차가 더 많아졌으며, 특정 사안을 결정하기 위해 더 많은 회의가 열렸다. 사람들은 분명 과거와 다르게 행동했다. 문화가 바뀐 것이다.

문화는 '조직 구성원들의 공유된 가치'로, 그들의 행동으로 표현된다. 기업 '소프트웨어'의 근원이라고도 볼 수 있다. 그리고 이 소프트웨어가 조직의 하드웨어 기능을 어떻게 형성할지를 결정한다. 컴퓨터와 마찬가지로 변화를 원한다면 기업 또한 하드웨어와 소프트웨어를 모두 혁신해야 한다. 따라서 문화는 조직의 행동과 성과에 매우 강력한 동력이 된다.

문화는 공식적인 시스템과 프로세스를 촉진시킬 수도 있고 차단할 수도 있다. 리더들이 아이디어를 검색하고 다양한 아이디어를 일관된 개념으로 통합하여 특정 프로젝트를 선택한다고 해보자. 이러한 프로세스의 성공 여부는 이들이 자발적으로 발언할 의지가 있는지, 서로 다른 아이디어에 기꺼이 도전하고 있는지, 기회에 도전할 의지가 있는지 등 관련된 이들의 생각과 태도에 달려 있다. 만약 이들이 그런 태도와 생각으로 준비되어 있지 않다면 나머지 형식 체계는 그리 중요하지 않다. 문화는 기업의 그림자와 같아서 실체를 볼 수는 없지만 언제나 그 존재를 느낄 수 있다.

많은 이들은 기업의 규모가 커지면서 문화가 혁신을 방해하는 방식으로 변화한다고 생각한다. 데니스의 회사처럼 기업은 더 형식화되고 덜 자발적으로 변한다. 사람들은 위험을 두려워한다. 따라서 기업이 전략과 시스템 측면에서 무엇을 하려고 하든지 혁신을 위한 이들의 노력은 실패한다. '대기업 문화'에 갇혀 버리기 때문이다.

나는 조직이 성장함에 따라 문화가 변화할 수 있고 때로는 변화해야 한다는 데 동의한다. 실제로는 혁신적인 문화란 매우 드물지만, 그렇다고 그런 변화가 불가능한 것은 아니다. 조직 문화 또한 인류의 창조물이다. 따라서 사람 특히 관리자를 통해 변화할 수 있다.

이제 기업이 어떻게 문화를 변화시킬 수 있는지를 이야기해 보자.

혁신 문화의 역설

혁신 문화의 특징은 무엇일까? 나는 지난 수년간 수십 명의 경영자에게 이 질문을 했다. 연구를 위한 질문은 아니었다. 경영자들이 혁신 문화에 대해 어떻게 생각하고 있는지 이해하기 위한 질문이었다. 대답은 흔히 혁신 문화에 관한 학술 연구나 사례 연구에서 나온 이야기들과 잘 부합했다. 내가 들었던 이야기들은 아래와 같았다.

첫째, 실패에 대해 인내다. 혁신이 '불확실하고 알려지지 않은 것에 대한 탐사 활동'임을 고려하면 그리 놀라운 대답은 아니다. 실패에 대해 처벌받는 환경에서는 모두가 실패의 결과를 두려워하게 되므로 아무도 위험을 감수하려 하지 않는다. 본질적으로 위험한 혁신을 기피한다.

둘째, 실험에 대한 의지다. 7장에서 설명한 것처럼 실험은 학습을 위한 수단이자 혁신을 위한 필수 활동이다. 혁신적인 조직은 많은 것을 실험하는 경향이 있다. 그러나 실험을 수행하려면 시스템과 자원 이상의 것이 필요하다. 실험을 포용하는 조직은 불확실성과 모호성을 두려워하지 않는다. 모든 해답을 아는 척하거나 모든 것을 분석할 수 있는 척하지도 않는다. 그들은 즉시 판매 가능한 제품이나 서비스를 생산하기보다는 배우기 위해 실험한다. 많은 실험이 예상치 못한, 심지어 바람직하지 않은 결과로 이어지기도 하지만, 그런 경우도 이를 실패로 간주하지 않는다. 실험정신이 있는 조직은 항상 초기 가설을 입증할 수 있는 방법을 찾고 이후 더 발전적인 길로 전환할 수 있다.

셋째, 심리적 안전성이다. 심리적 안전은 보복에 대한 두려움 없이 문제에 대해 진실하게, 공개적으로 이야기할 수 있다고 느끼는 조직적인 분위기다. 나의 동료 에이미 에드몬슨Amy Edmondson의 연구 결과에 따르면, 심리적으로 안전한 환경은 조직이 치명적 오류를 피할 수 있게 도울 뿐 아니라 학습과 혁신에도 큰 도움이 된다. 예를 들어, 수술 중 문제가 있다면 팀에 더 편안하게 말할 수 있는 간호사가 상대적으로 빨리 새로운 기술을 익힌다. 심리적 안전은 아이젠하워 장군이 노르망디 전투 전날 요구했던 비판과 같은 것들을 가능하게 하기 때문에 혁신을 보다 촉진시킨다. 사람들이 비판받는 것을 두려워하고 공개적으로 토론하거나 타인의 아이디어에 반대 의견을 제시하는 것을 불편해하면 세 가지 중요한 혁신 프로세스인 탐색, 통합, 선택의 과정에서 가치 있는 정보를 잃게 될 가능성이 높아진다.

넷째, 협력이다. 혁신 시스템이 잘 작동하려면 다양한 사람들로부터 정보를 얻고 통합하는 과정이 필요하다. 혁신은 결국 프로세스나 시스템이 아닌 사람들의 행동으로 이뤄진다. 협력하는 문화에서 일하는 사람들은 다른 사람의 도움을 자연스럽게 받아들인다. 반드시 지켜야 하는 규칙이라서가 아니라 다 같이 공유하고 있는 행동 양식이기 때문에 그렇게 하는 것이다.

협력하는 문화는 또한 사람들이 서로를 수용하게 한다. 이는 실제로는 전체를 위해 내가 더 많은 일을 하거나 내가 진행한 디자인을 변경하거나 내가 만든 계획을 수정해야 할 수도 있다는 의미다. 협력 문화에서는 모두가 자신의 공헌을 우선하는 게 아니라 조직이 최상의 결과를 얻는 데 중점을 둔다.

다섯째, 수평성이다. 조직도는 기업의 구조를 파악하는 데는 유용하지만, 문화적 수평성, 즉 공식적인 직급이나 업무와 관계없이 어떻게 행동하고 상호작용하는지를 설명하는 데는 한계가 있다. 수평적인 문화를 가진 조직은 조직 전체의 사람들이 행동을 취하고 결정을 내리고 의견을 말하는 데 있어 권한 범위가 넓다. 존중은 직급이 아닌 역량에 따라온다. 소통 채널은 유동적이고 직접적이다. 좋은 아이디어는 직급이나 직무에 관계없이 어디서나 나올 수 있다.

수평성이 혁신을 촉진하는 이유는 간단하다. 문화적 수평 조직은 의사결정자들이 관련된 정보에 보다 가까이 다가갈 수 있어 빠르게 변화하는 정보에 더 신속하게 대응할 수 있기 때문이다. 수평적 조직의 사람들은 자신의 생각을 상사에게 확인받는 경우가 상대적으로 적다. 실험할 자유가 더 크기 때문이다. 다양한 사람들의 폭넓은 지식과 전문성, 의견을 활용할 수 있으니 기업 내에 아이디어가 훨씬 풍부해질 가능성이 높다.

이러한 문화적 속성들은 서로를 보완하고 강화한다. 실험하려는 의지에는 실패에 대한 인내가 필요하다. 실패에 대한 인내는 심리적 안전성과 관계가 있다. 심리적 안전성은 조직의 수평성에 도움이 된다. 수평성은 사람들의 협력을 돕는다. 이렇게 문화 혁신의 속성들은 서로를 강화시키며 조직원들의 신념과 행동 체계를 형성하는 데 영향을 미친다. 따라서 하나의 속성에 집중하는 것만으로는 충분치 않다. 전체를 살펴보고 고민해야 한다.

몇 년 전, 나는 건강관리 기업을 컨설팅하다가 당황한 적이 있다. 다른 많은 조직과 마찬가지로 이 기업도 혁신적인 문화를 만들고 싶어 했다. 리더들은 사실상 앞서 거론했던 문화 혁신의 속성들을 그들이 만들고자 하는 문화의 '목표'라 했다. 그러나 이를 구현하는 데 많은 어려움을 겪고 있었다. 그런데 그게 내게는 다소 이상해 보였다.

조직 변화를 이행하기 어려운 이유는 대개 조직 내의 저항과 관련이 있다. 변화에는 고통이 따르기 때문이다. 마치 입에 쓴 약을 복용하는 것과 비슷하다. 궁극적으로 도움이 되겠지만 당장은 견디기 힘들다.

그러나 앞서 이야기한 문화적 혁신과 관련된 속성은 삼키기에 그리 힘든 약은 아니다. 실패에 대한 인내, 실험의 의지, 심리적 안전, 협력, 수평적 문화 그 무엇도 고통스럽지는 않다. 위의 모든 특성들은 조직에 좋을 뿐만 아니라 조직 구성원들이 즐겁게 작업할 수 있는 환경을 조성하는 일이다.

나는 이 기업의 임직원들에게 묻고 또 물었다. 대다수 사람들이 그런 문화를 가진 기업에서 일하기를 원했고, 사실상 모두가 그렇다고 대답했다.

나는 같은 질문을 세계 여러 곳에서 반복해 던졌다. 그리고 매번 압도적으로 긍정적인 반응을 얻었다. 덕분에 위에서 언급한 문화적 속성들이 입에 쓴 약은 아님을 확신했다. 오히려 거의 모두 사람들이 받아들이고 싶어 하는 현실이니 그 반대가 아닌가?

그런데 모든 사람이 원하는 이런 조직 문화를 구현하는 게 어째서 이리 어려운 걸까? 아이스크림을 먹으면 더 오래 더 건강하게 살 수 있다는 연구 결과가 발표된다면 어디서든 아이스크림을 먹는 사람들이 눈에 띄어야 하는 게 아닐까?

현실 조직에서 실패에 대한 인내, 실험의 의지, 심리적 안전, 협력과 수평적 문화는 이런 아이스크림처럼 보인다. 사람들은 그것들을 좋아한다. 그런데도 맛있고 건강에도 좋아 보이는 문화 집합이 어째서 그리도 찾아보기 힘든 걸까?

나는 건강관리 기업에 대해 좀 더 깊이 파고들어 많은 리더들과 이야기했고, 왜 그들이 이런 문화를 구현하는 데 어려움을 겪고 있는지 물었다. 그리고 그들의 답 이면의 의미들을 깊이 생각할 수밖에 없었다.

"물론 실패에 대한 인내는 더 혁신적인 행동을 자극할 수 있지만 인내가 너무 길어지면 오히려 더 많은 비용과 위험한 결과를 초래하지는 않을까요? 그리고 실패가 너무 많이 용인된다면 대충대충 하자는 문화가 될 것 같고요. 실험도 좋지만 사람들을 보다 현실적인 실행에 집중시킬 방법은 없을까요? 협업도 좋지만, 조직이 협업을 위한 회의에만 과도하게 빠진다면 이를 해결할 방법이 있나요? 발언의 자유는 분명 도움이 될 수 있겠지만, 과도하면 갈등이 생겨날 것 같은데 이는 어떻게 해결해야 할까요?"

이들은 혁신 문화의 기본적인 생각에는 찬성했지만 실제로 이를 어떻게 구현할 수 있을지에 대한 확신이 없었던 것이다. 리더들이 자신의 권한과 통제권에 변화가 생기는 데 위협을 느끼는 것과 같은 조직 내 우려를 해소하는 것은 오히려 쉽다. 그러나 나는 이들의 질문에서 조직 문화를 보지는 못했다. 이들의 질문은 나 자신에게 다시 많은 질문을 하게 만들었다. 그리고 실패에 대한 인내, 실험 의지, 심리적 안전, 협업과 수평적 문화만으로는 혁신 문화를 창출하는 데 충분하지 않을 수도 있다는 결론에 다다랐다. 실제로 지난 몇 년 동안의 연구로 나는 이 요인들은 혁신 문화라는 동전의 한 면에 지나지 않음을 깨달았다. 혁신 문화에는 또 다른 한 면이 있는 것이다.

혁신 문화는 긴장 관계에 있는 두 개의 짝으로 이루어져 있다. 그리고 이 짝 사이의 섬세한 균형을 맞추는 일이 무엇보다 중요하다. 지금부터는 혁신 문화의 역설에 대해 이야기하겠다.

실패에 대한 인내, 무능에 대한 무관용

혁신적인 조직은 유달리 높은 성과 기준을 설정한다. 그들은 자신들이 찾을 수 있는 최고의 사람들을 모으고 그들에게 높은 수준의 성과와 그에 대한 책임을 묻는다. 기대에 미치지 못하는 사람들은 해고되거나 자신에게 더 적합한 역할을 맡게 된다. 스티브 잡스는 애플에서 업무를 감당할 수 없는 이들을 가차

없이 해고한 것으로 유명했다. 아마존 직원들은 강제곡선Forced Curve으로 순위가 매겨지는데, 곡선의 맨 아랫부분에 해당되는 이들은 해고된다. 구글은 무료 바, 체육시설, 육아휴가 정책 등 매우 '직원 친화적인' 문화로 알려져 있고, 매년 일하기 좋은 기업으로 선정되고 있다. 하지만 또한 지구상에서 가장 힘든 직장 중 하나이기도 하다. 구글은 사람을 쉽게 해고하지는 않지만, 자신의 현재 직무를 잘 수행하지 못할 경우 새로운 역할로 이동시키는 엄격한 성과 관리 시스템을 갖추고 있다. 픽사에서는 일정 피드백 후 영화 프로젝트를 진행할 수 없는 감독은 교체되기도 했다.

그럼 강력한 성과 평가 시스템과 실패에 대한 인내를 강조하는 문화는 어떻게 공존할 수 있을까? 해고에 대한 두려움은 사람들이 위험을 기피하게 하지는 않을까?

역설적이지만, 실패에 대한 인내에는 조직원 개개인의 준비된 역량이 필요하다. 팀에 두 명의 직원이 있다고 해보자. 한 사람은 성과가 매우 높다. 다른 직원은 그저 열심히만 할 뿐, 성과는 들쭉날쭉하다. 만약 두 직원 모두 어떤 프로젝트에서 실패한다면 이를 어떻게 해석할까? 유능한 직원의 실패에는 그가 게으름을 피워 실패했다고 생각하기보다는 위험한 도전의 결과로 여길 가능성이 높다. 반면 두 번째 직원의 실패에 대해서는 능력에 대한 의심이 더 커질 가능성이 높다. 유능한 사람에게는 평가가 좀 더 관대한 것이다.

구글이 위험을 감수하고 끊임없이 도전할 수 있는 이유는 바로 내부 구성원들 다수가 유능하다는 사실을 스스로 확신하기 때문이다. 열심히 노력해도 실패할 수 있다. 이는 혁신에 내재된 본질이다. 그러나 사내 'A급 팀'이 있다고 확신하지 못하는 경우, 실패가 위험에 대한 도전 때문이었는지 엉성한 실행 때문인지도 판별하기 어렵게 된다.

실험을 지향하되 고도로 절제하라

실험 지향적인 기업들은 실험에 대한 접근 방식에 매우 엄격하다. 이들은 학습 가치에 따라 신중하게 실험을 선택한다. 비용대비 가능한 한 많은 정보를 산출할 수 있도록 설계하고 실험 초기 단계에서 비용을 저렴하게 유지할 뿐 아니라 최대한 빨리 실험할 수 있도록 노력한다. 그리고 그들은 실험 도중의 결과에 따라 과감하게 프로젝트를 중단하거나 중대한 방향으로 재설정하기도 한다. 실험 의지가 나쁜 아이디어에 대한 무한한 인내심을 의미하는 것은 아니기 때문이다.

플래그십 피어니링의 예를 다시 떠올려보자. 실험은 탐사 과정의 핵심이었다. 그러나 그들의 실험은 매우 집중적이었다. 타당성에 대한 가장 확실한 증거를 만들기 위해 설계된 소위 '킬러 실험'을 실행했다. 이름에서 알 수 있듯이 킬러 실험은 아이디어를 '빨리 죽이기 위한' 실험이다. 벤처 가설은 모순된 실험 데이터에 직면하면 중단되거나 재구성된다. 나쁜 아이디어는 다시 살아나거나 생명을 연장할 수 없다. 실험을 비교적 저렴하고 빠르게 유지하는 것은 잘 절제된 실험의 또 다른 중요한 면이다. 플래그십에서 벤처 가설은 대개 100만 달러(약 12억 1,300만 원) 미만, 몇 개월 이내에 테스트된다.

'규율'을 느린 것 또는 관료주의라고 생각해서는 안 된다. 오히려 그 반대다. 규율은 아이디어를 발전시키거나 수정하거나 '죽이기' 위한 기준에 명확한 시각을 갖추는 것으로, 의사결정 속도를 높인다. 실패할 프로젝트를 없애는 일종의 가이드라인이 있다면 새로운 일을 시도할 때 위험을 낮출 수 있다. 아마존은 많은 실험을 하지만 또한 많은 프로젝트를 없앤다. 프로젝트를 중단하거나 아이디어를 재구성하는 것은 초기 가설이 틀렸음을 기꺼이 인정해야 가능하기 때문에 이를 위해서 명확한 규율이 필요한 것이다.

심리적으로 안정적이지만 거침없이 솔직하게

만약 내가 누군가의 아이디어를 비판해도 괜찮다면, 내 아이디어가 비판받아도 괜찮아야 한다. 그러나 대부분은 비판적인 피드백을 주는 쪽보다는 받는 쪽을 더 불편해한다.

나는 지난 30년 동안 학자로서 많은 세미나와 학술 대회에 참여했는데, 이때 보통은 청자가 발표자의 작업을 난도질하도록 한다. 청자의 임무는 데이터, 방법, 논리와 결론에 회의적인 관점을 유지하는 것이다. 우리는 이러한 피드백이 학술 활동을 개선하는 데 필수적임을 알고 있다. 학자로서 이런 과정 없이는 성공할 수 없다. 그러나 동료들로 가득 찬 곳에서 내 생각이 난도질당하는 것을 즐기는 사람은 아마도 없을 것이다. 이런 피드백은 쓴 약과 같다. 몸에 좋지만 절대 맛있지는 않은…….

'있는 그대로를 말해주는' 것은 아이디어가 진화하고 향상되는 과정이기 때문에 혁신에 있어 중요하다. 수많은 R&D 프로젝트팀 회의와 프로젝트 검토 과정 또는 이사회 회의를 관찰하거나 직접 참여해보면 조직 전체에서 이런 솔직한 비판을 편안하게 느끼는 조직이 있다.

몇 년 전 반도체 테스트 장비 제조업체인 테라다인Teradyne을 컨설팅하면서 그런 느낌을 받았다. 이 기업은 강력한 엔지니어링 문화와 매우 건강한 학습 문화를 가지고 있었다. 엔지니어들은 기술적 문제에 대해 수시로 토론을 벌였는데, 모두 엄격한 기술적 분석이 주장을 뒷받침할 것으로 기대했다. 내가 참석한 한 프로젝트팀 회의에서 두 명의 엔지니어가 새로운 시제품에 사용되는 냉각시스템 설계에 대해 매우 열띤 토론을 벌였다. 이 장치는 섬세한 전자 장치로, 효율적인 냉각시스템이 무엇보다 중요했다. 토론 과정에서 목소리가 높아졌고, 얼굴을 붉히면서 디자인에 대해 의견이 팽팽히 맞섰다. 둘 다 자신의 생각이 옳다고 믿었고, 왜 상대의 의견이 잘못됐는지 설명하는 데 주저하지 않았다. 나는 세상에서 열역학적인 숫자에 이렇게 열정적인 사람들이 있다는 것을 처음 알았다.

하지만 내가 더욱 놀란 것은 회의 직후였다. 복도에서 그들을 보았는데, 둘은 함께 웃으며 커피를 마시고 있었다. 물론 냉각 시스템에 대해서는 더 이상 이야기하고 있지 않았다. 후에 나는 그 둘이 수년간 함께 일했고, 서로를 매우 존경하고 있으며, 훌륭한 협력 관계임을 알게 됐다.

보통의 기업 회의는 정중한 분위기에서 가능한 한 서로를 향한 비판은 피하는 분위기다. 토론에 있어서도 신중하게 언어를 선택하고, 비판도 매우 조심스럽게 한다. 때로는 너무 강하게 나섰다가는 팀워크를 깰까 두려워하기도 한다.

과거 컨설팅했던 대기업의 한 매니저는 문화의 본질을 이렇게 표현했다. "우리의 문제는 우리가 믿을 수 없을 정도로 좋은 조직이라는 것이다. 사람들은 조금이라도 불편한 대화는 피하려 한다."

많은 기업이 '예의 바른 것'과 '좋은 것'을 '존경심'과 혼동한다. 그러나 오히려 솔직하게 비판하고 받아들이는 것이야말로 존경의 표시다. 자신의 생각에 대한 비판적인 의견을 듣는 것은 상대에 대한 존경심이 있어야만 가능하다.

물론 솔직함은 그저 질책하거나 상대를 하찮게 여기는 것과는 다르다. 앞서 두 엔지니어는 서로에 대해 존경심을 가장 잘 표현했다. 그들의 논쟁은 절대로 개인적인 차원이 아니었다. 그것은 디자인, 열전달, 열효율 및 기타 엔지니어링 요소에 관한 것이었다. 그들은 열린 상태에서 서로의 논리와 데이터, 분석을 비판했을 뿐 한순간도 서로를 나쁜 엔지니어라고 하지 않았다. 이들의 목표는 토론에서 승리하는 것이 아니라 더 나은 냉각 시스템을 설계하는 것이었기 때문이다.

이런 환경이 일하기에 가장 편안한 환경은 아닐 수 있다. 외부인이나 신입 직원들의 눈에는 이런 조직 사람들이 너무 공격적이거나 냉철한 것으로 보일지도 모른다. 누구의 말이든 직급과 관계없이 면밀한 조사 대상이 될 수 있고, 아무도 누군가의 말을 그냥 흘러가게 두지 않는다. 대부분은 자신의 아이디어를 소중하게 생각하고, 의견에 대한 비판과 개인에 대한 비판의 명확한 경계를 갖는다. 혁신을 위해서는 삼키기 어려운 약도 반드시 필요한 법이다.

협력하되 개인적인 책임감을 가져라

훌륭한 팀은 협력적이고 공동의 책임의식을 가지고 있다.

"우리는 하나다!"

스포츠팀에서 자주 듣는 말이다. 그러나 공동의 책임이라는 말에는 개인의 책임감이 포함된다. 협력이 꼭 의견의 일치를 뜻하지는 않는다. 다양한 구성원으로부터 의견을 얻는 것은 협력적인 것으로, 혁신을 위해 반드시 필요하다. 그러나 합의해야 한다는 이유만으로 의견을 일치하는 데 급급해하는 것은 최악이다. 물론 합의라는 말에서는 편안함을 느낄 수 있다. 또한 동료들이 같은 시각을 공유하는 것은 좋은 일이고, 일을 쉽게 진행하는 데도 도움이 된다. 굳이 회의론자들을 설득하느라 에너지를 쓰지 않아도 된다. 그러나 불행히도 합의란 항상 가능한 것도 아니고 최선의 결정을 의미하지도 않는다. 엔진을 비행기의 날개 위에 장착해서는 안 된다는 생각은 혼다와 다른 모든 항공 엔지니어들의 압도적인 공감대를 얻었다. 하지만 미치마사 후지노가 증명한 것처럼 다수의 생각이 틀렸다.

혁신적인 문화는 협업과 의사결정에 대한 개인의 책임 사이의 균형을 맞추려 노력한다. 기업 차원에서 의사결정을 하거나 팀 단위의 의견이 제시되는 것처럼 보일 수 있지만, 중요한 디자인을 선택하거나 특정 공급업체와 계약을 준비하고 특정 유통 경로 전략의 효율성을 판단하고 최선의 마케팅 전략을 선택하는 등의 업무는 결국 개개인의 영역이다. 픽사는 다양한 경로로 피드백을 받고 감독에게 도움을 줄 수 있는 여러 가지 방안을 만들었지만, 결국 최종적으로 영화에 책임을 지는 사람은 감독이다. 감독은 선택할 의견과 무시할 의견을 선택해야 하고,

그에 따르는 모든 책임을 진다.

여러 측면에서 개개인의 책임감은 협업을 촉진할 수 있다. 개인적인 책임감이 부여된 조직은 결과로부터 숨을 곳이 없다. 개개인은 좋든 나쁘든 자신의 의사결정에 있어 주체가 되어야 한다. 내가 연구한 패스트푸드 체인에서 모든 상점 관리자는 각 상점 실적에 100% 책임이 있다. 물론 소득 역시 그들의 점포 이익에 달려 있다. 관리자가 되면 2년 후부터는 고정임금 자체가 사라진다. 이 기업에서 눈에 띄었던 성과는 매장 관리자들의 협력이었다. 이들은 모범 지점 사례를 공유하기 위해 끊임없이 교류했고, 문제가 있는 상점 또는 시작 단계의 상점을 돕기 위해 자신의 휴가를 쓰기도 했다. 왜일까? 개인적인 책임 문화 아래 협업은 자신의 성과에 필수적인 요소였고, 협력하지 않으면 자멸할 수 있기 때문이다.

자신이 일하는 기업이 개인의 책임성이 높은 곳인지 알아보는 매우 간단한 방법이 있다. 프로젝트의 여러 단계에 걸친 중요한 결정 목록을 작성한 다음 "누가 이 결정을 내렸습니까?"라고 동료에게 물어보는 것이다. 만약 마케팅팀, R&D팀, 이사회 같은 답이 돌아온다면 개인 책임성이 낮은 환경의 기업이다. 개인 책임성이 높은 기업에서의 의사결정은 팀이 아닌 개인이고, 그게 누구인지 쉽게 추적할 수 있다.

개인 책임성이 낮은 문화의 조직은 이 부분을 전환하기 어렵다. 결정을 내리는 데 익숙하지 않을 수도 있고 또 때로는 결정을 내릴 능력 자체가 부족하기 때문일 수도 있다. 이런 종류의 기업이라면 혁신이 힘들다. 당사자들이 압박을 느낄 수 있기 때문이다. 혁신에 따르는 위험을 감안하면, 이런 기업일수록 혁신의 결정에 있어 개인 책임성을 높이기란 특히 어렵다. 이미 논의한 바와 같이 혁신은 성공보다 실패가 더 많고, 꽤나 합리적으로 처리했던 의사결정이 실패로 돌아올 수 있기 때문이다. 그럴 때일수록 실패를 포용하는 것이 중요하다. 그 누구도 실패를 즐기기란 쉽지 않다. 모두가 성공을 바란다. 개인 책임성이 높은 문화의 기업에서 일하는 지도자일수록 실패를 문책하기보다는 격려하는 데 익숙해져야 한다.

수평적이지만 강력한 리더십

수직적이지 않다고 해서 리더십이 부족하다는 의미는 아니다. 오히려 수평적인 조직이 수직적인 조직보다 더 강력한 리더십을 필요로 한다.

아마존은 수평적 조직이다. 아마존 웹서비스 아이디어는 리테일 그룹 내 작은 팀의 젊은 리더로부터 시작됐다. 아마존의 팀들은 작고, 모두 기업가 정신을 유지하려 노력한다. 이 기업에는 '피자 두 판의 규칙'이 있다. 어떤 팀도 피자 두 판을 다 먹을 수 없을 만큼 적은 인원으로 유지되어야 한다는 것이다. 그러나 또한 아마존은 매우 강하고 비전적인 리더십을 가진 기업이다. 제프 베조스는 기업의 전반적인 방향과 기업의 문화가 어떻게 작동해야 하는지에 대해 확고한 생각을 가지고 있다. 구글 또한 강력한 리더십이 발휘되는 수평적 조직의 좋은 예다. 구글의 혁신은 고도로 분산되어 있다. 엔지니어는 자신의 생각에 따라 작업할 시간이 주어진다. 그러나 베조스처럼 구글의 래리 페이지와 세르게이 브린 또한 강력한 리더다.

수평적 조직의 강력한 리더십과 원칙은 조직 전체에 적용된다. 프로젝트 리더는 강력하게 업무의 우선순위를 설정하고, 목표를 명확히 하며, 팀이 필요한 자원을 확보하도록 함으로써 팀을 위한 발판을 마련해야 한다.

혁신적인 문화는 드물다. 하나를 이루기 위해서는 몇 가지 분명한 도전이 필요하다.

혁신 문화는 실패에 대한 관용이나 실험하려는 의지 같은, 혁신에 관련된 이야기에서 흔히 들을 수 있는 한두 가지 관행만으로 이루어지지 않는다. 혁신적인 문화는 복잡한 조직 체계로, 많은 실행을 통해 이루어진다.

또한 혁신적인 문화는 모순적이다. 덕분에 겉으로 보기에는 마치 일관성 없는 조직으로 보일 수도 있다. 이는 일관성이 중요하다고 배워온 많은 사람, 심지어 지도자 모두를 헷갈리게 할 수도 있다. 그러나 앞에서 논한 것과 같이 혁신적인 문화는 서로 다른 가치 사이의 섬세한 균형을 필요로 한다. 이 균형을 제대로 잡는 것이 리더의 임무다.

마지막으로, 혁신 문화의 모든 관행이 모두를 편안하게 하지는 않는다. 혁신적인 문화는 항상 즐겁지만은 않다. 때로는 매우 쓴 약처럼 느껴질 수도 있고, 모두를 위한 것이 아닐 수도 있다. 혁신적인 문화를 창조하는 조직이 되기로 결정하기 전에 그러한 문화의 현실을 이해하고 조직과 당신이 매우 쓴 아이스크림을 먹을 준비가 되어 있는지 물어야 한다.

9장

리더는 문화 창조자가 되어야 한다

기업 문화 DNA

1995년은 픽사에게 놀라운 해였다. 세 개의 아카데미상을 수상한 블록버스터 영화 「토이 스토리」를 개봉했고, IPO Initial Public Offering(비상장기업이 유가증권시장이나 주식시장에 상장하기 위해 그 주식을 법적인 절차와 방법에 따라 불특정 다수의 투자자에게 팔고 재무내용을 공시하는 것-역자 주)를 성공적으로 진행했다.

픽사의 CEO인 에드 캣멀은 분명히 많은 도전을 앞두고 있었다. 그러나 그에게 있어서 가장 중요한 도전은 '혁신적인 문화를 어떻게 지속하고 보존할 것인가'였다. 그는 한때 성공했던 기업들이 실패하는 것을 수 없이 목격했고, 무엇이 자신들을 위협에 둔감하게 만드는지 궁금했다.

"사업을 망치는 힘으로부터 픽사를 보호하고자 하는 욕망은 내게 새로운 관점을 갖게 해주었다. 나는 리더로서의 나의 역할을 보다 명확하게 보기 시작했다. 내가 성공하는 기업만이 아니라 지속가능한 창조적 문화를 만드는 방법에 집중해야 한다는 사실이었다."

이는 혁신적인 문화를 보존하기 위해 고군분투하는 이들의 노고를 보여준다. 구글의 공동창업자인 세르게이 브린과 래리 페이지는 구글의 문화가 어떠해야 하는지를 상당히 공개적으로 밝혔다. 주주들에게 보내는 첫 편지에서 브린과 페이지는 반복해서 이렇게 말했다.

"구글은 과거의 전통적인 기업이 아니며, 앞으로도 그렇게 될 생각이 없습니다."

스티브 잡스는 애플의 문화를 보존하기 위해 내부 훈련기관인 '애플 대학Apple University'을 만들었다. 아마존의 제프 베조스는 직원과 주주들을 상대로 아마존의 '첫 날' 문화를 지키는 것이 중요함을 강조한다. 사티아 나델라 마이크로소프트 최고경영자는 "CEO는 조직 문화의 큐레이터다. 개인의 열정과 재능에 귀 기울이고 배우고 활용하는 것을 기업의 사명이라 여기는 문화가 있는 기업은 무엇이든 가능하다. 그런 문화를 만드는 것이 CEO로서 나의 주된 임무"라고 했다.

조직 문화는 우연히 만들어지는 게 아니라 조직 리더들의 결정과 행동, 태도의 산물이다. 많은 리더들은 문화를 '부드러운 무엇'이라 생각한다. 왜냐하면 문화는 사람들의 생각, 감정, 기대와 같은 무형적인 것을 중심으로 하기 때문이다.

이 장에서는 혁신적인 문화를 만들기 위해 리더가 구체적으로 어떻게 할 수 있는지 이야기해보려 한다.

규모에 맞는 혁신적 문화 엔지니어링

혁신적 문화를 만드는 일은 특히 다양한 가치와 행동의 복잡한 상호작용 때문에 어렵다. 일반적으로는 기존 문화를 바꾸는 것보다 처음부터 문화를 만드는 것이 쉽고, 사람이 많을 때보다는 소수의 사람들과 함께할 때 만들기 쉽다. 100명보다는 10명이 일련의 가치와 규범에 동의하도록 하는 것이 훨씬 쉽기 때문이다. 갓 생겨난 스타트업이 기존 기업들보다 상대적으로 혁신적인 문화를 가졌다는 평가를 받는 이유이기도 하다.

기업이 성장하면 혁신적인 문화를 만들기는 더 어려워지고 기업의 전략은 더 복잡해질 수 있다. 대부분 신생 기업의 전략은 매우 단순하다. 변혁적 혁신을 통한 성공! 기업에 합류한 모든 사람이 이해한다. 그런데 제품이나 서비스가 성공을 거두게 되면 달라지기 시작한다. 기업 운영, 유통 공급망, 기술 지원 및 고객 서비스, 마케팅, 정부 규제와 법적 문제 같은, 새로 신경 써야 할 것들이 계속해서 생겨난다. 또한 혁신을 통해 위협해오는 경쟁자들로부터 방어해야 하는 상황도 맞이하게 된다. 물론 계속해서 변혁적 혁신을 추구하고 싶겠지만, 미래와 오늘 사이에서 적정한 균형을 맞추어야 한다. 더 이상 조직의 모든 사람이 미래를 위한 변혁적 혁신에 초점을 맞출 수는 없다. 사람은 지속적으로 늘어난다. 직급과 직무가 수십 개에서 수백 개로 늘어나면서 모든 사람이 원래의 문화적 가치를 이해하기는커녕 인지하는 것조차 쉽지 않게 된다. 기업의 문화적 비전에 54만여 명(아마존의 현 직원 수)을 참여시키는 것은 초기 10여 명을 참여시키는 것과는 전혀 다른 일이다. IBM이나 GE 같은 기업은 수십 년 동안 자신들만의 방식으로 기업을 운영하면서 자신들만의 뿌리 깊은 문화를 가지게 됐다. 이런 기업들이 오랜 문화를 바꾸는 것은 도전적인 일이다. 그리고 이런 변화의 중심에는 리더십이 있다.

2003년 세르지오 마르치오네는 수년간 시장 점유율이 하락해온 이탈리아 자동차 기업 피아트의 CEO가 됐다. 그는 머지않아 기업 내의 관료적, 계층적, 지위 중심적, 자기중심적 특성을 파악했고, 피아트를 구할 수 있는 유일한 방법은 문화를 재설계하는 것이라 여겼다. 그리고 기업 경영자 2만 명 중 10%

를 교체하는 것으로 이를 시작했다. 이어서 새로운 세대의 유능한 경영자들을 승진시키며 그들에게 전례 없던 수준의 자율성과 책임감을 부여했다. 의사결정을 느리게 만드는 조직 내 불필요한 요소들 없앴고, 스스로 빠르고 투명한 소통을 보여주었으며 또 요구했다. 더 이상 사내에서의 태만은 용납되지 않았다. 엔지니어 그룹에 더 가까이 다가가기 위해 자신의 사무실을 엔지니어 그룹과 가깝게 옮기고 제품 개발에 몰두했다. 그는 피아트 친퀘첸토Fiat Cinquecento와 같은, 위험하지만 새로운 프로그램을 승인하기도 했다. 2009년에는 당시 파산한 미국 자동차 기업 크라이슬러를 인수해 비슷한 문화 정비에 나섰다. 그리고 그는 기존 문화를 뒤집는 것은 매우 힘들고 어려운 일이지만 강력한 리더십을 통해 가능함을 또다시 증명했다.

리더는 어떻게 혁신 문화를 보존하거나 창조할 수 있을까? 간단한 마법의 해결책은 있지도 않고 또 내가 제시할 수도 없다. 다만 이를 인도할 수 있는 몇 가지 원칙은 있다.

문화 혁신을 결코 남의 손에 맡기지 마라

많은 리더가 문화의 중요성에 대해 이야기하지만, 문화 혁신의 실질적인 작업은 인사팀이나 외부 컨설턴트에게 위임하는 경우가 많다. 기업 고위 임원들의 의제는 당장 급한 많은 안건들로 꽉 차 있다. 그래서 그 중요성을 인식하면서도 문화 혁신은 후순위로 밀리기 십상이다. 그러나 문화를 보존하거나 변화시키는 데는 리더의 직접적인 개입이 필수다. 매우 혁신적인 문화를 가진 조직들을 보면, 문화에 거의 광적으로 집중하는 리더가 있다. 앞에서 예를 든 에드 캣멀과 데이비드 켈리, 제프 베조스, 래리 페이지, 세르게이 브린처럼 말이다. 이들에게는 혁신적인 문화를 창조하고 보존하는 것이 최우선 과제다.

혁신적인 문화를 얼마나 중요하게 여기고 있는지 스스로에게 몇 가지 질문들을 해보자. 나는 문화 혁신과 관련된 일에 얼마나 많은 시간을 할애하고 있는가? 내 달력에 표시된 회의 일정 중 문화 혁신에 초점을 맞춘 회의는 얼마나 되는가? 나는 얼마나 자주 기업에서 우리가 원하는 문화에 대해 말하고 있는가? 우리의 기업 문화가 어느 정도나 원하는 대로 작동하고 있는지를 얼마나 자주 스스로에게 묻고 고민하는가? 문화 혁신과 관련해 나와 기업 내부 사람들이 아닌 외부 사람들에게 너무 많이 의지하고 있지는 않은가? 채용과 승진에 있어 우리의 문화는 얼마나 큰 역할을 하고 있는가?

당신이 원하는 행동을 모델링하라

조직의 문화는 기업 내 기대와 규범을 정의하는 공유된 가치 체계다. 행동이란 가치를 표현하는 방법이자 가치의 표현이다. 가치는 추상적일 수 있지만 행동은 그렇지 않다. 리더들은 문화를 뒷받침하는 가치들을 명확하고 일관성 있게 소통해야 하지만, 조직원들의 행동에 영향을 미치는 가장 좋은 방법은 스스로 모델이 되는 것이다. 예를 들어 폴 스토펠스Paul Stoffels가 존슨앤존슨의 최고개발책임자가 됐을 때, 그는 기업의 혁신 수행 방식에 중요한 문화적 변화를 일으키기 시작했다. 존슨앤존슨은 오랜 기간 성공을 이어 온 기업이다. 새로운 제품을 지속적으로 만들거나 좋은 상품을 가진 기업을 인수하면서 영업과 마케팅 능력, 글로벌한 사업 영역을 활용하여 매출을 키웠다. 그러나 당시 몇 년간은 변혁적 혁신을 이끌어내지 못했다. 그들의 문화가 위험 감수성을 감소시킨 것이 문제였다. 존슨앤존슨은 분기별 성장 목표를 항상 달성했고, 안정적인 기업으로 잘 알려져 있었다. 사업부 리더들은 자연히 단기적인 목표를 달성하는 데 초점을 맞추게 됐다.

변혁적 혁신의 열쇠는 기업 전반에 걸쳐 관리자들이 기꺼이 위험을 감수하게 만들고, 회의감을 극복함으로써 상황이 정말로 변화하고 있다는 생각이 들게 만드는 것이었다. 위험을 기꺼이 감수하고, 실패하더라도 불이익이 없다는 믿음을 주는 환경을 만들어야 했다.

스토펠스는 스스로 이러한 행동을 장려하는 모델이 되기를 자청했다. 그는 1990년 존슨앤존슨 사업부 중 하나인 얀센제약Jansen Pharmaceuticals에서 연구개발자로 일했으나 1996년 에이즈 치료와 진단에 초점을 맞춘 티보텍Tibotec과 바이크로Virco를 설립하기 위해 떠났다. 2002년 존슨앤존슨이 티보텍과 바이크로를 인수하면서 존슨앤존슨 제약 사업부의 임원이 됐고, 이후 전 세계 제약 계에서 매우 중요한 자리에까지 오르게 됐다.

그는 존슨앤존슨에서 두 번 재직하는 동안 '말기 암 환자의 임상 프로그램'과 관련해 두 번의 중요한 실패를 경험했다. 많은 비용이 들어간 실패였다. 임원 회의에서는 그에게 실패에 대한 책임을 물었다. 그때 스토펠스의 답변은 두고두고 기업에서 회자되고 있다.

"모든 책임은 내게 있습니다. 만약 위험을 무릅쓰고 프로그램에 참여하고 도전한 사람들에게 이번 실패의 책임을 묻는다면 이로 인해 우리는 위험을 회피하려는 조직이 될 것이고, 이런 현상은 더 악화될 것입니다."

이후 스토펠스는 유사한 도전의 상황을 맞이한 동료들에게는 언제나 "당신이 도전한다면 책임은 내가 지겠다. 이 원칙이 조직 전체에 흐르게 된다면, 우리는 기업가정신이 살아 있는 조직을 만들 수 있을 것이다"라고 말했다.

이런 언행은 '네 뒤에는 내가 있다'는 강력한 신호와도 같았고, 결국 기업 전체에서 리더에게 기대하는 행동의 기준이 됐다. 물론 이런 일들은 수년간 일관되게 보여온 리더들의 행동이 있었기에 가능했던 것이다.

만약 오랫동안 혁신적인 문화와 거리가 먼 조직에 머물러 있다면, 이제는 상황이 바뀌었다는 강력한 신호를 보내는 것이 중요하다. 내가 상담한 한 의료기기 기업에서는 전통적으로 매니저들이 분기별 매출과 수익 목표를 달성하는 것을 최우선 목표로 삼았다. 보다 장기적이고 혁신적인 노력의 필요성을 느꼈고, 문화를 바꿔야 한다는 것도 알았다. 그러나 구성원 대부분이 회의적이었다. CEO 앞에서는 혁신의 중요성에 대해 말했지만, 실제로는 대부분이 여전히 '숫자'가 가장 중요하다고 믿었다. 그러나 최고운영책임자COO가 사업부들과 함께 다음 분기 계획 검토를 실시하면서 혁신에 대한 기업의 진정성이 상당히 분명해졌다. 그는 분기별 계획을 요구하기보다는 모든 사업부 관리자들에게 장기적 혁신 전략을 설명하고 계획안을 만들라고 요청했다. 단기적인 일상적 혁신과 홈코트 밖에서 도전할 수 있는 장기적 관점의 프로젝트 사이의 균형도 강조했다. 이렇게 되자 많은 이들이 상황이 변하고 있다는 것을 깨닫기 시작했다.

혁명적인 '포켓 문화'를 발굴하고 보호하라

문화는 보존과 변화 사이에서 치열하게 다툰다. 그 과정에서 국가, 지역, 민족 간의 끔찍한 전쟁으로 이어지기도 한다. 사람들에게 가치가 얼마나 중요한지 생각해보면 문화를 둘러싼 조직 내의 갈등도 그리 놀랄 일은 아니다. 문화는 조직에서 '무엇'

이 중요한가를 정의할 뿐만 아니라 그 조직에서 중요한 게 '누구'인지, 특히 영향력을 가진 사람이 누구인지를 알려준다. 예를 들어 과학 기술을 우선시하는 문화라면 권력과 영향력은 과학 기술에 권위가 있는 직원들이 더 많이 가지고 있을 것이다.

문화 속에서 잘 어울린다는 것은 위안이 된다. 그 안에서 의미 있고 가치 있는 존재라는 의미이기 때문이다. 또한 스스로가 영향력을 가지고 있다는 의미이기도 하고, '게임의 규칙'을 이해할 뿐만 아니라 실제로 그 게임을 잘하고 있다는 의미이기도 하다. 반대로 잘 어울리지 못하는 조직 문화에 속해본 적이 있는 사람이라면 그게 얼마나 고통스러운지 잘 알 것이다.

이는 문화적 변화가 어려울 수밖에 없는 이유이기도 하다. 여러모로 조직적인 전쟁과도 같기 때문이다. 지배적인 부족의 일부가 되어 그에 따라오는 지위와 권력, 영향, 보상을 누려온 사람들에게 문화적 변화는 곧 자신들이 누렸던 것들에 대한 위협이다. 그래서 맞서 싸우는 경우가 많다. 만약 기업이 좀 더 혁신적인 문화를 개발하고 있다면 모두가 이를 반기지는 않을 것임을 명심해야 한다.

혁신적인 문화를 창조하는 일은 오랜 습관과 행동들을 새로운 변화에 맞추는 경쟁적인 과정이다. 이 과정에서 보통은 현재를 유지하려는 힘이 우세하다. 수적으로 강점이 있기 때문이다. 그래서 보통은 조직의 생존이 위태로울 정도로 극심한 위기를 겪을 때에야 비로소 변화를 택한다. 물론 이런 상황에서도 낡은 문화적 습관과 자신의 생존을 위해 계속 싸우려는 이들도 있다.

그렇다면 이런 치열한 갈등 상황에서 리더들은 어떻게 해야 할까?

새로운 문화에는 보호와 자원에 대한 지원 그리고 내부 네트워크가 필요하다. 이런 새로운 문화를 만드는 효과적인 전략 중 하나는 새로운 문화적 규범을 육성하면서도 기존 문화로부터 분리될 수 있는 팀을 만들어보는 것이다. 오늘날 많은 기업이 시행하는 '내부 벤처화'가 그 좋은 예다. 이러한 내부 벤처들은 새로운 문화를 육성하기 위한 '안전지대'로도 사용된다. 주의해야 할 점은 이런 내부 벤처는 두 가지를 목표로 해야 한다는 것이다. 변혁적 혁신을 통한 성과 창출과 새로운 문화를 만드는 것이 그 두 가지다.

벤처기업을 모체로부터 분리하는 것은 간단해 보이지만, 이 벤처기업을 안전하게 유지하는 데는 경영진의 직접적인 개입과 보호가 필수다. 내부 벤처는 전통적인 문화에 대한 위협으로 인식될 수 있다. 또 비정상적인 특권을 누리게 되는 '낙하산'처럼 인식되어 질투의 대상이 될 가능성도 있다. 리더는 이런 인식들로부터 이들을 보호하기 위해 적극 개입할 수 있어야 한다. 이는 위협으로부터 이들을 보호하는 역할을 할 뿐 아니라 리더가 자신의 의도를 조직에 보내는 강력한 신호가 되기도 한다.

기업이 클수록 새로운 문화를 보호하는 일종의 보호자 역할을 할 이들의 네트워크와 지원이 필요할 가능성도 커진다.

새로운 혁신 문화를 육성하는 또 다른 방법은 원하는 문화를 가진 기업을 인수하는 것이다. 물론 이러한 인수합병M&A으로 인해 해당 기업의 문화 자체가 파괴되기도 한다. 이는 흔히 지도자들이 문화적 긴장관계를 이해하지도, 별도로 관리하지도, 인수한 기업의 문화를 보호하기 위한 구체적인 조치를 취하지도 않을 때 일어난다.

스위스의 거대 제약기업인 로슈Roche가 2009년 생명공학계의 슈퍼스타 제넨텍Genen Tech을 인수했을 때, 많은 전문가들은 제넨텍의 혁신적인 문화가 완전히 파괴될 것이라 예상했다. 그러나 CEO인 세베린 슈완Severin Schwan을 위시한 로슈의 고위 지도부는 제넨텍의 독자적인 문화를 강력하게 보호했다. 이를 위해 구체적인 조치를 취했는데, 로슈의 대표와 CFO만이 제넨텍으로 자리를 옮겼다. 제넨텍의 전 CEO 겸 회장인 아트 레빈슨은 로슈 이사회에 합류했고, 다수의 제넨텍 임원이 로슈의 주요 임원으로 승진했다. 로슈는 제넨텍의 연구기관을 완전히 독립시켰고, 제넨텍 직원들은 자신들의 기존 임금 체계를 유지했다. 물론 로슈 내부에서는 제넨텍이 '특별 대우'를 받고 있다는 불만이 있었다. 그러나 이것이 문화적 변혁의 현실이다. 때로는 골치 아프고 또 깊은 갈등이 생길 수밖에 없다는 현실.

적합한 사람들을 찾아라

문화는 궁극적으로 사람들을 통해 구현되고 사람들의 행동을 통해 표현되기 때문에 올바른 사람들 없이는 문화적 변혁도 결코 일어날 수 없다. 문화에 대한 많은 글들은 설득의 필요성과 함께 모든 사람을 참여시켜야 한다고 강조한다. 분명 이런 행동들은 회의적인 사고를 하던 이들을 설득시켜서 문화 혁신을 이루는 데 도움이 될 것이다. 가능하다면 무엇이든 할 필요가 있다. 그러나 앞서 지적했듯이 문화적 변화는 궁극적으로 승자와 패자가 생겨나는 경쟁적인 과정이다. 그리고 패자 편에 선 사람들은 보통 더 이상 함께하고 싶어 하지 않는다. 그래서 때로는 어려운 결정을 내려야 하는 상황도 온다. 마르치오네 또한 피아트의 수많은 기존 리더들을 교체해야 했다.

제프 베조스나 스티브 잡스 같은 '카리스마 있고 탁월한 리더'의 비전에서 비롯된 혁신적인 문화를 떠올릴지도 모른다. 분명 이런 탁월한 리더들은 조직 문화에 강력한 영향을 미친다. 그러나 그들도 혼자 일하는 것은 아니다. 그들은 조직 문화의 가치를 공유하는 사람들로 팀을 구성한다. 문화적 혁신을 위해서는 메시지를 전달하고 솔선수범하며 같은 생각으로 사람들을 동기부여할 수 있는 지지자들이 조직 곳곳에 있어야 한다.

적절한 자리에 지명되지 않은 사람이나 혁신 파트너의 이탈로 인해 문화적 변혁이 멈출 수도 있다. 나는 그런 모습을 여러 번 봐왔다.

내가 컨설팅했던 한 기업의 이야기다. 그 기업에는 문화 혁신의 중심에 선 사람이 있었다. 경험(예전에도 문화 변혁을 이끌었던)과 권력(모든 사업부장에게서 보고를 받는), 지위(경력 전반에서 항상 존경받았던)를 볼 때, 그는 혁신적인 문화 변혁을 추진하기에 이상적인 인물이었다. 그는 혁신 문화를 배우고 새로운 행동 규범을 강화하기 위한 시스템을 개발하는 과정 등에서 다양한 그룹의 리더들을 이끌었다. 그가 은퇴하기 전까지 3년 동안의 과정은 훌륭했다. 그러나 그가 은퇴한 후, 혁신의 진행은 근본적으로 중단됐다. 조직의 누구도 그의 공백을 메울 수가 없었다. 기업에서의 문화적 변신은 한 개인의 힘으로 풀어가는 데는 한계가 있다. 그 사람이 아무리 뛰어난 능력자거나 열정이 넘치는 사람이라도 말이다.

만약 혁신적인 문화를 만들고 싶다면 가치를 공유해야 함은 물론이고 창조하고자 하는 문화에서 발휘할 능력과 자질을 가진 사람들을 모아 영향력 있는 위치에 배치해야 한다. 예를 들어 조직이 위험을 감수하는 데 더 익숙해지기를 원한다면, 기꺼이 위험을 감수할 수 있는 사람들이 조직에 필요한 것이다.

큰 조직은 스타트업 문화를 만들 수 없는 걸까?

내가 컨설팅했던 거의 모든 기업 내부에는 스타트업과 같은 문화를 만들기 위한 프로그램이 있었다. 일부 기업은 거대 제약 그룹인 글락소스미스클라인이 질병 단위로 연구 그룹을 재편성할 때처럼, 자신들의 연구개발 단위를 '스타트업과 같은' 벤처 단위로 분해하기도 했다. IBM은 1970년대 후반 PC 산업에 뛰어들기로 결정했을 때, 관료주의적 문화에서 벗어나 자유롭게 운영하기 위해 플로리다 보카라톤Boca Raton에 조직적으로나 지리적으로 모두 기존의 체계와는 분리된 단위조직을 설립했다. 혼다제트 프로그램의 초기 단계에도 약 20명으로 구성된 작은 팀이 혼다 기업 본사에서 지구 반대편에 있는 미국 한 도시의 격납고로 이동해 일을 시작했다.

이런 시도에는 분명 긍정적 점들이 있다. 우선 기존 핵심 사업의 복잡성과 압박에 얽매이지 않고 자유롭게 혁신적인 기술이나 사업 모델을 시도해볼 수 있다. 또한 새로운 문화를 보호하고 육성하는 데에도 용이하다. 대기업이 창업 문화를 재현할 수만 있다면 대기업은 스타트업만큼 혁신적이 될 수 있다는 생각 때문이기도 하다. 그런데 정말 그럴까?

우선 스타트업은 매우 '다양한' 문화를 가졌음을 알아야 한다. 스타트업 문화에는 몇 가지 공통적인 특징이 있지만 '혁신을 위한 스타트업 문화'란 없다. 일부 신생 기업은 분명 혁신적인 문화를 가지고 있지만 대부분은 그렇지 않다. 대부분의 스타트업이 실패한다는 사실도 기억해야 한다. 애플, 아마존, 구글, 페이스북이 있기까지 수천 개의 기업이 사라졌다. 스타트업이라고 해서 항상 성공적인 혁신에 도움이 되는 문화를 가진 것은 아니다.

즉, 단순히 조직에 '스타트업 문화'를 만들고 싶다고 생각할 게 아니라, 벤치마킹하고자 하는 창업 문화의 구체적인 특성에 초점을 맞추고, 기성 기업에서 이를 따라할 수 있는지 여부를 이해해야 한다. 그런 의미에서 나는 벤치마킹할 가치가 있는 건강한 스타트업 문화의 세 가지 중요한 문화적 특성을 다음과 같이 정리했다.

첫째, 신속성이다. 대부분의 스타트업은 시간과 경쟁하고 있기 때문에, 더 구체적으로는 점점 줄어드는 현금과 하루하루를 싸우고 있기 때문에, 속도가 최우선이다. 현금은 매일 줄어 바닥이 보이는 날이 가까워진다. '현금 제로'의 두려움이 강렬한 절박함을 만든다.

개발실의 기구가 고장 났다. 제조사의 서비스 기술자는 일주일 뒤에나 올 수 있다고 한다. 스타트업 대부분은 기다릴 바에야 직접 고칠 방법을 찾는다. 끊임없이 전략을 수정하고 스스로에게 묻는다. '왜 더 빨리 할 수 없을까?'라고. 어려운 결정에 직면하면 이를 해결할 수 있는 사람을 즉각 찾는다. 스타트업의 시계는 빨리 돈다. 프로세스와 절차, 정책에 있어 큰 제약이 없기에 가능한 일이기도 하다.

둘째, 기업 전체의 목표에 대한 개인의 책임 수준이 다르다. 창업 시 중요한 업무는 소규모 팀이나 개인의 몫이다. 숨을 곳이 없다. 만약 한 개인이 조직의 기대만큼 일을 수행할 수 없다면 그는 그 조직과 함께할 수 없다. 무능함에 대해 관용을 보이지 않는다. 덧붙여, 한 개인의 실패가 곧 전체의 피해로 확산될 수 있기 때문에 무엇도 기업 목표보다 우선시되지 않는다. 출시를 지연시키거나 제대로 작동하지 않을지도 모르는 제품이 나올 가능성은 곧 모두의 문제가 된다.

셋째, 스타트업은 극단적인 위험이 있지만 대신 큰 보상이 따른다. 많은 스타트업은 대담한 목표를 추구한다. 이러한 목표를 달성하면 기업은 수십억 달러(수조 원)의 가치로 성장할 수도 있다. 대부분의 스타트업은 스톡옵션 같은 주식 기반 인센티브를 사용하기 때문에 일단 기업이 성공하면 창업자와 초기 참여 인원들은 큰 부를 얻을 수 있다. 단, 대부분의 스타트업은 실패한다. 그래서 대부분의 사람이 큰돈을 벌지 못할 뿐만 아니라 직장까지 잃는다. 스타트업은 위험을 감수하는 사람으로 가득하다. 그래서 위험에 대한 내성이 낮은 사람은 스타트업에서 일하지 못한다.

어떤 규모의 기업이든 신속함과 개인적 책임 그리고 높은 위험에 대한 보상에 초점을 맞춘다면 혁신에 도움이 될 것이다. 하지만 이러한 특징들을 기존 기업들, 특히 일정 규모가 되는 기업들이 복제할 수 있느냐가 문제다. 가장 먼저 명심해야 할 것은 단순히 큰 조직을 작은 단위로 쪼개거나 자율적인 팀을 만드는 것만으로 이런 문화를 복제하기란 불가능하다는 점이다. 신속성, 책임감, 위험에 대한 내성과 같은 문제는 쉽게 변하지 않는 특징들이다. 게다가 기존 기업들이 이러한 특징들을 재현하기란 결코 쉽지 않다. 이러한 특징들은 스타트업의 독특하고 압박감이 넘치는 상황에서 비롯되기 때문이다. 대부분의 기존 기업, 특히 대기업들은 당장 현금이 바닥나거나 파산할 위험이 상대적으로 낮다. 예를 들어 2017년 12월 31일 대차대조표에 1,430억 달러(약 173조9,595억 원) 이상의 현금과 현금등가물이 있는 마이크로소프트가 다음해 당장 망할 위험은 0에 가깝다. 개인의 책임도 마찬가지다. 2만5,000명의 직원이 있는 기업이 생존을 위해 개인에게 책임을 강요하지는 않는다. 그러나 직원이 25명인 스타트업에서는 그렇게 할 수밖에 없다. 스타트업의 '대박 또는 쪽박' 구조는 기성 기업에서 복제하기 특히 어려운 특징이다.

이렇듯 스타트업과 기존 기업의 구조적 차이를 알면, 내부를 작은 단위로 조직해 창업 문화를 '재창조'하려는 대기업의 노력이 대부분 실패하는 이유를 쉽게 이해할 수 있다. 이러한 노력의 대부분은 '크기'와 '문화'를 혼동하기 때문이다. 단지 작게 쪼갠다고 해서 조직에 창업의 핵심 문화 속성인 신속성과 책임감, 높은 위험에 대한 내성, 결과에 따른 책임과 보상이 저절로 생겨나지는 않는다.

부정적으로 보자면 기존 기업이 스타트업을 만드는 것은 단순히 독립적인 팀을 만들거나 조직을 소규모로 분할하는 것보다 훨씬 어렵다. 그러나 긍정적으로 보자면, 규모가 크다고 해서 반드시 이러한 사고방식을 가질 수 없는 것은 아니다. 대기업 내부의 조건상 이러한 스타트업들의 특징들이 생존과 직결된 문제가 아니기 때문에 한계가 발생하는 것이라면 리더들이 다양한 방식으로 그와 유사한 환경을 조성하고 이끌 수도 있기 때문이다.

스타트업의 신속성 복제하기

대기업은 신속하게 움직일 수 없다는 말에 나는 동의하지 않는다. 물론 보통은 그 말이 옳다. 스타트업과는 달리 그들의 생존은 속도에 크게 좌우되지 않기 때문이다. 따라서 대기업 내부에서 신속성을 재창조하려면 리더들이 시간 여유에서 벗어나야 한다. 프로젝트의 시간적인 목표를 공격적으로 설정하고, 이를 지켜야 할 책임을 프로젝트팀에 부여하며, 프로젝트팀들이 신속하게 움직일 수 있도록 자율성과 유연성을 제공해야 한다. 또한 반드시 지켜야 할 법적·규제적·윤리적 문제가 아니라면 프로젝트팀이 기업 내의 기존 틀에서 벗어날 수 있도록 허용할 필요가 있다.

큰 조직들이 절박한 상황이나 신속한 반응이 필요한 외부의 요구에 처했을 때 얼마나 빨리 움직일 수 있었는지를 주목해보자. 세르지오 마르치오네가 파산 직전인 피아트를 인수했을 때, 그가 가장 먼저 던진 질문 중 하나는 '왜 피아트가 새로운 모델을 도입하는 데 3년이 걸렸는가?'였다. 그는 '원래 그랬다'라는 사람들의 답을 무시했고, 개발팀에게 시간을 절반으로 줄일 방법을 강구하라고 요구했다. 그의 임기 중 출시된 첫 번째 제품은 그가 부임한 지 18개월도 되기 전에 시장에 나왔다. 심각한 전염병이나 에볼라의 위협과 같은 주요 공중보건 위기에 직면했을 때, 세계 최대의 제약 기업 중에는 기록적인 속도로 신약을 상용화한 곳도 있다.

스타트업과 같은 책임감 복제하기

속도처럼 책임감 또한 기대와 정책에 따라 창조되는 사고방식이다. 책임감이 높은 문화를 만드는 시작점은 성과에 대한 기대를 명확히 하고, 개인에게 조직을 위한 최선의 이익과 관련한 결정을 내릴 수 있는 권한과 자원을 제공하는 것이다. 이는 기업의 규모와는 무관하다. 예를 들어 소규모 자율 팀이나 내부 벤처팀을 만들 경우, 그 팀의 리더들은 한 기업의 CEO처럼 대우해야 한다. 따라서 이 팀의 리더는 단순히 기술이 뛰어난 사람이 아니라 리더십을 갖추고 프로그램의 비전에 깊은 헌신을 가진 사람이어야 한다. 또한 CEO와 마찬가지로 그들은 성공과 실패에 따른 책임을 져야 한다. 아울러 이들에게는 비교적 넓은 범위의 권한이 필요한데, 이 부분이 대기업에서 현실적으로 가장 어려운 점 중의 하나다. 기업이 해당 리더에 대한 통제력을 상당 부분 포기해야 하기 때문이다. 그러나 내부 벤처의 리더가 자신이 운영해야 할 프로그램에 대한 통제권이 낮다면 책임감 또한 떨어질 수밖에 없음을 명심하자.

스타트업의 '대박 인센티브' 복제하기

대기업에서 스타트업과 같은 인센티브 제도를 실행하기란 매우 어렵다. 실제로 대기업에서는 한 개인이 스톡옵션으로 막대한 이익을 챙길 가능성이 낮다. 그러나 이론적으로는 고정급에서 성과급 체제로 임금 형태를 전환해 높은 위험 보상 인센티브를 창출하는 것이 가능하다. 성과급이 충분히 높게 설정된다면 스타트업의 인센티브 제도를 일정 수준 복제할 수도 있다.

그러나 기존 기업에서 이와 같은 보상 제도를 시행할 때 생기는 문제들은 기술적인 것들이라기보다는 사회적이고 심리적인 것들이다. 대다수 기업은 직급에 따라 급여를 받는 계층적 보상 제도를 채택하고 있다. 같은 직급의 사람들은 비슷한 수준의 급여를 받는다. 그리고 성과급은 어느 정도 정해진 범위 내에서 지급된다. 이러한 제도는 책임과 보상 모두 같은 수준으로 받는다는 점에서 대체로 '공정한' 것으로 간주된다. 그러나 스타트업과 같은 보상 체계에서는 동일한 직급이라도 급여에서 큰 차이가 생길 수 있다. 심지어 더 낮은 직원이 고위 간부들보다 더 큰 보상을 받기도 한다. 때로는 같은 기업 내부에서도 '가진 자'와 '가지지 못한 자'가 생겨나 '공동의 목적의식'을 파괴할 수 있다는 우려가 생기기도 한다.

내가 본, 이러한 시스템을 만들고자 했던 몇몇 기업에서는 많은 사람이 이런 식의 '정치적 역학관계'에 갇혀버렸다. 내가 컨설팅했던 한 기업에서는 급진적이고 새로운 기술을 탐구하고자 내부 벤처팀을 만들었다. 벤처팀은 스타트업과 매우 흡사한 모습이었다. 기업의 정상적인 사업단위 밖에 있었고, 기업의 벤처그룹 사업부와 직접 소통했다. 벤처 리더에게는 CEO와 같은 권한과 책임이 주어졌다. 이 벤처를 감독하기 위해 고위 기업 리더들의 이사회가 열렸다. 벤처팀에 합류한 이들은 기존 기업을 퇴사해야 했고, 사업에 실패했을 경우 일자리를 보장받지 못했다. 또한 고정 급여를 낮추었는데, 대신 큰 성과급을 약속 받았다.

그들이 첫 번째 중요한 목표를 달성했을 때 이 계획의 문제가 나타났다. 공교롭게도 그들이 목표를 달성한 그때 본사의 매출과 영업이익률이 급락한 것이다. 본사의 감봉과 인센티브 동결, 해고가 이어졌다. 이런 분위기 속에서 몇몇 임원은 그들에게 약속됐던 인센티브를 지급하는 것이 부적절하다고 여겼다. 그들이 만약 진정으로 독립적이었다면 본사도 견뎌내지 못한 불황의 상황을 그들 역시 견뎌내지 못했을 것이라 주장했다. 그들이 목표를 달성한 데에는 본사의 역할이 컸다고도 했다. 사내 벤처팀은 큰 배신감을 느꼈다. 결국 타협이 이루어졌고 인센티브 지급은 연기됐다. 이후 벤처팀은 다시 기존 기업 구조로 통합됐고, 벤처팀의 보상시스템 역시 기존 기업 구조의 모습으로 회귀했다.

나는 엄격한 계층적 보상 시스템을 별로 좋아하지 않는다. 톰 브래디는 NFL에서 최고의 쿼터백 중 한 명이다. 그는 워낙 뛰어난 선수라 연봉도 많이 받는다. 2017시즌 전 4,100만 달러(약 498억7,000만 원)에 2년 계약을 했다. 브래디 같은 스타는 코치나 심지어 팀 사장보다 더 많은 돈을 번다. 그의 연봉은 철저히 성적과 팀의 공헌도에 근거하고 있다. 스포츠팀에서는 연봉이 선수들의 직급을 뜻하지는 않는다. 그러나 만약 패트리어츠가 전형적인 기업이었다면 톰 브래디가 높은 연봉을 받을 수 있는 방법은 코치나 경영본부 임원으로 '승진'하는 것뿐이다. 물론 스포츠팀에서 이런 터무니없는 일은 결코 일어나지 않는다. 그럼에도 불구하고 대부분의 기업에서는 여전히 그렇게 하고 있다.

기업 내부에 계층적 보상 시스템이 얼마나 깊숙이 뿌리박혀 있는지를 생각해보면, 스타트업의 인센티브 제도를 복제하기란 현실적으로 매우 어렵다. 하지만 그게 기업에서 강력한 동기부여 장치를 사용할 수 없다는 뜻은 아니다. 사람들을 자극하는 것이 꼭 돈만은 아니기 때문이다. 사람들은 받는 돈에 의해서만이 아니라 흥미롭고 중요한 문제를 해결할 때 심리적으로 만족감을 느낀다. 내가 만나는 많은 기업가들은 엄청난 돈을 버는 것 이상으로 다른 이들에게 영향을 끼친다는 사실에 동기부여가 된다. 대기업에서 만난 많은 개발자와 엔지니어들도 마찬가지다. 암 치료의 돌파구를 찾는 팀의 일원이 되는 것은 그 자체로 강력한 동기부여가 되기도 한다.

구글을 생각해보자. 현재 약 8,000억 달러(약 973조2,000억 원)의 시가총액으로 미루어 1998년에 비해 재정적으로 성장 잠재력은 훨씬 낮다는 말은 일리가 있다. 이 말은 오늘날 입사하는 직원들은 구글 초기 입사했던 직원들이 비해 성장 잠재력이 낮은 기업에 입사한 것이라는 말도 된다. 그러나 구글은 세계 어느 기업보다도 훨씬 더 많은 유망한 인재를 끌어들이고 있다. 물론 구글은 직원들에게 충분히 보상하고 있고, 무료 음식과 육아 지원 같은 뛰어난 복지를 제공한다. 그리고 구글의 주식이 계속 오른다고 가정하면 스톡옵션 시스템은 새로운 직원들에게도 상당한 재정적 이익을 줄 수 있다. 그러나 구글과 같은 기업에 좋은 인재들이 몰리는 이유는 세상의 중요한 문제와 관련해 흥미롭고 도전적인 일을 할 수 있다는 가능성 때문이기도 하다. 그게 바로 지난 세기 최고의 인재들이 벨 연구소로 모인 이유였다. 단순히 돈의 문제가 아니었다. 그것은 환경, 탐험의 자유, 그리고 그들을 흥분시키는 프로젝트를 추구할 자유에 대한 것이었다. 그리고 이런 환경을 만드는 일은 기업의 규모보다는 리더십과 관련한 문제다.

혁신적인 문화를 만드는 리더십 도구

몇 년 전 대기업을 방문했을 때, 한 그룹의 매니저들이 나에게 기업을 더 혁신적으로 만들기 위한 문화적 변혁기를 겪고 있다고 했다. 이들은 '새로운 문화'의 증거로 복장 규정이 이전의 '전통적인 비즈니스 복장'에서 캐주얼로 바뀌었다는 점을 들었다. 주위를 둘러보니 대부분 남자 매니저들은 거의 똑같은 옷—카키색 바지와 파란색 또는 흰색 버튼 셔츠, 푸른 계열의 블레이저—을 입고 있었다. 나는 그 기업이 단순히 한 가지 형태의 규정을 다른 것으로 대체했을 뿐이라는 생각이 들었고, 정말로 기업이 변했는지 의심하게 됐다. 실제로 추가 조사를 통해 나는 인센티브나 역할과 책임, 보고 관계, 팀 구조, 의사결정권 등의 실질적인 변화는 없음을 알게 됐다.

문화는 피상적인 것이 아니다. 문화적 변화는 복장 규정이나 물리적 환경 같은 상징적인 것들의 수정 이상을 요구한다. 구글처럼 용암 램프를 로비에 놓거나 마크 저커버그가 후드티를 입는 것을 따라 한다고 해서 혁신적인 문화가 창조되는 것은 아니다. 장소와 사람들의 외면은 문화적 가치를 시각적으로 드러내는 것일 수는 있어도 문화 그 자체는 아니다. 물론 문화의 중요한 상징적 요소들이 있고, 그것들을 무시할 수는 없다. 디자인 기업 IDEO의 혁신 과정에 대한 다큐멘터리에서 창업자 데이비드 켈리는 천장 밖으로 튀어나온 DC-3 비행기 날개를 가리키며 웃었다.

"인테리어죠. 분위기를 내는……. 저게 우리는 특이한 사람들이고 또 그것을 자랑스러워한다는 것을 나타내죠."

하지만 IDEO가 혁신적인 것은 DC-3 날개가 벽 밖으로 튀어나와 있기 때문은 아니다. 그들은 자신들이 시행하는 가치와 행동, 과정 때문에 혁신적이다.

문화적 변혁의 본질인 행동 패턴의 지속적인 변화를 유지하려면 문화적 변혁의 필수요소인 광범위한 경영적 관리 도구를 사용해야 한다. 조직이 열망하는 가치(위험을 감수하고 내가 책임을 진다 등)를 명확하게 전달하는 것 외에도 리더는 각종 시스템과 관계, 구조, 정책, 의사결정 프로세스 및 인센티브를 조정할 수 있어야 한다. 가끔 "문화와 시스템 중 무엇이 우선이고 또 무엇이 더 중요한가?"라는 질문을 받는다. 답은 "둘 다"다. 시스템과 문화는 불가분의 관계에 있다. 각각은 서로를 보완한다.

마지막으로, 문화적 혁신은 비현실적인 것이 아니다. 조직의 문화는 매일 행해지는 모든 행동과 결정 그리고 리더가 모델이 되는 모든 행동에 따라 형성된다. 리더는 언제 문화 엔지니어링을 시작해야 하는가? 간단하다. 당신은 이미 그것을 조작(엔지니어링)하고 있었다. 이제 스스로에게 던져야 할 유일한 질문은 "나는 나의 조직이 필요로 하는 혁신적인 문화를 만들고 있는가?"다.

10장

창조적이고 건설적인 리더

업무 도구보다 경영 방식의 업그레이드가 먼저다

만약 지금 쓰고 있는 컴퓨터를 1977년 애플 II (메모리 4KB, 오디오 카세트 메모리, 40x48 16색 모니터, 인터넷 연결 없음)로 교체한다면 어떨까? 상상조차 하기 싫을 것이다. 기술은 업무에 큰 영향을 미치기 때문에 기업은 이를 업그레이드하기 위해 부단히 노력한다. 그러나 아이러니하게도 조직의 '기술'인 전략과 시스템, 문화를 혁신하고 업그레이드하는 데에는 그리 힘을 쓰지 않는다.

나는 이 책에서 조직적인 '기술'은 우리가 일상 업무에 사용하는 물리적 도구만큼이나 혁신의 필수 요소임을 알리고 싶었다. 40년 된 컴퓨터를 사용하는 것은 용납하지 못하면서도 경영 방식은 40년 전과 같은 기업이 여전히 많다.

성공적인 혁신을 위해서는 많은 요소가 필요하다. 연구개발에 투자하기 위한 자원이 필요하고, 똑똑하고 고도로 훈련된 사람들이 필요하다. 물리적(실험실과 정교한 도구 등)·제도적(특허 등)으로 잘 갖춰진 인프라도 필요하다. 그러나 무엇보다도 혁신 가능한 조직이 필요하다. 가장 똑똑하고 가장 창의적이며 가장 의욕적인 사람들조차 올바른 혁신 시스템을 구축하지 않는 데다가 닫혀 있기까지 한 조직에서는 결코 능력을 십분 발휘할 수도, 최상의 성과를 낼 수도 없다.

이 책의 핵심 주제는 혁신 역량이 기업의 규모나 역사가 아닌 리더십에 달린 것이라는 주장이다. 그리고 그런 리더십과 혁신 역량은 불변이 아니라는 사실이 중요하다. 기업이 나이를 먹고 성장함에도 변화에 있어서는 정체된다면 혁신 능력은 떨어질 것이다. 그러나 무조건 그렇게 되는 것은 아니다. 기업의 운명은 물리적·생물학적 법칙을 따르지는 않는다. 사라질 것이냐 아니면 끊임없이 재탄생할 것이냐는 절대적으로 리더십에 달려 있다.

창조적인 혁신가

창조적이면서 건설적인 기업은 성공 여부나 크기와 관계없이 변혁적 혁신의 기회를 능동적으로 찾고, 끊임없이 전략과 설계 시스템, 문화 혁신을 추구한다. 이들은 '기업은 성장할수록 변혁적인 혁신을 하지 않는다'는 말을 거부한다. 전략적으로 기존 사업과 새로운 기회 사이의 균형을 찾으려 노력한다. 탐색하고 통합하며 올바른 선택을 통해 시스템을 효율적으로 사용한다. 또한 문화적 긴장감을 잘 관리한다.

전략과 시스템, 문화라는 세 가지 요소 중 어느 하나도 제대로 작동시키기는 쉽지 않다. 하물며 창조적이고 건설적인 기업이 된다는 것은 이 세 가지 모두를 올바르게 만드는 것을 의미하기에 결코 쉬울 수가 없다.

창조적이고 건설적인 기업은 결코 우연히 만들어지는 것이 아니다. 조직 전반에 걸친 리더십의 산물이다. 창조적이고 건설적인 기업은 조직이 직면한 3대 혁신 과제인 전략, 시스템, 문화의 문제를 직접 해결하고자 하는, 즉 '창조적이고 건설적인 리더'를 필요로 한다. 이런 리더가 반드시 CEO나 고위 임원만을 뜻하는 것은 아니다. 어느 위치에 있는 사람이든 혁신적인 가치를 창출할 수 있는 기회가 있다. 창조적이고 건설적인 기업은 고위 임원만이 아니라 조직 곳곳에 그런 사람들을 필요로 한다. 창조적이고 건설적인 리더십은 직위라기보다는 마음가짐에 가깝다.

창조적이고 건설적인 리더십의 특징은 다음과 같다.

외형

혁신의 핵심은 문제를 해결하는 것이다. 그래서 훌륭한 혁신가는 문제 해결사다. 그리고 문제 해결사는 고객, 공급자, 파트너 및 기타 협력자들에 대해 끊임없이 생각하고, 그들과 대화하고, 관찰하고, 관여한다. 창조적이고 건설적인 리더들은 조직 밖에서 일어나고 있는 일들에 끊임없이 귀를 기울인다. 보고서를 읽거나 직원의 브리핑을 받기보다는 직접 체험하고, 이를 통해 고객과 기술, 트렌드에 대해 배운다.

혁신을 경쟁 무기로 간주한다

창조적이고 건설적인 리더는 상황을 단순하게 본다. 기업은 언제나 고객과 가치를 위한 싸움터에 있다. 혁신은 이 싸움을 위한 무기다. 창조적이고 건설적인 리더는 자신의 조직을 방어적이 아니라 공격적으로 만든다. 혁신은 사업의 운영에 있어 집중을 방해하는, 번거롭고 불편한 선택 사항이 아니다. 혁신 전략이 곧 사업 전략이다. 혁신은 이사회 단계부터 개별 지점에 이르기까지 모든 논의와 결정에 존재한다.

다르다는 것을 포용한다

전략의 기술은 경쟁자들과 차별화되고 더 발전하기 위한 방법을 찾는 것이다. 이런 논리는 혁신 전략에도 적용된다. 기술과 시장 동향에 대한 메시지가 가득한 세상에서 창의적인 혁신가들은 경쟁적인 성공이 그런 메시지가 아닌 다른 곳에 있음을 안다. 물론 그렇다고 중요한 트렌드를 무시한다는 것은 아니다. 어떻게 기존의 관점들을 '파괴적으로 창조할 수 있는지'에 관한 것이다. 이런 과정에서 '트렌드를 거스르는 것'이라는, 많은 사람의 회의적인 시각을 견뎌야 할 수도 있다. 애플이 소매점 진출을 발표했을 때 그게 좋은 생각이라고 말한 사람은 거의 없었다. 아마존이 웹서비스를 시작한다고 발표했을 때 많은 분석가가 비웃었다.

장·단기 혁신 기회의 까다로운 상충관계에 대한 이해

현재 주력하고 있는 일들은 확실하고도 매력적인 수익을 제공할 것이다. 홈코트 밖의 기회들은 보다 장기적인 미래의 기회일 가능성이 높다. 여기서 무엇을 선택하고 어디에 집중해야 할지 '정답'은 없다. 기존의 기회에 집중하는 편이 더 매력적이라고 생각할 수도 있고, 미래를 위해 홈코트 밖의 탐험에 보다 많은 자원을 투자해야 한다고 생각할 수도 있다. 정답은 없지만 오답은 있다. '그 무엇도 선택하지 않는 것'이다. 창조적이고 건설적인 리더는 홈코트 안과 밖, 장기와 단기적 기회의 상충관계를 이해하고, 조율안에 대한 명확하고 투명한 전략을 개발한다. 또한 동료와 투자자들에게 전략을 설명하고 설득한다.

혁신 능력에 대한 시스템 관점

창조적인 혁신가들은 혁신 능력이 단 하나의 실천 요강이나 도구에 근거하는 게 아니라고 생각한다. 다른 조직적 능력과 마찬가지로 혁신 역량은 수많은 실천 요강과 프로세스, 도구와 행동의 복잡한 상호작용에서 생겨난다. 따라서 창조적인 혁신가는 조직적인 '시스템 설계자'이기도 하다. 이들은 기업이 올바른 조직적 능력을 구축할 수 있다면 지속적으로 가치 있는 혁신을 창출할 수 있는, 신뢰할 만한 동력을 가지게 될 것임을 알고 있다.

조직적 혁신가

창조적인 혁신가는 조직적 혁신가이기도 하다. 이들은 타인으로부터 배우는 것과 맹목적으로 모방하는 것의 차이를 안다. 그들은 애플이나 다른 유명 기업들에게 유효했던 전략이나 도구가 자신의 기업과 전략에는 최선이 아닐 수 있다는 사실을 알고 있다. 이들은 기업의 고유한 전략과 상황에 따른 '맞춤형 혁신 시스템'을 설계하고 구축해야 한다고 생각한다. 이는 누군가를 벤치마킹하거나 소위 '최고의 사례'를 모방하는 것보다 훨씬 어렵다. 이를 위해서는 조직에 대한 심층적인 분석이 되어 있어야 하고, 혁신 과정에 관련한 사람들의 참여를 이끌어낼 수 있어야 한다. 또한 시스템이 개선되도록 지속적으로 도전하고 새로운 혁신 방법을 찾아내야 한다. 창조적인 혁신가는 자신의 조직 능력이 쓸모없게 되도록 내버려두지 않는다. 혁신적 조직을 이끌기 위해서는 스스로가 조직적 혁신가가 되어야 한다는 사실을 알고 있기 때문이다.

재능 있는 사람

창조적인 혁신가는 혁신이란 철저히 '사람'이 이루는 것임을 알고 있다. 기업은 매력적인 혁신 전략을 수립할 수 있고, 환상적인 시스템과 프로세스를 설계하고 구현할 수 있으며, 개발자와 엔지니어를 가장 정교한 장비와 컴퓨터 알고리즘으로 무장

시킬 수 있다. 또한 프로젝트팀에 돈을 아낌없이 쓸 수도 있다. 하지만 궁극적으로 이러한 것들은 창의적이고 재능 있는, 동기부여가 되어 있고 이 일에 몰입되어 있는 사람들이 없다면 아무 소용없다. 기술과 시스템, 자원만으로는 절대 훌륭한 팀이 될 수 없는 것이다.

창조적인 혁신가들은 최고의 인재를 모집하고 개발하고 훈련하고 보유하는 것을 우선시한다. 똑똑하고 재능 있으며 혁신적인 사람들이 자신들과 비슷한 사람들과 함께 일하는 데 매력을 느낀다는 사실 또한 알고 있다. 따라서 그들은 높은 기준을 세운다.

창조적 혁신가들은 또한 사람들의 다양한 배경과 경험, 훈련, 관점이 뒤섞일 때 진정한 혁신이 이뤄진다는 사실도 놓치지 않는다. '최고의' 재능은 결코 한 가지가 아니다.

이들은 재정적인 인센티브의 중요성 못지않게 사람들이 조직의 이상理想에 매력을 느끼고 더 많은 동기부여를 받을 수도 있다는 사실도 알고 있다. 그래서 창조적인 혁신가들은 사람들이 새로운 아이디어를 탐구하고, 실험하고, 위험도가 높은 프로젝트를 추구할 수 있는 환경을 만든다. 전략과 자원, 시스템은 인력 부족 문제를 해결하기 위한 장치로서가 아니라 우수한 인재를 모으고 그들이 더 우수해질 수 있도록 설계해야 한다.

문화 전사戰士

창조적 혁신가는 조직 문화에 집착한다. 그들은 올바른 문화가 없다면 기업의 혁신 역량이 저하될 것임을 알고 있고, 조직이 성장하고 오래되면 혁신적 문화를 잃을 수밖에 없다는 주장을 거부한다. 또한 이들은 '대기업 문화 vs. 스타트업 문화'라는 잘못된 이분법에 갇히지 않는다. 그들에게는 양쪽 모두 혁신적인 문화를 창조하는 것이 중요하다.

창조적 혁신가들에게 문화는 혁신을 위한 강력한 도구이기 때문에 이들은 혁신적 문화를 굳게 지키려 끊임없이 노력한다. 문화는 컨설턴트나 인사팀만의 전유물이 아니다. 조직과 관련된 모두의 일이다. 창조적 혁신가는 매일 자신이 하는 모든 결정과 의사소통, 자신이 보이는 모든 행동을 통해 문화가 형성되고 있음을 인지한다. 이들은 '정말 중요한 것은 무엇인가'에 대한 답을 찾고 있는 직원들이 자신을 매우 주의 깊게 관찰하고 있음을 알고 있다. 또한 자신의 모든 언행이 갖는 문화적 영향력에 대해 끊임없이 고민할 정도로 부지런하다. 그들은 혁신적인 문화가 복잡함은 물론 이를 만드는 데 시간이 오래 걸린다는 사실을 알고 있다. 또한 혁신적 문화가 매우 빨리 파괴될 수 있다는 것도 매우 잘 알고 있다.

21세기를 위한 창조적 리더

혁신 능력은 인간의 두드러진 특징 중 하나다. 다른 종과 비교해 인간이라는 종의 성공을 설명할 수 있는 가장 대표적인 특징이기도 하다. 인간은 공예품, 도구, 생산 공정, 에너지원, 통신 방법, 서비스, 조직, 기관 등 주변의 거의 모든 것을 혁신함으로써 삶을 개선해왔다. 그러나 이런 놀라운 혁신 능력은 향후 수십 년간 시험대에 설 것이다. 지구온난화와 물 부족, 심각한 빈곤, 암과 치매 같은 잔혹한 질병, 인구 노령화에 따른 문제, 증가하는 불평등과 그로 인한 사회·정치적인 문제 등이 앞으로 닥쳐올 도전의 일부다.

물론 내가 이 글을 지난 세기 초에 썼다 해도 비슷한 우려의 목소리를 냈을지도 모른다. 그 시기는 비관적인 전망이 나올 만한 이유가 충분했다. 1,600만 명 이상이 죽은 전쟁과 5,000만 명 이상의 사람이 죽은 독감을 막 지나온 때였기 때문이다. 도전 과제도 명백했다. 그러나 어느 누구도 제품과 서비스, 조직과 기관의 혁신이 어떻게 사회와 경제를 더 나은 방향으로 변화시킬 것인지 정확히 예측할 수 없었고, 우리는 20세기에 혁신을 통해 번창했다. 그리고 미래의 문제는 이번 세기의 혁신에 달려 있다.

모든 사람이 미래에 대해 낙관적인 것은 아니다. 저명한 경제사학자인 노스웨스턴 대학교 로버트 고든Robert Gordon 교수는 저서 『미국의 성장은 끝났는가The Rise and Fall of American Growth』(역자 이경남, 생각의 힘, 2017. 07)에서 지난 세기 우리의 삶을 변화시켰던 혁신들이 결코 반복되지는 않을 것이고, 최근의 기술력이 우리 삶에 영향을 미치는 수준이 과거에 비해 많이 작아지고 있다고 주장했다. 나는 고든보다는 더 낙관적이지만, 이런 낙관적인 생각에는 단서가 있다. 혁신은 하늘에서 떨어진 선물처럼 운이나 우연에 따라 오는 것이 아니다. 인류는 혁신이라는 무대위에서 절대로 소극적인 배우가 아니다. 혁신은 강렬하고 독특한 인간의 활동이다. 제품과 건물, 기계 같은 물리적인 것부터 은행이나 영화 채널과 같은 서비스, 일하는 조직이나 생활방식, 심지어 법까지 이 모든 것이 바로 인간들의 손으로 만들어낸 것이다.

21세기의 도전에 맞서 인류가 또다시 도약할 수 있는가는 결국 우리 개개인의 잠재력을 깨우는, 개개인이 속한 조직의 능력에 달려 있다. 혁신적 조직은 결코 저절로 생겨나는 것이 아니다. 혁신적 조직이라는 말 어디에도 '자연스러운' 것이라는 뜻은 포함되어 있지 않다. 혁신적 조직은 그 자체가 인간의 창의적 산물이다. 결국 모든 것은 우리 스스로에게 달려 있다. 그리고 창조적이고 건설적인 지도자들의 필요성이 지금보다 더 절실한 적은 없었다.

| 참고문헌 |

들어가며

1. National Science Foundation, Science & Engineering Indicators, 2016. (http://www.nsf.gov/statistics/2016/nsb20161/#/report/chapter-4/recent-trends-in-u-s-r-d-performance).
   PwC Press Release, October 24, 2017, "Corporate R&D Spending Hits Record High for Top 1000, Despite Concerns of Economic Protectionism" (https://www.pwc.com/us/en/press-releases/2017/corporate-rd-spending-hits-record-highs-for-the-top-1000.html)
   Industrial Research Institute, R&D Magazine (Supplement), "2017 Global R&D Forecast" page 7.
2. KPMG, January 18, 2018, "2017Global Venture Capital Investment Hits Decade High of $155 Billion Following a Strong Q4: KPMG Venture Pulse, (https://home.kpmg.com/sg/en/home/media/press-releases/2018/01/kpmg-venture-pulse-q4-2017.html).
3. Schumpeter, Joseph A. (1994) [1942]. Capitalism, Socialism and Democracy. London: Routledge. pp. 82–83. ISBN 978-0-415-10762-4.
4. Schumpeter, Joseph A. (1939), Business Cycles: A Theoretical, Historical, and Statistical Analysis of the Capitalist Process (New York: McGraw-Hill).
5. The seminal studies in this literature include William Abernathy and Kim Clark (1985), "Innovation: Mapping the Winds of Creative Destruction" Research Policy, vol. 14, 3-22. Tushman, Michael L., and Philip Anderson. "Technological Discontinuities and Organizational Environments." Administrative Science Quarterly 31, no. 3 (1986): 439-65. Henderson, Rebecca M., and Kim B. Clark. "Architectural Innovation: The Reconfiguration of Existing Product Technologies and the Failure of Established Firms." Administrative Science Quarterly 35, no. 1 (1990): 9-30. Clayton Christensen (1997) The Innovator's Dilemma, Harvard Business School Press. Boston.
6. Baum, Andrew, Verdult, Peter, Chugbo, C.C. et al., "Pharmaceuticals: Exit Research and Create Value", Morgan Stanley Research, January 20, 2010.
7. For a comprehensive review of the statistical studies on the stopic, see Cohen, Wesley. 2010 "Fifty Years of Empirical Studies of Innovative Activity and Performance," in B.H. Hall and N. Rosenberg, eds. Handbook of the

Economics of Innovation, Amsterdam: North Holland Elsevier.

8. For a description of this study, see Gary Pisano, Science Business: The Promise, Reality, and Future of Biotech. Harvard Business Review Press. 2006. Boston.
9. See for instance the seminal work of Tushman and Anderson (1984), Abernathy and Clark (1985), and later Christensen (1997), all referenced above.
10. There are many excellent histories of the IBM 360. See for instance Carliss Baldwin and Kim Clark (1990), Design Rules: The Power of Modularity--Volume. MIT Press, Boston. See also IBM Archives (https://www-03.ibm.com/ibm/history/exhibits/mainframe/mainframe_PR360.html).
11. "Fortune 500 Archive, 1964 Full List", Fortune, (http://archive.fortune.com/magazines/fortune/fortune500_archive/full/1964/)
12. "Fortune 500 2007 ", Fortune, (http://fortune.com/fortune500/2007/).
13. "Fortune 500 Archive, 2004 Full List", Fortune, (http://archive.fortune.com/magazines/fortune/fortune500_archive/full/2004/301.html).
14. "Amazon: Financials", Yahoo Finance, (https://finance.yahoo.com/quote/AMZN/financials?p=AMZN).
15. "Alphabet", Fortune 500, April 6, 2018, (http://fortune.com/fortune500/alphabet/).
16. Trefis.com. Total revenue of Johnson & Johnson worldwide from 2012 to 2024 (in billion U.S. dollars)*. https://www-statista-com.ezp-prod1.hul.harvard.edu/statistics/258392/total-revenue-of-johnson-und-johnson-worldwide/ (accessed March 29, 2018).
17. Top companies globally by revenue, April 6, 2018, Capital IQ, Inc., a division of Standard & Poor's; "Johnson & Johnson", Fortune 500, April 2, 2018, (http://fortune.com/fortune500/johnson-johnson/); Global Top 100 Companies by market capitalization, PwC, March 31, 2017, (https://www.pwc.com/gx/en/audit-services/assets/pdf/global-top-100-companies-2017-final.pdf).
18. Johnson & Johnson, Form 10-K 2017, p. 1, (http://files.shareholder.com/downloads/JNJ/6058290261x0xS200406%2D18%2D5/200406/filing.pdf), accessed March 2018.
19. Johnson & Johnson. Johnson & Johnson's expenditure on research and development from 2005 to 2017 (in million U.S. dollars). https://www-statista-com.ezp-prod1.hul.harvard.edu/statistics/266407/research-and-development-expenditure-of-johnson-und-johnson-since-2006/ (accessed March 29, 2018); Johnson & Johnson, Form 10-K 2017, p. 14, (files.shareholder.com/downloads/JNJ/6058290261x0xS200406%2D18%2D5/200406/filing.pdf) accessed March 2018.
20. Johnson & Johnson, Form 10-K 2017, p. 1, http://files.shareholder.com/downloads/JNJ/6058290261x0xS200406%2D18%2D5/200406/filing.pdf,

accessed March 2018.

21. Harvard Business School Research Associate Jesse Shulman prepared a list of 4,011 companies with over $1 billion in revenues. Companies with over $1 billion in revenue, April 2, 2018, Capital IQ, Inc., a division of Standard & Poor's. A database called the Global 5000, which tracks the world's largest companies by revenue, claims 4,455 companies have over $1 billion in annual revenues. April 2, 2018, The Global 5000, (http://theglobal5000.com/about/).
22. Amazon.com 2015 Annual Report. Letter to the Shareholders, page 2.
23. Noria, Nitin and Michael Beer (2000), "Cracking the Code of Change," Harvard Business Review, May-June Issue.
24. James G. March (1991), "Exploration versus Exploitation in Organizational Learning." Organization Science, vol. 2, no. 1 (February): 71-87.
25. On the dilemma of exploration vs. exploitation in innovation, see the excellent work of Charles O'Reilly and Michael Tushman (2016), Lead and Disrupt: How to Solve the Innovator's Dilemma. Palo Alto: Stanford Business Books.
26. For an analysis, see "Do Shareholders of Acquiring Firms Gain From Acquisitions," Sara Moeller, Frederick Schlingemann, and Rene Stulz, NBER Working paper no. 9523; "A Brave New World of M&A: How to Create Value from Mergers and Acquisitions", The Boston Consulting Group, July 2007.

1장. 여행의 시작

1. Parts of this chapter are adapted from my article "You Need an Innovation Strategy," Harvard Business Review, June 2015.
2. I am grateful to my colleague Stefan Thomke of Harvard University for bringing this example to my attention.
   "The Salad is in the Bag." Wall Street Journal, July 27, 2011.
   (http://www.wsj.com/articles/SB10001424053111903999904576469973559258778).
3. Abernathy, William and James Utterback (1978), "Patterns of Industrial Innovation." Technology Review. 80 (7): 40-47. William Abernathy and Kim Clark (1985), "Innovation: Mapping the Winds of Creative Destruction" Research Policy, vol. 14, 3-22. Tushman, Michael L., and Philip Anderson. "Technological Discontinuities and Organizational Environments." Administrative Science Quarterly 31, no. 3 (1986): 439-65. Henderson, Rebecca M., and Kim B. Clark. "Architectural Innovation: The Reconfiguration of Existing Product Technologies and the Failure of Established Firms." Administrative Science Quarterly 35, no. 1 (1990): 9-30. Clayton Christensen (1997) The Innovator's Dilemma, Harvard Business

School Press. Boston. Pisano, Gary (2015), "You Need An Innovation Strategy," Harvard Business Review (HBR Reprint R1506B)
4. "Audi On Demand, Frequently Asked Questions", 2018, (https://www.us.audiondemand.com/us/service/en_ondemand/nav/faq.html).

2장. 경로 탐색

1. "Google Reorganization Isn't About Cutting Costs, Alphabet CFO Says," Jack Nicas, Wall Street Journal, October 7, 2015 (https://www.wsj.com/articles/google-reorganization-isnt-about-cutting-costs-alphabet-cfo-says-1444258203).
2. Corning's Strategy and Capital Allocation Framework is described in the company's 2016 Annual Report (https://investor.corning.com/investor-relations/our-strategy/our-corporate-strategy/strategy-and-capital-allocation-framework/default.aspx).
3. Intel: Historical Operating Income After Depreciation, Capital IQ, Inc., a division of Standard & Poor's.
4. Microsoft: Historical Operating Income After Depreciation, Capital IQ, Inc., a division of Standard & Poor's.
5. Apple: Historical Operating Income After Depreciation, Capital IQ, Inc., a division of Standard & Poor's.
6. On the EMI CAT scanner case, see David J. Teece (1986), "Profiting From Technological Innovation" Implications for Integration, Collaboration, Licensing and Public Policy" Research Policy, 15: 285-305.
7. Alphabet. Google's ad revenue from 2001 to 2017 (in billion U.S. dollars). https://www-statista-com.ezp-prod1.hul.harvard.edu/statistics/266249/advertising-revenue-of-google/ (accessed April 4, 2018); Google. Google's revenue worldwide from 2002 to 2017 (in billion U.S. dollars). https://www-statista-com.ezp-prod1.hul.harvard.edu/statistics/266206/googles-annual-global-revenue/ (accessed April 4, 2018).
8. comScore. Share of search queries handled by leading U.S. search engine providers as of January 2018. https://www-statista-com.ezp-prod1.hul.harvard.edu/statistics/267161/market-share-of-search-engines-in-the-united-states/ (accessed April 4, 2018).
9. Alphabet. Google's ad revenue from 2001 to 2017 (in billion U.S. dollars). https://www-statista-com.ezp-prod1.hul.harvard.edu/statistics/266249/advertising-revenue-of-google/ (accessed April 4, 2018); GroupM. Global advertising spending from 2010 to 2018 (in billion U.S. dollars). https://www-statista-com.ezp-prod1.hul.harvard.edu/statistics/236943/global-advertising-spending/ (accessed April 4, 2018).
10. Goodyear Total Revenues, Capital IQ, Inc., a division of Standard & Poor's.

11. The first authors to make this argument and demonstrate it through case work were Abernathy, Clark and Kantrow (1983), Industrial Renaissance: Producing a Competitive Future for America. Basic Books. NY.
12. Isaac, Mike and de la Merced, Michael, "Dollar Shave Club Sells to Unilever for $1 Billion", New York Times, July 20, 2016, (https://www.nytimes.com/2016/07/20/business/dealbook/unilever-dollar-shave-club.html).
13. Clayton Christensen (1997), The Innovator's Dilemma: When New Technologies Cause Great Firms to Fail. Boston, MA. Harvard Business School Publishing.
14. The concept of 'technological paradigms' was first introduced by Dosi (1982, "Technological Paradigms and Trajectories," Research Policy) who drew on earlier thinking on The Structure of Scientific Revolutions (1962).
15. There is an entire stream of literature on the concept of "punctuated equilibrium" which demonstrates this point with extensive case study evidence. See for example, Romanelli, Elaine, and Michael L. Tushman. "Organizational transformation as punctuated equilibrium: An empirical test." Academy of Management journal 37.5 (1994): 1141-1166. Kim Clark (1985), "Design Hierarchies" Research Policy. Levinthal, Daniel A. "The slow pace of rapid technological change: gradualism and punctuation in technological change." Industrial and corporate change 7.2 (1998): 217-247.
16. "More Than Moore", M. Mitchel Waldrop, Nature, vol 530, 11 February 2016 (pages 145-147)
17. See e.g. the work of Tushman and Anderson (1984), Henderson and Clark (1990) cited earlier.
18. Levin, Richard, Alvin Klevorick, Richard Nelson, and Sidney Winter, "Appropriating the Returns from Industrial Research", Brooking Papers on Economic Activity, 3: 1987 (pages 783-820). David Teece, "Profiting From Innovation," Research Policy, 15: 1986: 285-305. (1984).

    Gary Pisano and David Teece, "How to Capture Value from Innovation: Shaping Intellectual Property and Industry Architecture." California Management Review, 50, no. 1 (Fall): 2007: 278-296.
19. Trefis Team, "Gigafactory Will Cost Tesla $5 Billion But Offers Significant Cost Reductions", Forbes, March 11, 2014, (https://www.forbes.com/sites/greatspeculations/2014/03/11/gigafactory-will-cost-tesla-5-billion-but-offers-significant-cost-reductions/).
20. Rivkin, J. "Imitation of Complex Strategies." Management Science 46, no. 6 (June 2000): 824 - 844.

    Rivkin, Jan W., and Nicolaj Siggelkow. "Balancing Search and Stability: Interdependencies Among Elements of Organizational Design." Management Science 49, no. 3 (March 2003): 290 - 311.

3장. 블록버스터에 무슨 일이 일어난 걸까?

1. Christensen, Clayton. The Innovator's Dilemma. Harvard Business Review Press, 2013.
2. Huet, Ellen, "Uber Tests Taking Even More From Its Drivers With 30% Commission", Forbes, May 18, 2015, (https://www.forbes.com/sites/ellenhuet/2015/05/18/uber-new-uberx-tiered-commission-30-percent/#3bfaa1a643f6).
3. Theodore Schleifer, "Uber's latest valuation: $72 billion", recode, Feb 2, 2018, (https://www.recode.net/2018/2/9/16996834/uber-latest-valuation-72-billion-waymo-lawsuit-settlement).
4. Shih, Willy, and Kaufman, Stephen, "Netflix in 2011," Harvard Business Publishing, Aug. 19, 2014.
5. Ramirez, Anthony, "Blockbuster's Investing Led To Merger", The New York Times, January 1, 1994, (https://www.nytimes.com/1994/01/08/business/blockbuster-s-investing-led-to-merger.html); Flint, Joe, "Blockbuster Will Pay Dividend Before Viacom Sheds Its Stake", The Wall Street Journal, June 21, 2004, (https://www.wsj.com/articles/SB108756739175941492).
6. Shih, Willy, and Kaufman, Stephen, "Netflix in 2011," Harvard Business Publishing, Aug. 19, 2014.
7. CNBC, October 17, 2016, "Netflix plans to spend $6 billion on new shows, blowing away all but one of its rivals" (cncb.com).
8. Bastian Halecker, Rene Bickmann, Katherine Holzle (2014), "Failed Business Model Innovation—A Theoretical and Practical Illumination on a Feared Phenomenon." Paper presented at The R&D Management Conference 2014—Management of Applied R&D: Connecting High Valued Solutions with Future Markets." Stuttgart, Germany, 3-4 June, 2014.
9. There is a long literature on reasoning by analogy. See for example Genter and Holyoak (1997), Posner (2006), and Gavetti, Levinthal, and Rivkin (2005), Gavetti and Rivkin (2005): Gentner, Dedre, and Keith J. Holyoak. "Reasoning and learning by analogy: Introduction." American Psychologist 52, no. 1 (1997): 32; Posner, Richard A. "Legal Reason: The Use of Analogy in Legal Argument." Cornell Law Review 91 (2006): 761; Gavetti, Giovanni, Daniel A. Levinthal, and Jan W. Rivkin. "Strategy making in novel and complex worlds: The power of analogy." Strategic Management Journal 26, no. 8 (2005): 691-712; Gavetti, Giovanni, and Jan W. Rivkin. "How strategists really think." Harvard Business Review 83, no. 4 (2005): 54-63.
10. See in particular Gavetti, Levinthal, and Rivkin (2005).
11. Schorn, Daniel, "The Brain Behind Netflix: Lesley Stahl Profiles Company Founder Reed Hastings," CBS News: 60 Minutes, (December 01, 2006).

⟨https://www.cbsnews.com/news/the-brain-behind-netflix/⟩

12. Annual Report 2016, EasyJet, (http://corporate.easyjet.com/~/media/Files/E/Easyjet/pdf/investors/result-center-investor/annual-report-2016.pdf).

13. Annual Report 2016, EasyJet; "Occupancy rates," European Environment Agency, April 19, 2016, (https://www.eea.europa.eu/publications/ENVISSUENo12/page029.html).
"easyCar (B)", London Business School case study, May 2003, Tom Padwell, Pascal Courty, and Michael Jacobides.

14. easyCar (B), page 1
https://en.wikipedia.org/wiki/Model
Rivkin, Jan W. "Imitation of complex strategies." Management Science 46, no. 6 (2000): 824-844.

15. "Alphabet (GOOG)", February 23, 2018, ⟨https://ycharts.com/companies/GOOG/market_cap⟩.

16. See for instance Henry Chesbrough, Open Innovation: The New Imperative for Creating and Profiting From Technology," Harvard Business School Press: Boston, MA. 2006.

17. Andrea Ovans, "Can You Patent Your Business Model?" Harvard Business Review, July-August 2000 (https://hbr.org/2000/07/can-you-patent-your-business-model)

18. Gene Quinn, "Patenting Business Methods and Software Still Requires Concrete and Tangible Descriptions," IP Watchdog, August 29, 2015, (www.ipwatchdog.com/2015/08/29/patenting-business-methods-and-software/id=54576/); Mehta, Miku, and Moskowitz, Laura, "Business Method Patents In The United States: A Judicial History & Prosecution Practice", Sughrue Mion, PLLC, 2004.
"The Rise and Inglorious Fall of MySpace", Felix Gillette, Bloomberg BusinessWeek, June 22, 2011 (https://bloomberg.com/news/articles/2011-06-22/the-rise-and-inglorious-fall-of-myspace); Cashmore, Pete, "MySpace, America's Number One," July 11, 2006, Mashable.com, (https://mashable.com/2006/07/11/myspace-americas-number-one/#lIaCagigG5qq).

19. Jackson, Nicholas, "As MySpace Sells for $35 Million, a History of the Network's Valuation," www.theatlantic.com, June 29, 2011, (https://www.theatlantic.com/technology/archive/2011/06/as-myspace-sells-for-35-million-a-history-of-the-networks-valuation/241224/).

20. Molla, Rani, "Closing the books on Microsoft's Windows Phone", July 17, 2017, (https://www.recode.net/2017/7/17/15984222/microsoft-windows-phone-mobile-operating-system-android-iphone-ios).

21. Huckman, Robert, Pisano, Gary, and Kind, Liz, "Amazon Web Services," Harvard Business Publishing, February 3, 2012.

4장. 파티는 정말 끝났는가?

1. Chuanzhi, Liu, "The Man Who Bought IBM", Fortune, December 27, 2004, (http://archive.fortune.com/magazines/fortune/fortune_archive/2004/12/27/8217968/index.htm).
2. "IBMs New Mainframe is a Security Powerhouse," Timothy Green, The Motley Fool, July 17, 2017 (https://www.fool.com/investing/2017/07/17/ibms-new-mainframe-is-a-security-powerhouse.aspx)
3. Strohl, Dan. (2010). "Ford, Edison and the Cheap EV That Almost Was." Wired. (https://www.wired.com/2010/06/henry-ford-thomas-edison-ev/). the certain prospect we ne'clesington, D.C. oday.from the Henry Ford biographer the journalist is quoting, maintenance. power, Ibid.
4. "ANOTHER WONDER OF THE AGE ON THE THRESHOLD." Wall Street Journal (1889-1922), Apr 24, 1917. http://search.proquest.com.ezp-prod1.hul.harvard.edu/docview/129655359?accountid=11311.
5. "ELECTRIC VEHICLES INCREASE." Wall Street Journal (1889-1922), Jul 17, 1917. http://search.proquest.com.ezp-prod1.hul.harvard.edu/docview/129672796?accountid=11311.
6. "This Day in History: August 17", History.com, accessed April 4, 2018 (https://www.history.com/this-day-in-history/charles-kettering-receives-patent-for-electric-self-starter).
7. "Model T Facts", History.com, accessed April 4, 2018, (https://www.history.com/topics/model-t).
8. Between 1900 and 1910, annual U.S. field crude oil production tripled from 63,621,000 barrels to 183,171,000, passing 1 billion barrels in 1929."U.S.FieldOilProduction."U.S.EnergyInformationAdministration. U.S.DepartmentofEnergy.Washington,D.C.〈https://www.eia.gov/dnav/pet/hist/LeafHandler.ashx?n=PET&s=MCRFPUS1&f=A〉
9. Forney Museum of Transportation, Accessed January, 2018, http://www.forneymuseum.org/FE_Detroit_Electric.html
10. Juhn, Chinhui, Aimee Chin, and Peter Thompson. Technical Change and the Wage Structure During the Second Industrial Revolution: Evidence from the Merchant Marine, 1865-1912. No. 2004-03. 2004. p. 5-7.
11. "Gasoline direct injection: Key technology for greater efficiency and dynamics," Bosch, accessed April 4, 2018, (http://www.bosch.co.jp/tms2015/en/products/pdf/Bosch_di_folder.pdf); Snow, Daniel. "Extraordinary Efficiency Growth In Response To New Technology Entries: The Carburetor's" Last Gasp." Academy of Management Proceedings, vol. 2004, no. 1, pp. 9-11.
12. Tony Long, "May 2, 1952: First Commercial Jet Flies From London To Johannesburg", Wired, April 2, 2012, (https://www.wired.com/2012/05/may-2-

1952-first-commercial-jet-flies-from-london-to-johannesburg/).

13. IDC. Shipment forecast of tablets, laptops and desktop PCs worldwide from 2010 to 2022 (in million units)*. https://www-statista-com.ezp-prod1.hul.harvard.edu/statistics/272595/global-shipments-forecast-for-tablets-laptops-and-desktop-pcs/ (accessed April 3, 2018).
14. Ibid.
15. World Bank, Number of Bank Branches for United States, retrieved from FRED, Federal Reserve Bank of St. Louis, https://fred.stlouisfed.org/series/DDAI02USA643NWDB, February 23, 2018.
16. Pew Research Center, June, 2016, "State of the News Media 2016", http://www.journalism.org/2016/06/15/newspapers-fact-sheet/
17. Juan Alcacer, Tarun Khanna, Christine Snively, "The Rise and Fall of Nokia" Harvard Business School case 714428.
18. The remaining share was held by Microsoft (2.9%) and RIM (3%). https://www.statista.com/statistics/266136/global-market-share-held-by-smartphone-operating-systems/
19. "Landline Phones Are a Dying Breed", based on the CDC's biannual National Health Interview Survey of ~20,000 U.S. households, Statista, https://infographic.statista.com/normal/chartoftheday_2072_Landline_phones_in_the_United_States_n.jpg
20. David Collis and Gary Pisano, "Intel Corporation: 1968-1997", Harvard Business School Case 9-797-137.
21. Ron Adner and Daniel C. Snow, 2010. "Old technology responses to new technology threats: demand heterogeneity and technology retreats." Industrial and Corporate Change 19 (5): 1655- 1675.
22. Willy Shih, 2016, "The Real Lessons of Kodak's Decline." Sloan Management Review, (Summer): 11-13.
23. Shih's account is also consistent with the work of external observers. See, for example, Giovanni Gavetti, Rebecca Henderson, and Simona Giorgi, "Kodak and the Digital Revolution (A)" Harvard Business School case 705-448.
24. Shih (2016), page 11
25. Michael Porter, Competitive Strategy. The Free Press, NY. 1980
26. A comprehensive study in 2016 of 51 US newspapers over the time period 2007-2015 shows that revenues from on-line readership have not increased enough to offset declines in print revenue. As the authors describe it, "The result of newspaper firms' transitions from print to online is, in the business sense, 'exchanging analog dollars for digital dimes. (Source: Dick, Brad. 2009. "Spending Analog Dollars to Get Digital Pennies." TV Technology, January 14 (http://www.tvtechnology.com/default.aspx?tabid=204&entryid=1097), cited in Chyi and Teneboim (2016)) See also Chyi and Teneboim (2016), "Reality Check:

Multiplatform Newspaper Readership in the United States, 2007-2015." Journalism Practice (July): 1-22. Accessed on-line: http://www.tandfonline.com/doi/full/10.1080/17512786.2016.1208056.
27. Walmart financials, Capital IQ, Inc., a division of Standard & Poor's.
28. 2016 Annual Report, Amazon, (http://www.annualreports.com/HostedData/AnnualReports/PDF/NASDAQ_AMZN_2016.pdf).
29. Temperton, James, "Uber's 2016 losses to top $3bn according to leaked financials," Wired, December 20, 2016, (http://www.wired.co.uk/article/uber-finances-losses-driverless-cars).
30. Carson, Biz, "Lyft promises not to lose more than $600 million a year," Business Insider, April 14, 2016, (http://www.businessinsider.com/lyft-promises-investors-to-cap-losses-2016-4).
31. Shih (2016)
32. Danneels, Erwin. "Trying to become a different type of company: Dynamic capability at Smith Corona." Strategic Management Journal 32, no. 1 (2011): 1-31; Tripsas, Mary. "Technology, identity, and inertia through the lens of "The Digital Photography Company"." Organization science 20, no. 2 (2009): 443.
33. Albert J. Churella, From Steam to Diesel, (Princeton University Press, 1998) 65-66.

5장. 홈코트 밖에서의 모험

1. This section of the chapter draws from my case study on Honda Aircraft Corporation, "Flying Into the Future: Honda Aircraft Corporation", Gary Pisano and Jesse Shulman, Harvard Business School case 9-618-012.
2. Burns, Ashley, "HondaJet Is Most Delivered Jet in First Half of 2017", Flying, August 17, 2017 (https://www.flyingmag.com/hondajet-is-most-delivered-light-jet-2017s-first-half).
3. This section draws from information contained in "Du Pont Kevlar® Aramid Industrial Fiber, Harvard Business School case No. 391-146 written by David A. Hounshell, Marvin Bower Fellow, and Richard S. Rosenbloom, and later abridged by Clayton Christensen and published as DuPont Kevlar Aramid Industrial Fiber (Abridged), case no. 9-698-079. Information is also drawn from "Tough Fiber: DuPont Difficulties Selling Kevlar Show Hurdles of Innovation," by Laura Hayes, Wall Street Journal, 29 September 1987 (Dow Jones).
4. "Going Up?" Site Selection, September 2011, (https://siteselection.com/onlineInsider/Going-Up.cfm).
5. See Clayton Christensen (1997), The Innovator's Dilemma: When New Technologies Cause Great Firms to Fail. Boston: Harvard Business School Press.

6. On this issue, see Kim Clark (1985) "The Interaction of Design Hierarchies and Market Concepts in Technological Evolution," Research Policy. Vol 14, no 5 (October): 235-251.
7. Ellenberg, Jordan. How Not To Be Wrong: The power of mathematical thinking. Penguin, 2015.
8. See for example, Christian R. Østergaard, Bram Timmermans, Kari Kristinsson, Does a different view create something new? The effect of employee diversity on innovation, In Research Policy, Volume 40, Issue 3, 2011, Pages 500-509, ISSN 0048-7333, (https://doi.org/10.1016/j.respol.2010.11.004); Claudio Dell'Era, Roberto Verganti, Collaborative Strategies in Design-intensive Industries: Knowledge Diversity and Innovation, In Long Range Planning, Volume 43, Issue 1, 2010, Pages 123-141, ISSN 0024-6301, https://doi.org/10.1016/j.lrp.2009.10.006.
9. John Gertner, 2012, The Idea Factory: Bell Labs and the Great Age of American Innovation. New York. Penguin.
10. On the concept of learning from analogies more broadly, see Gentner, Dedre, and Keith J. Holyoak. "Reasoning and learning by analogy: Introduction." American Psychologist 52, no. 1 (1997): 32; Posner, Richard A. "Legal Reason: The Use of Analogy in Legal Argument." Cornell Law Review 91 (2006): 761; Gavetti, Giovanni, Daniel A. Levinthal, and Jan W. Rivkin. "Strategy making in novel and complex worlds: The power of analogy." Strategic Management Journal 26, no. 8 (2005): 691-712; Gavetti, Giovanni, and Jan W. Rivkin. "How strategists really think." Harvard Business Review 83, no. 4 (2005): 54-63.
11. "1973 Honda Civic" Archived Road Test, Road and Track Magazine. March 1973. (https://www.caranddriver.com/reviews/1973-honda-civic-test-review)
12. Luo, Hong, Pisano, Gary, Huafang, Yu. "Institutionalized Entrepreneurship: Flagship Pioneering.", Harvard Business School Case no. 9-718-484, March 23, 2018.
13. Noubar Afeyan, interview by Gary Pisano, 2017.
14. Gertner (2012)
15. Upton, David M., and Joshua D. Margolis. "McDonald's Corporation." Harvard Business School Case 693-028, October 1992. (Revised September 1996.)
16. von Hippel, Eric. Free innovation. MIT Press, 2016. Available at SSRN: https://ssrn.com/abstract=2866571. Online copy: https://mitpress.mit.edu/sites/default/files/9382_OA.pdf.
17. King, Andrew; Lakhani, Karim R. "Using Open Innovation to Identify the Best Ideas." MIT Sloan Management Review; Cambridge 55.1 (Fall 2013): 41-48. See also Boudreau, Kevin; Lakhani, Karim. "How to Manage Outside Innovation."

MIT Sloan Management Review; Cambridge 50.4 (Summer 2009): 69-76.
18. "InnoCentive Solver Develops Solution to Help Clean Up Remaining Oil From the 1989 Exxon Valdez Disaster," November 7, 2007, (https://www.innocentive.com/innocentive-solver-develops-solution-to-help-clean-up-remaining-oil-from-the-1989-exxon-valdez-disaster/).

6장. 어떻게 통합할 것인가

1. Schumpeter, Joseph, and Ursula Backhaus. "The theory of economic development." In Joseph Alois Schumpeter, pp. 61-116. Springer, Boston, MA, 2003.
2. Lee Fleming and Olaf Sorenson (2001), "Technology as a Complex Adaptive System: Evidence from Patent Data." Research Policy (30): 1019-1039. They measured "technology components" by the number of technology subclasses assigned to each patent.
3. Henderson, Rebecca and Ian Cockburn (1992), "Scale, Scope and Spillovers: the determinants of research productivity in the drug industry." Rand Journal of Economics, Vol. 27, No. 1 (Spring, 1996), pp. 32-59
4. Uzzi, Brian, Satyam Mukherjee, Michael Stringer, and Ben Jones. "Atypical combinations and scientific impact." Science 342, no. 6157 (2013): 468-472.
5. Steve Jobs, Walter Isaacson, page 492. The quote is from Jimmy Iovine, CEO of Interscope-Geffen-A&M.
6. Information from Fazioli company website. http://www.fazioli.com/en/fazioli/company/history/1944-1977
7. Ed Catmull and Amy Wallace, Creativity Inc.: Overcoming the Unseen Forces That Stand in the Way of True Inspiration. Random House. Page 90
8. Lee Fleming (2002), "Finding the Organizational Sources of Technological Breakthroughs: The Story of Hewlett-Packard's Thermal Ink-Jet." Industrial and Corporate Change. Vol 11, no 5: 1059-1084.
9. Amazon.com Annual Report 2014, Chairman and CEO Jeff Bezos' Letter to the Shareholders.
10. See for example, Conway (1968), Henderson and Clark (1990), Brusoni and Principe (2001), and MacCormack, Rusnak and Baldwin (2007).
11. The Idea Factory: Bell Labs and the Great Age of American Innovation. John Gertner. 2012. Penguin Books. London.
12. As John Gertner describes it in his detailed history of Bell Labs, The Idea Factory:
"By intention, everyone would be in one another's way. Members of the technical staff would have both laboratories and small offices—but these might be in different corridors, therefore making it necessary to walk

between the two, and all but assuring a chance encounter or two with a colleague during the commute. By the same token, the long corridor for the wing that would house many of the physics researchers was intentionally made to be seven hundred feet in length… Traveling its length without encountering a number of acquaintances, problems, diversions, and ideas would be almost impossible. Then again, that was the point."

13. Gertner (2012), page 79.
14. Gertner (2012), pages 81-91.
15. The notion that organizational designs involve trade-off and that therefore the choice of design is contingent on strategic objectives goes back to Lawrence and Lorsch (1967).
16. The section below is based on the case study on Amazon Web Services that I co-authored with Robert Huckman and Liz Kind (Amazon Web Services, HBS case number 9-609-048). All quotes and company specific information originate from that case.
17. 2016 Annual Report, Amazon, (http://www.annualreports.com/HostedData/AnnualReports/PDF/NASDAQ_AMZN_2016.pdf).
18. Huckman, Robert S., Gary P. Pisano, and Liz Kind. "Amazon Web Services." Harvard Business School Case 609-048, October 2008. (Revised February 2012.)
19. Information drawn from Regin Dugan and Kaigham Gabriel (2013), "Special Forces Innovation: How DARPA Attacks Problems." Harvard Business Review, October 2013, reprint R1310C.
20. Dugan and Gabriel (2013), 8.

7장. 언제 붙잡고 언제 접을 것인가

1. Information regarding Vertex events are sourced from Harvard Business School case, "Vertex Pharmaceuticals (A)", no. 9-604-101 written by Gary Pisano, Lee Fleming, and Eli Strick.
2. "Timeline: PARC Milestones." Todd R. Weiss, Computerworld, September 20, 2010 (accessed at computerworld.com, November 6, 2017). Fumbling the Future: How Xerox Invented Then Ignored The First Personal Computer. Douglas K. Smith and Robert C. Alexander, Lincoln, NE, 1999.
3. The Economist, "Cutting the Chord." October 7, 1999, (http://www.economist.com/node/246152).
4. McCracken, Harry, "Shocker: In 1980, Motorola Had No Idea Where the Phone Market Would Be in 2000," TIME, April 15, 2014, (http://time.com/63718/shocker-in-1980-motorola-had-no-idea-where-the-phone-market-would-be-in-2000/).
5. Kupfer, Andrew, and Smyth, Kathleen, "AT&T'S $12 Billion Cellular Dream,"

December 12, 1994, (http://archive.fortune.com/magazines/fortune/fortune_archive/1994/12/12/80051/index.htm).

6. Mary Tripsas and Giovanni Gavetti (2000), "Capabilities, Cognition, and Inertia: Evidence From Digital Imaging." Strategic Management Journal 21 (10-11): 1147–1161.

7. The term "unknown unknowns" came into popular discourse in the early2000s when Secretary of Defense Donald Rumsfeld used it to describe the challenges of assessing whether Iraq possessed weapons of mass destruction (February 12, 2002). He later wrote a book with the term in the title (Rumsfeld, Donald (2011). Known and Unknown: A Memoir. New York: Penguin Group. p. xiv. ISBN 9781101502495.)
   However, the basic concept of unknown unknowns goes back to economist Franklin Knight in the early 1920s. In his book, Risk, Uncertainty, and Profit published in 1921, Wright distinguished between "primary uncertainty" and "secondary uncertainty".

8. The literature on this topic has exploded over the past few decades. I refer interested readers to:
   Daniel Kahneman, Paul Slovic, and Amos Tversky (eds.) 1982. Judgment Under Uncertainty: Heuristics and Biases, Cambridge University Press. Cambridge, UK.
   Max Bazerman and Don Moore. 2008. Judgment in Managerial Decision Making. Wiley, NY.
   Daniel Ariely, 2008. Predictably Irrational: The Hidden Forces that Shape Our Decisions. HarperCollins. NY.
   Francesca Gino, 2013. Sidetracked: Why Our Decisions Get Derailed, and How We can Stick to the Plan. Harvard Business Review Press. Boston.

9. David Garvin and Michael Roberto, "What You Don't Know About Making Decisions," Harvard Business Review, September 2001, Reprint R0108G.

10. Here again on this point, see Garvin and Roberto (2001)

11. Anita McGrath and Ian MacMillan propose a similar approach to resource allocation they call "discovery driven planning", which also focuses heavily on identifying and testing critical assumptions. There are two differences between their approach and the approach I describe. In discovery driven planning, financial analysis is reduced identifying critical assumptions. In the approach I describe, financial analysis remains an integral part of the selection process and is used to drive the development and testing of critical program assumptions and hypotheses. Second, the focus of discovery driven planning is to force identification of buried assumptions. In the approach I described, the hypotheses themselves represent the main rationale for undertaking the project. Their development and articulation

are essential to the proposal.
12. McGrath, Rita Gunther, and Ian C. MacMillan. Discovery-Driven Planning. Philadelphia: Wharton School, Snider Entrepreneurial Center, 1995.
13. Graham Allison (1971), The Essence of Decision: Explaining the Cuban Missile Crisis. Little Brown. Stephen Bates, Richard Neustadt, Joshua Rosenbloom, Ernest May, "Kennedy and the Bay of Pigs", Harvard Kennedy School case KHS009-PDF-ENG (January 1, 1980)
14. Perret, Geoffrey. Eisenhower. Random House, 2000.
15. Pisano, Gary, Phillip Andrews, and Alessandro Di Fiore, "Fiat-Chrysler Alliance: Launching the Cinquecento in North America," Harvard Business Publishing case 9 611 037, (2011).

8장. 혁신 문화의 역설

1. Amy C. Edmondson (1999), "Psychological Safety and Learning Behavior in Work Teams," Administrative Science Quarterly, vol 44, no. 2: 350-383.
2. Amy Edmondson, Richard Bohmer, and Gary Pisano (2001), "Disrupted Routines: Team Learning and New Technology Implementation in Hospitals," Administrative Science Quarterly. Vol. 46, no. 6: 685-716.
3. On this point, see Mark Cannon and Amy Edmondson (2005), "Failing to Learn and Learning to Fail (Intelligently)," Long Range Planning, 38: 299-319.
4. Lamont, Tom, "How to get a job at Google: meet the man who hires and fires", The Guardian, April 6, 2015, https://www.theguardian.com/technology/2015/apr/04/how-to-get-job-at-google-meet-man-hires-fires).
5. Catmull, Ed, and Amy Wallace, Creativity, Inc: Overcoming the unseen forces that stand in the way of true inspiration. Random House, 2014.
6. Catmull, Ed, and Amy Wallace (2014).
7. Pal's Sudden Service: Scaling an Organizational Model to Drive Growth, Francesca Gino, Gary Pisano, and Brad Staats, Harvard Business School Case, 916-052.
8. "FACT SHEET: Normandy Landings," The White House, Office of the Press Secretary, June 06, 2014, (https://obamawhitehouse.archives.gov/the-press-office/2014/06/06/fact-sheet-normandy-landings).

9장. 리더는 문화 창조자가 되어야 한다

1. Catmull, Ed, and Wallace, Amy. Creativity, Inc: Overcoming the unseen forces that stand in the way of true inspiration. Random House, 2014, 5.
2. Nadella, Satya. Hit Refresh: The Quest to Rediscover Microsoft's Soul and

Imagine a Better Future for Everyone. HarperCollins, New York, 2017, 100.

3. On imprinting, see Stinchcombe, A. L. 1965. Social Structure and Organizations. In J. G. March (Ed.), Handbook of Organizations: 142-193. Chicago: Rand McNally & Co.; Hannan, M. T. & Freeman, J. 1989. Organizational Ecology. Cambridge, Mass.: Harvard University Press; Swaminathan, A. 1996. Environmental Conditions at Founding and Organizational Mortality: A Trial-by-Fire Model. Academy of Management Journal 39: 1350-1377.
4. Gary Pisano, Philip Andrews, and Alessandro di Fiore, "Fiat-Chrysler Alliance: Launching the Cinquecento in North America." Harvard Business School Case study, no. 9-611-037.
5. Copley, C. "Analysis: After Roche merger, biotech tail wags big pharma dog." Thomson Reuters, Zurich (2012); Hayden, Erika Check. "Roche vows to keep Genentech culture." (2009): 270-270; Arthaud-Day, Marne, Rothaermel, Frank T., and Zhang, Wei. "Genentech (in 2011): After the Acquisition by Roche." McGraw-Hill Education, case study no. MH0014. (2012).
   Endnotes i, ii, and iii I am not changing.
6. Robert Huckman and Eli Strick, "GlaxoSmithKline: Reorganizing Drug Discovery (A)" HBS case number, 9-605-074.
7. Earnings Release FY18 Q2, Microsoft Corporation, (https://www.microsoft.com/en-us/Investor/earnings/FY-2018-Q2/balance-sheets).
   Gary Pisano, Philip Andrews, and Alessandro di Fiore, "Fiat-Chrysler Alliance: Launching the Cinquecento in North America." Harvard Business School Case study, no. 9-611-037.
8. "Alphabet", Yahoo Finance, March 9, 2018, (https://finance.yahoo.com/quote/GOOG/).

10장. 창조적이고 건설적인 리더

1. James Niccolai, "Gateway to Close All Retail Shops", PCWorld, April 1, (https://www.pcworld.com/article/115507/article.html).
2 Robert J. Gordon, The Rise and Fall of American Growth: The U.S. Standard of Living Since the Civil War (The Princeton Economic History of the Western World), Princeton University Press. Princeton, NJ. 2017

무슨 애엄마가 이렇습니다

일과 육아 사이 흔들리며
성장한 10년의 기록

누구나 한 번은 엄마와 이별한다

하루하루 미루다 평생을 후회할지
모를 당신에게 전하는 고백

지적인 삶을 위한 교양의 식탁

인문학의 뿌리를 읽다

서울대 서양고전 열풍을 이끈
김헌 교수의 인문학 강의

숙주인간

'나'를 조종하는 내 몸속
미생물 이야기

마흔의 몸공부

동의보감으로 준비하는
또 다른 시작

What Am I

뇌의학자 나흥식 교수의
'생물학적 인간'에 대한 통찰

신의 한 수

절체절명의 위기를 극복한
조선왕들의 초위기 돌파법

난생처음 도전하는 셰익스피어 4대 비극

지적인 삶을 위한
지성의 반올림!

삶의 쉼표가 되는, 옛 그림 한 수저

교양이 풀풀나게 만드는
옛 그림 감상법

시인의 말법

전설의 사랑시에서 건져낸
울림과 리듬

치열한 삶의 현장 속으로

골목상권 챔피언들
작은 거인들의 승리의 기록

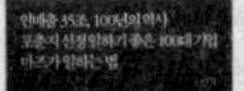

마즈 웨이(Mars Way)
100년의 역사, 세계적 기업
마즈가 일하는 법

심 스틸러
광고인 이현종의 생각의 힘,
감각의 힘, 설득의 힘

당신만 몰랐던 스마트한 세상들
스마트한 기업들이 성공한
4가지 방법

폭풍전야 2016
20년 만에 뒤바뀌는
경제 환경에 대비하라

우리는 일본을 닮아가는가
LG경제연구원의 저성장 사회
위기 보고서

손에 잡히는 4차 산업혁명
CES와 MWC에서 발견한
미래의 상품, 미래의 기술

어떻게 팔지 답답한 마음에 슬쩍 들춰본 전설의 광고들
나이키, 애플, 하인즈, 미쉐린의
운명을 바꾼 광고 이야기

우리가 사는 세상과 사회

그들은 소리 내 울지 않는다
송호근 교수의 이 시대
50대 인생 보고서

무엇이 미친 정치를 지배하는가?
우리 정치가 바뀌지 못하는
진짜 이유

도발하라

서울대 이근 교수가 전하는
'닥치고 따르라'는 세상에
맞서는 방법

어떻게 바꿀 것인가

서울대 강원택 교수가 전하는
개헌의 시작과 끝

들쥐인간

빅데이터로 읽는
한국 사회의 민낯

서울을 떠나는
삶을 권하다

행복에 한 걸음 다가서는
현실적 용기

부패권력은 어떻게
국가를 파괴하는가

어느 한 저널리스트의
부패에 대한 기록과 통찰

크리스천을 위하여

예수

김형석 연세대 명예교수가
전하는 예수

어떻게 믿을 것인가

김형석 연세대 명예교수가
전하는 올바른 신앙의 길

처음으로 기독교인이라
불렸던 사람들

기독교 본연의 모습을 찾아
떠나는 여행

인생의 길, 믿음이 있어
행복했습니다

김형석 연세대 명예교수의
신앙 에세이

옮긴이 김하늘

대학에서 경영학을 공부했다. 문화 콘텐츠와 관련한 다양한 일을 하고 있으며,
번역가로도 활동 중이다.

혁신의 정석

초판 1쇄 발행 2020년 11월 9일
초판 4쇄 발행 2022년 3월 7일

지은이 게리 피사노
펴낸곳 도서출판 이와우
출판등록 2013년 7월 8일 제2013-000115호
주소 경기도 파주시 운정역길 99-18
전화 031-945-9616
이메일 editorwoo@hotmail.com
홈페이지 www.ewawoo.com
인쇄·제본 (주)현문

ISBN 978-89-98933-41-8 03320

※ 정가는 뒤표지에 있습니다.